국·가·혁·신·을·위·한

실학적
목민사상

牧民思想

국·가·혁·신·을·위·한

실학적 목민사상

최한규 지음

한국학술정보㈜

|머리말|

성리학은 조선조가 양란의 위기 속에서 경학에 치중한 이상주의적 이데올로기인 데 반하여, 실학적 관심의 논의는 경험적 소산에 따른 민생문제에 관심을 두었고 다산 정약용의 목민사상이야말로 민생문제를 해결하기 위한결정체라 할 만하다.

본 연구는 이러한 다산의 실천적 정치사상의 정수라고 할 수 있는 목민사상을 다산의 저서인 『목민심서』를 중심으로 정치권력의 하부구조를 담당하고 있는 守令—牧民(수령—목민관)이 준행하여야 하는 治民(치민)의 도리와 安民(안민)·爲民(위민)·愛民(애민)에 바탕을 둔 다산의 시대적 인식과 결부시켜 분석하고, 목민사상의 생성배경 및 이론구조를 분석함으로써 그 적용성 및 적실성을 논구하고, 한국정치의 사상적 대응 및 통치적 모형을 규명하는 데에 목적이 있다.

이 연구의 연구방법은 종래의 정치사상사의 연구방법으로 사용하던 教義史的(교의사적)(history of doctrine) 연구방법과 觀念史的(관념사적)(history of ideas) 연구방법을 탈피하여 정치적 담론이라고 하는 전통적인 연구방법을 활용하였다.

이 연구방법의 관심은 당시 실학자들의 주된 관심과 논의가 실제적인 정치 문제에 있다는 전제하에 실제적인 통치계층인 목민관의 자질과 역할 그리고 기능을 분석하고 평가하는 데 있다. 그렇다고 해서 실학이 公利的(공리적) 실용을 강조하면서도 인간의

誠實(성실)과 敬虔(경건)을 무엇보다 중시하였다는 사실을 잊지 않았다. 때문에 다산 정약용이 그의 『목민심서』에서 지적한 바와 같이 군자의 학은 수신이 반이며, 다른 반은 목민이라고 한 사실을 중시할 밖에 없었다.

이 연구의 구성은 정치적 담론에 유의하면서 제1장에서 연구목적과 한국정치사상사에서 실학적 담론의 유용성과 한계를 살펴보고, 제2장에서 다산의 목민사상의 사상적·시대적 등장배경을 검토해 보고, 목민사상의 체계적 완성을 위한 다산의 실학에 대한 학문적 위상을 수기치인, 현실참여, 경전정리 등 주요 논점을 고찰하고, 제3장에서 이러한 다산의 목민심서에서 표출된 구조적 특징으로서의 원시유가의 정치사상, 경제사상이 그 주류를 형성하고 있으며, 다산이 제기했던 실학적 담론의 많은 문제들은 주로 民(민), 均(균), 仁(인)이라는 3가지 기본 개념으로부터 출발함을 밝히려 한다.

다산 정약용은 이러한 개념들을 현실인식과 결부시킴으로써 그의 목민사상을 그 특유의 정치사상으로 발전시켰다. 그의 정치사상은 군주의 통치행위를 건실한 목민관을 통해 실천함으로써 강력한 군주정치를 구현하는 데 있었다. 그리고 그 같은 군주정치의 목적은 국난과 민생이라고 하는 실제적인 당면 문제를 해결하는 데 있었다.

제4장에서 이러한 목민사상의 구조와 이론적 준거를 실학적 담론의 방법을 가지고 다산이 논의했던 수기의 논리와 치인의 논리, 그리고 법치의 논리를 가지고 살핀 다음, 이들 사상적 담론들의 이상적 지향점이 무엇인가를 정치체제와 정치권력, 정치 분권과 관련하여 분석하였다. 제5장에서는 현실적 적용성을 검토함으로써 현대 정치이론과의 적실성의 문제를 논구한 후, 그 한계성을 논증하였다. 그리고 마지막 장인 결론부분에서는 본 연구의 핵심 내용을 정리한 다음 본 연구가 갖는 학술적 의의와 역사적 교훈에 대한 저자의 평가를 밝혔다.

을유년 초봄, 東風이 불어오니 대자연에 새싹이 움트는 계절에
2008년 元旦
이문당(以文堂) 書齋에서
竹山 최 한 규 박사

|일러두기|

1. 본 저서는 2004년에 檀國大學校(단국대학교) 대학원 정치외교학과 (한국정치사상 전공)졸업 박사학위논문을 발전 연구하여 저술하였다.

2. 본 저서는 1~2부 나누어 1부는 『다산 정약용 목민사상의 실학적 담론에 관한연구』, 2부는 다산 정약용의 경집(經集)과 문집(文集) 등의 저술을 토대로 하여, 『다산학의 경전정리와 학문적 위상에 관한 연구』 논문을 수록하였다.

3. 사상가의 실제 의도를 제대로 파악하기 위해서는 原文이 필수적이다. 따라서 그 저술에 담겨 있는 "평범한 문자적 의미를 넘어서지 않으면 안 되기 때문이다." 다시 말해서, 그 사상가가 말하고 있는 '표면적 내용'뿐 아니라, 그 이면에 감춰져 있는 '잠재적 의미'를 아울러 포착할 수 있어야 한다. 요컨대, 그 사상가가 저술한 '텍스트'와 불가분의 구조적 연계성을 포착하는 데 필요한 '시대적·사회적 메커니즘'을 아울러 확인할 수 있어야 한다는 것이다.

4. 원문이 병기(竝起)되고 있으므로 한자어의 사용은 최소화하였다. 본 저서의 연구방법이 담론연구임으로 부득이 뜻이 통(通)하지 않는 어휘는 원문(原文)을 원용하였다.

5. 기타 사용된 부호의 의미는 다음과 같다.
   1) " ": 대화(對話) 등의 인용문을 표기할 경우
   2) ' ': 담론(談論)을 강조할 경우
   3) 「 」은 학명(學名)과 논문명(論文名)을, 『 』은 저서명(著書名)을 표기할 경우 사용한다.

|목 차|

제 I 부

다산 정약용 목민사상의 실학적 담론

제1장 서 론

제1절 연구의 목적

조선조의 성리학적 통치이념은 兩亂(양란)을 겪으면서 심각한 위기에 직면하게 되었다. 당시 조선조 창업 이후 조선조를 통치하던 정치세력들의 지도력은 심각할 정도로 약화되었다. 이러한 현상의 이면에는 정치세력 간의 극단적인 대립과 분열이 있었는가 하면, 독서인들 사이에서는 국난과 민생을 해결하려는 새로운 사상적 움직임도 있었다.

이러한 사상적 움직임을 實學(실학)이라 한다. 물론 성리학들도 그들의 학문을 실학이라고 했다. 기존의 성리학이 경학에 치중한 이상주의적 이데올로기로서의 실학이라면, 조선 후기의 실학은 경세론적 시각에서 정치적 현실과 이상을 어떻게 접목시킬 것인가에 관심을 두고 있다는 점에서 다르다.

그러므로 실학자들은 자연히 經國濟民(경국제민)의 실제적인 지식을 중시하면서 조선조의 失政(실정)을 연구하여 利用厚生(이용후생)의 길을 강구함으로써 조선이 부강하여지는 방책을 모색하는 데에 관심과 정열을 쏟고 있었다. 그러한 그들의 관심과 정열은 급박한 현실에 대한 현실인식에 연유하는 것이었다.

더욱 서구문화의 東漸(동점)에 따른 조선조 중·후기의 독서인들 — 실학자들은 새로운 지식에의 접촉은 그들의 인식과 관념에 변화를 불러일으켰다. 특히 서양의 종교와 과학이 동양에 유입되면서부터 외래문화가 주는 충격은 대단하였다. 그들은 과거의 주자학들이 道(도), 佛(불)의 虛無(허무)에서 느꼈던 것처럼, 주자학의 心性論議(심성론의)가 민생을 구하고 외침을 막을 수 없다는 것을 알았다. 心性上(심성상)의 修行(수행)만으로는 내우외환을 다스릴 수 없다는 경험적 사실은 그들로 하여금 자연히 실질적인 것을 강구하게 하였기 때문에 그들은 '實事求是(실사구시)'와 '無徵不信(무징불신)'을 治學(치학)의 기본정신으로 삼게 되었다.1)

이러한 治學의 정신은 실학자들의 내재적인 반성과 외재적인 충격에 기인하는 것으로 유교의 학문적 지표인 '修己安人(수기안인)'의 단계를 넘어 '利用厚生(이용후생)'을 학문적 목표로 여기게 되었다. 그 결과 체제개혁의 불가피성과 실천방법의 구체적 논의는 현존하는 양반관료체제의 개혁까지 주저하지 않았다. 그들이 당시 양반관료체제의 공고한 세력이었던 吏胥(이서)로서의 牧民官(목민관)에 관심을 가진 것은 당연한 일인지 모른다.

이 같은 개혁에 대한 논의에 있어서는 누구보다도 茶山 丁若鏞의 학문적인 관심과 연구에 주목하지 않으면 안 된다. 왜냐하면, 다산의 실학사상은 단순한 儒敎的 民本의 차원에 머물지 않고, 民權과 백성 중심의 정치사상으로 발전하였기 때문이다. 한국민주주의는 다산의 친민적 실학사상(목민사상)에서 가능성을 드러냈지만,2) 그는 정치적 현실과 이상을 접목시키는 데 있어 그 누구보다

---

1) 全樂熙, 『東洋政治思想研究』(서울: 檀國大學校 出版部, 1992), p.289.
2) 손문호, "한국정치사상사 연구의 현황과 논점", 한국·동양정치사상사학회 창립학술세미나, 2001년 5월, p.4.

도 실학을 포괄적이고 종합적인 학문체계로 발전시키는 데 기여한
바 크다고 하겠다.

한국의 실학 발전에 기여한 다산은 무엇보다도 민생문제에 비상
한 관심을 가지고 있었다. 그리고 민생문제를 해결하는 데 있어
그의 경험적 소산에 근거하여 주장한 것이 곧 실학적 담론으로서
의 『牧民心書』이다. 『목민심서』는 정치의 하부구조를 담당하고 있
는 守令─牧民官이 준행하여야 하는 治民의 도리를 다룬 명저이
다. 12綱 72條로 되어 있는 이 책은 安民·爲民·愛民에 바탕을
둔 치민의 정수인 동시에 종래의 관념론적 성리학을 실천론적 학
문으로 발전시킨 한국 실학의 대표적인 저작이다.

본 연구는 다산의 실천적 정치사상의 정수라고 할 수 있는 『목
민심서』를 중심으로 목민사상의 전반적인 생성배경 및 이론구조를
살펴보고, 목민관에 대한 다산의 이론과 특성을 구명함으로써 현
실정치에의 적용성 및 적실성을 논구하려 한다. 이는 한국정치의
사상적 원형 내지 통치세력의 모형을 통해 한국정치의 새로운 패
러다임을 모색하는 데에 본 연구의 목적이 있다.

제2절 연구의 방법과 범위

사상사에 대한 연구방법으로는 敎義史的(history of doctrine) 연
구방법과 觀念史的(history of ideas) 연구방법으로 대별할 수 있
다. 전자의 경우는 교의의 역사적인 발전을 추적하는 사상사 연구
로, 예를 들면, 기독교의 교의사, 유교의 유학사, 불교의 교의사 등
을 들 수 있다. 이 경우는 사상사 연구가 결과적으로 이미 분화된

특정 학설의 발달사를 그 내용으로 하게 되어 특정 학설의 관념형
태를 비교적 쉽게 파악할 수 있다.

그리고 후자의 경우는 여러 관념들을 그 시대의 정치적 사회적
기초와의 관련 속에서 파악함으로써 그들 관념들이 어떤 기능을
하고 있었는가를 역사적으로 추적하게 된다. 그리하여 한 시대 또
는 수대를 지배한 관념들이 어떻게 작용했고, 그들 관념들이 시대
와 사상가들에 의해 어떻게 변용되어 갔는가를 추적한다. 동시에
그 시대의 정치적 사회적 기초가 이들 관념들을 어떻게 특징지어
갔으며, 여러 관념들은 같은 시대의 정치적 사회적 기초를 어떻게
방향 지어 갔는가 하는 상관성에도 주의하고 있다.[3]

그러나 이 두 가지 연구방법은 한결같이 장단점을 공유하고 있
다고 하겠다. 관념사적인 연구방법은 사상과 사상 사이의 관계를
중시함으로써 관념의 분석에 중점을 두기 때문에 관념의 역사적인
문맥을 소홀히 하여 사상의 시대성과 사회성을 쉽게 관찰할 수 없
다는 약점을 가지고 있다. 그리고 교의사적인 연구방법은 사상과
행위 또는 사건 간의 관계를 중시함으로써 통계분석·수량화를 통
하여 사상가들의 개별적인 발전을 분류할 수는 있으나, 사상의 내
재적인 구조와 사상과 사상 간의 관계에 대해서는 충분히 해석할
수 없으므로 사상의 특성과 연계를 쉽게 이해할 수 없다는 약점이
있다.

이 연구의 목적은, 앞서 논의하였듯이, 다산 정약용의 목민사상을
실학적 담론의 관점에서 분석적으로 고찰하는 데 목적을 두고 있다.
이를 위하여 이 연구에서는 다산 정약용의 목민사상이 체계적으로
서술되어 있는 이른바 『목민심서』 등 그의 저술에 대한 文獻硏究

---

3) 朴忠錫, 『韓國政治思想史』(서울: 三英社, 1982), pp.259-262.

(문헌연구)에 치중하되, 특히 그의 정치사상사적 위상 구명에 충실을 기하기 위하여 政治的 談論分析(정치적 담론분석)(political discoursive analysis)에 역점을 두려고 한다.[4]

정치적 담론분석(political discoursive analysis)은 주지하듯이 단일한 방법론적 체계를 갖추고 있기보다는 다양한 분야로부터 이론적 및 방법론적 수혈을 받으면서 발전, 변화해 온 말하자면 복합적 성격을 지닌 연구방법론이다. 이 분석방법을 특정 연구에 적용하려고 하는 경우에는 연구자가 선택한 방법론적 시각과 전제들에 대한 착안점을 구체적으로 제시해야 한다. 그렇지 않으면 실제로 적용하려는 시각이 불분명해서 여러 가지 오해를 낳을 수 있으며 분석 결과를 확대, 과장하는 오류를 범할 수 있기 때문이다.

무엇보다도 적용하려는 연구방법과 관련된 이론적 시각과 그 배경에 대한 사전 검토가 필요한 것이다. 특히 '텍스트'와 '콘텍스트'와의 밀접한 연계성을 예의 고려해서 연구해야 하는 사상사 연구에 이 시각을 적용하려는 경우에는 그 연계성의 성격과 범위에 대하여 세심한 주의를 기울여야 한다. 왜 그런지에 대해서는 좀 더 구체적인 부연 설명이 필요할 것이다.

지금까지의 사상사 연구에서 '텍스트'를 분석하는 전통적인 방법은 주지하듯이 특정한 사상가의 저술에 담겨 있는 사상체계에 대한 이른바 內容分析(content analysis)이다. 이 내용분석 방법은

---

4) 최근 한국정치사상사에서 다양한 방법론이 소개되고 있는데, 특별히 주목해야 할 부분은 한국정신문화원연구원 강광식 교수의 정치담론구조분석방법을 소개하고 있다. 여기서 집필진의 박충석 교수는 정치담론 분석은 현재의 목적론에서 비롯된 선입견을 가능한 한 배제하고, '역사적 사실성', 정치사상을 '있었던 그대로' 밝히려고 노력해야 한다는 견해를 피력하고 있다. 한국정치학회 50년사 편찬위원회, 『한국정치학회50년사(1953-2003)』(서울: 한국정치학회, 2003년 10월 18일), pp.144-145.

분석자 자신의 편견을 극소화하되, 특히 엄격하고 반복 가능한 방법론적 절차를 통해 정확성을 기하는 데 유용성이 있다.

그러나 이 내용분석 방법은 동시에 사상사 연구방법으로는 분명히 한계가 있다. 내용분석 방법은 '텍스트'에 담겨 있는 '표면적 내용'만을 포착할 수 있을 뿐, 그 사상가가 실제로 의도했던 바가 어떤 것인지를 포착하는 데 매우 중요한 의미를 갖는 말하자면 '시대적·사회적 메커니즘'을 포착하는 데는 실로 한계가 있기 때문이다.

사상가의 실제 의도를 제대로 파악하기 위해서는 그 저술에 담겨 있는 "평범한 문자적 의미를 넘어서지 않으면 안 되기 때문이다."[5] 다시 말해서, 그 사상가가 말하고 있는 '표면적 내용'뿐 아니라, 그 이면에 감춰져 있는 '잠재적 의미'를 아울러 포착할 수 있어야 한다. 요컨대, 그 사상가가 저술한 '텍스트'와 불가분의 구조적 연계성을 포착하는 데 필요한 '시대적·사회적 메커니즘'을 아울러 확인할 수 있어야 한다는 얘기다.

이상에서 사상사 연구에서 유념돼야 할 분석시각으로서 '텍스트'의 해석에 '콘텍스트'와의 유기적 연계성에 대한 고려의 필요성에 대하여 개략적으로 살펴보았거니와, 이러한 고려는 이미 여러 연구자들에 의해서 그 유용성이 강조·검증된 바 있다. 대표적인 예로서 스키너(Quentin Skinner)와 포칵(J. G. A. Pocock)을 들 수 있다.[6] 스키너에 의하면, 사상이란 한 시대와 사회를 풍미하는 언

---

5) Richard Kuhns, "Criticism and the Problem of Intention", *Journal of Philosophy*, 57 (1960), p.7.

6) Skinner와 Pocock 이론의 주요 착안점과 그 이론화과정에 대한 전반적인 고찰은, Michael J. Shapiro, *Language and Political Understanding: The Politics of Discoursive Practices*(New Haven and London: Yale University Press, 1981); Skinner와 Pocock의 방법론적 주안점을 분석적으로 비교 고찰하고 있는 최초의 국내문헌으로는, 유종선, 「정치사상사,

어행위로 간주될 수 있으며, 그 경우 언어적 콘텍스트는 사상의
배경 설명이 아닌 사상 그 자체의 의미를 밝혀주는 직접적인 단서
가 된다는 것이다. 언어적 콘텍스트에는 그 시대·사회를 풍미하
는 言語的 慣習(언어적 관습)과 더불어 支配的 價値體系(지배적
가치체계)를 대변하는 規範的 語彙(규범적 어휘)들이 포함되어 있
기 때문이다.

또한 포칵에 의하면, 모든 사회에는 政治言語(정치언어)가 정치
언어로서 기능하도록 하는 독특한 원리, 곧 그 시대·사회를 풍미
하는 支配的 文法이 존재하는데, 그것은 그 사회의 정치적 담론의
전통에서 형성되고 사회 구성원들 간에 묵시적 합의를 통해 정당
성이 인정된 것으로서 우리는 그것을 역사적 사실로서 받아들일
수밖에 없다는 것이다. 요컨대, 사상사 연구에서는 사상가의 의도
를 제대로 구명하기 위해 언어행위의 총체로서 '텍스트'를 다루되
그 시대·사회를 풍미하는 지배적 '콘텍스트'와의 연관 속에서 텍
스트를 파악해야 한다는 것이다.

그러나 스키너와 포칵이 강조하는 예의 '언어적 콘텍스트'를 파
악하는 일은 현실적으로 용이한 일이 아니다. 당대를 풍미하는 '언
어적 관습'이나 '문법'이 어떤 것인지를 言語學的으로 究明하는

역사인가 철학인가: 스키너와 포칵의 역사적 방법에 대한 비판적 고찰」,
『사회과학논집』, 제5권 3호 (울산대학교, 1996), pp.1 – 15: 이 연구시각
을 한국정치사상사 연구에 직접 적용하여 그 적실성을 검증하고 있는 시
론적 연구로는, 강광식, 「율곡사상의 정치적 담론구조 분석: 한국정치사
상사 연구방법 시론」,『한국의 정치와 경제』, 제10집 (한국정신문화연구
원, 1997), pp.41 – 101 및 「정치사상사 연구의 대상과 방법: 한국정치사
상사의 학문적 정체성 모색을 위한 시론」,『동양정치사상사』, 제1권 2호
(한국·동양정치사상사학회, 2002), pp.8 – 15 등이 있다. 이 연구에서는
주로 강광식 교수의 소론을 참조하였다.

일도 무척 어려운 일이지만 그것의 시대적·사회적 메커니즘을 확인하는 일 역시 고도의 연구기술을 필요로 하기 때문이다. 따라서 이 연구에서는 분석 편의상 문제의 '언어적 콘텍스트' 대신에 당대를 풍미하던 '支配的 思潮'를 파악하는 데 주력하려고 한다. 그럼으로써 특정한 사상의 내용이나 상황적 배경에 대한 기본적 이해에 앞서 포착돼야 할 '政治的 談論의 世界'를 파악하는 데 만족하려는 것이다.

위에서 밝힌 바 있는 정치적 담론 방법에 유의하면서 본 연구의 제1장에서는 연구목적과 정치사상사 연구방법으로서의 유용성과 한계를 살핀 다음, 실학자들의 정치적 관심과 논의를 실학적 담론으로 분석·파악할 것을 제시하고, 제2장에서는 조선조의 성리학적 정치체제가 민란의 동요와 외세의 침탈로 인한 새로운 정치사상의 흐름으로 등장한 실학의 위상과 목민사상의 체계화를 시도하였던 다산이 수령—목민관의 정치적 역할을 富國安民에 두고, 그 구체적인 실천방법을 12綱목72條로 설명하고 있음을 밝히고, 제3장에서는 다산 실학의 특징을 구조적인 측면에서 파악하고, 그의 정치적 관심을 '民'·'均'·'仁'과 같은 주요 개념을 분석함으로써 그의 현실인식과 목민사상의 실학적 담론의 핵심을 구명하고, 제4장에서는 목민사상의 논리적 전개와 담론을 '修己'·'治人'·'治法'의 주체로서의 목민관을 정치체제·정치권력·정치적 역할과 관련하여 분석하고, 제5장에서는 목민사상의 실학적 담론을 당시의 정치적 현실과 관련하여 사상적 타당성과 적실성의 문제를 파악함으로써 그 의미와 한계를 구명하였으며, 마지막 제6장에서는 본 연구의 핵심적인 내용을 요약한 다음, 다산의 목민사상이 공직자의 윤리 문제가 심각하게 논의되고 있는 현실과 관련하여 어떠한 시대적인 의의와 역사적인 교훈이 있는지에 대해 연구자의 견해를 간략히 피력하려 한다.

제3절 담론연구의 최근 연구 경향

담론연구의 최근 연구 경향은 다음과 같은 논문을 들 수 있겠다. 서양정치사상에 접근한 방법론으로 최근에 가장 주목할 만한 논문은 에섹스대학의 데이비드 호와드의 논문으로 담론연구의 방법론을 가지고 영국의 대처리즘을 분석한 사례이다.: David Howarth, "Discourse Theory", David Marsh and Gerry Stoker, *Theory and Methods in Political Science*, (London: Macmilian press, 1995), pp.115-133. 또한 정치담론분석에 구조적인 콘테스트를 도입하여 한층 사상사 연구에서 새로운 학문적 기여를 한 연구는 스키너의 연구이다. 스키너에 의하면, 저자의 의도를 구체적으로 파악하는 데에는 "저술자체를 읽는 것만으로는 부족하다."는 것이다. 일상적 언어생활의 예에서 보더라도 발언의 행위를 이해하기 위해서는 그 발언의 언어적 의미뿐만 아니라 그 발언을 둘러싼 '상황'을 고려하지 않으면 안 된다. 넓은 의미에서 우리는 이를 '콘텍스트'(context)라고 하고 정치사상사의 연구의 기초는 바로 '이 콘텍스트 복원작업' 위에서 이루어진다고 볼 수 있을 것이다.: Quentin Skinner, "Some Problems in the Analysis of Political Thought and Action", James Tully, ed., 앞의 책, (1988)p.104.: 유종선, 「정치사상사, 역사인가 철학인가? ─ 스킨너와 포칵의 역사적 방법에 대한 비판적 고찰」, 『사회과학 논집』, 제5권 3호(울산

대학교, 1996). pp.1 - 15 재인용.

한국에서 서양정치사상사를 연구한 학자 중 담론분석을 사상사에 적용한 학자는 서울대 정치학과의 김홍우 교수이다. 그는 행동구조와 언어구조의 사이에 미묘한 관계를 담론구조로 보고 유기체론을 정치사상사적으로 분석시도 하였다. 金弘宇, "Merleau - Ponty의 유기체론: 『행동의 구조』를 중심으로", 『사회과학과 정책연구』13권 2호, 서울대학교 사회과학연구소, 1991.

한국정치사상사 분야의 연구로는 대표적 연구저작물로 다음과 같은 것을 들 수 있겠다. 정치학 박사학위논문으로 정치적 담론분석의 방법론으로 최초로 한국정치사상사를 분석한 학자는 연세대 동서문제연구소의 최연식 박사이다. 그의 박사학위논문인 1997년에 발표한 "여말선초 성리학적 정치담론의 형성과 분화에 관한 연구"이다. 이 논문을 필두로 다음과 같은 논문을 담론분석으로 발표하였다.: 최연식, "恭愍王의 政治的 志向과 政治運營", 『歷史와 現實』 15, 1995. "고려말성리학적정치담론의 형성", 『동양고전연구』제6집,(1996. 5.) 이 뒤를 이어 2001년 2월에 단국대 연명모 박사가 박사학위청구논문으로 발표한 "조선초기 신권론의 성리학적 담론에 관한 연구"가 있다. 그리고 이 분야의 단독저서의 연구로 가장 먼저 접근한 학자는 한국정신문화연구원의 강광식 교수이다. 그의 연구저작물은 다음과 같은 것이 있다.: 姜光植, 「율곡사상의 정치적 담론구조 분석 ― 한국정치사상사 연구방법시론 ―」, 『한국정치연구의 이론과 방법시론』(서울: 한국정신문화연구원, 1997) 강광식, 「율곡사상의 정치적 담론구조 분석 ― 한국정치사상사 연구방법 시론 ―」, 한국정신문화연구원 편, 『한국정치연구의 이론과 방법시론』(서울: 한국정신문화연구원, 1997), pp.41 - 42.

제2장 실학의 등장과 다산

제1절 실학의 등장과 전개

조선조의 창업과 안정을 위해 채택된 통치 이데올로기로서의 성리학적 이념과 체제에는 양란을 거치면서 새로운 民意의 목소리를 반영하는 실질적인 사상적 움직임이 일기 시작한다. 이러한 사상적 태동은 17세기 이후에 경세치용과 이용후생을 목표로 하여 당시 조선조의 유교 정치체제의 이론적 기반을 이루고 있었던 주자학 사상의 사변적 성격을 비판하고 있었다. 이 같은 현실주의적 입장에서의 정치, 경제, 사회적인 실천론을 전개한 일련의 思想的 傾向으로 발전하게 된다.[7]

여기에는 淸代 주자학적 실사구시의 사상적 영향도 배제할 수는 없지만, 당시 조선이 안고 있는 정치체제의 모순에 대응하여 독자적인 영역을 창출하고, 성리학의 君子學的 政治思想을 경세치용의 학문으로서 조선후기 실학의 등장에 중요한 계기를 안겨주고 있다.

그러나 이러한 역사적 산물로서의 실학사상 기저에는 성리학적 이념과 통치이데올로기의 사상적 배경들과 맥이 상통하고 있다는 사실을 간과해서는 안 된다. 그것이 곧 정치사상으로서의 실학사

---

7) 朴忠錫, 『韓國政治思想史』 (서울: 三英社, 1982), p.68.

상의 철학적 기조가 되어 있었기 때문이다.8)

따라서 실학이란 주자학과의 상대적 의미로만 쓰인 것이 아니라, 그의 본질을 따지고 들어간다면, 그 안에는 실로 다양한 내용이 내포되어 있는 사실을 발견하게 된다. 여기에는 經世的 硏究뿐만 아니라, 經學的 硏究도 포함해야 하는 논리적 근거와 타당성을 다음과 같이 말할 수 있다.

첫째, 성리학에 대한 비판적 입장에서 자생한 소위 경세학파를 들 수 있다.9) 이는 다산을 주축으로 하는 개혁론자의 계열이다. 이들은 주로 토지나 과거제도나 행정기구 등 제도상의 개혁을 주장하는 학파로서 이들의 주장을 경세치용의 학이라 이르기도 한다.

이들의 주장은 비록 帝王學的 儒家의 王道論을 기반으로 한 것이라 하더라도, 그것이 관념론적 宋學에 대한 보완적 의미를 갖고 있다는 점에서 실학적 성격으로 받아들여지고 있는 것이다. 그러므로 경세치용이야말로 한국 실학의 본질로서 이해되기에 이르는 것이다.

둘째, 실학의 경세적 개혁론을 실학의 방법론이라 한다면 소위 이용후생 학파라 불리는 일파의 주장은 복지국가를 지향하는 理想國家論이라 말할 수 있을 것이다. 이는 어쩌면 목적론에 해당할지도 모른다. 오로지 富國强民을 그의 목표로 삼고 있기 때문이다. 이들의 주장이 비록 유가의 복지국가론에 근거한 것이라고 하더라도, 한 학파로서의 형성 동기는 자생적이라 이르기에 앞서 燕京을 거쳐 들어온 서학의 자극과 영향을 낮게 평가할 수 없을 것이다. 西學뿐만 아니라, 西敎까지도 이들과 깊은 관계를 맺고 있다는 사

---

8) 李乙浩, 『韓國改新儒學史試論』 (서울: 博英社, 1982), p.119.
9) 玄相允, 『朝鮮儒學史』 (서울: 玄音社, 1982), p.329.

실도 잊어서는 안 될 것이다.

셋째, 淸代의 實事求是說에 입각한 實證學派(실증학파)를 들수가 있다. 이는 서구사상에 근원한 자연과학파와 四書三經의 문헌적인 고증학파도 이 계열에서 설명할 수밖에 없을 것이다. 이러한 실사구시 학파의 입장은 관념론적인 송학에서의 이탈을 의미할 뿐만 아니라, 자아각성의 계기를 마련해 줌으로써 한국의 지리, 역사, 어문 심지어 의술에 이르기까지 실학의 폭을 다양하게 넓혀 놓는 데 기여하였다.

넷째, 우리가 흔히 간과하기 쉬운 학파에 경학파가 있음을 상기할 필요가 있다. 경학파는 고증학파 내에 포함시킬 수도 있겠지만, 한국 실학 내에서의 경학파는 문헌적 고증 외에 또 다른 의미가 뒤따르고 있다는 사실을 지적하지 않을 수 없다.

다시 말하면, 소위 淸朝에 대두된 고증학으로서의 경학은 漢代 훈고학의 전통을 이은 것으로서 성격상 그들을 漢學派라 이르기도 하지만, 한국에 있어서의 경학은 다산을 정점으로 하여 원시유교로서의 洙泗學을 기반으로 하고 있는 것이다.

어쨌든 洙泗學的 경학은 漢·唐儒學이나 宋·明儒學과는 다른 입장에 서 있다는 사실을 우리는 주목해야 할 것이다. 그렇기 때문에 이들을 일러 改新儒學이라고 부르는 것이다.

경세학파들은 임진, 병자 양란과 서구문물의 도래라는 역사적 현실 속에서 經國濟世라는 구체적인 현안에 접하게 된 것이다. 이러한 측면에서 경세론은 논리적 연구의 대상이라기보다 차라리 국가적 실천의 성과에 기대하는 것으로 그 의미는 다음과 같다. 첫째, 조선조 후기의 역사적 현실을 직시하면서 程朱學的 세계에서 탈출하여 경험론적이요 현상학적인 경세학에로의 회귀를 강력히 시도하였고, 둘째, 그들은 경세적 입장에서 자아를 각성하고 거기에 따른 민족주체의의의 심화를 꾀했으며, 셋째, 그러한 자아의식의 성과로서 얻어진 것이 정치, 경제, 역사, 지리, 과학, 어문 등 다양한 업적을 통해 나타나고 있다.

또한 정치사상적 입장을 들 수 있다. 정치사상으로서 실학은 첫째로 수기치인의 時中之道로서 洙泗學에 근거하고 있다는 점에서 상고적이긴 하지만 결코 고전에 집착하는 보수적 복고주의는 아니라, 도리어 그의 時中之道는 현실적응이란 점에서 전진적이다.

둘째, 진·한 이후 송·명의 제학파와 섞이지 않았다는 점에서 공자학의 순수성을 보유하고 있다. 그러므로 修己君子의 經世學이라는 공자학의 본령에 충실하며 이는 현대 정치사상적 입장에서도 정치권력구조, 정치리더십, 정치이념과의 접근이 가능하고 그 실천에 대한 정치사상적 적실성도 가능하다고 보겠다.

셋째, 진·한 이후의 유가의 설에 대하여는 비판적이다. 또한 음양오행설에서는 음양설만 취하고 오행설에 대해서는 긍정적이나 三綱說에 대하여는 부정적이다. 그 이유로는 兩極對待原理(양극대대원리)에 입각한 음양설, 성명론, 오륜설만을 취함으로써 형태적인 면에서 변증법적 사고방식에 접근하고 있음을 볼 수 있다. 이러한 관점에서 한국 실학을 개신유학이라 부르는 사상적 바탕이 제공되었다.

이상의 실학의 등장과 전개는 단순히 시대의 산물도 아니며, 성리학적 통치이데올로기의 영향이라고도 볼 수 없고, 원시유학사상, 탈성리학적 사상, 서학사상이 상호융합적 측면에서 논의되고 이해되어야 한다.

1. 사상적 배경

(1) 원시유학사상

다산은 성리학에 대한 비판적인 태도를 가하면서 성리학의 空疎
性을 극복하기 위한 기준을 원시유학에서 찾았다. 다시 말해서, 성
리학의 비실용적 공리공론을 벗어나기 위해 孔·孟子의 원시 유
학적 정신에 가탁하여 시도화하였다. 다산의 이러한 努力은 그의
학문을 脫 朱子學의 '洙泗學的 修己治人의 學'10)이라 지칭하는
데서 잘 나타난다. 수사학이란 유학의 대명사로서 결코 새로운 것
은 아니지만 이를 『本來的 孔子學』이란 뜻으로 사용하는 데 의의
가 있다. 본시 洙泗水 기슭은 공자가 낳고 묻힌 곳일 뿐만 아니
라, 공자가 그곳에서 제자들을 데리고 詩書禮樂을 강론한 곳이니,
공자학을 또 달리 수사학이라 부르고 그의 직제자들을 일러 泗上
弟子라 함도 여기에 연유한 것이다. 다산은 수사학에로 그의 경세
학적 학맥을 뚫어 곧장 공자의 강당으로 들어간 것이니 여기에 다
산 경학의 새로운 입장이 서게 되는 것이다.

六經四書를 기틀로 하는 다산의 경학은 修己治人의 이념으로
일관된 수사학적 공자학 바로 그것을 문제로 삼고 있다. 그런데
孔子의 泗上講論(사상강론)은 堯舜之道이니 다산 또한 요순을 제
왕으로서 만세의 사표로 보고 있었다. 실로 다산의 牧民政治도 요
순에게서 발현하였고 민본주의적 禪讓과 放伐의 정권교체도 요순,

---

10) 이는 李乙浩 교수의 견해로 다산의 실학사상의 근본적인 사상적 뿌리
는 원시유학에서 찾을 수 있다는 데서 소위 다산의 실학을 '洙泗學的
修己治人學'이라고 명명하고 있다. 李乙浩, 『茶山經學思想研究』(서
울: 乙酉文化史, 1981), p.21.

제2장 실학의 등장과 다산 29

탕·무가 古道를 실천한 것에 지나지 않는다고 다산은 말하고 있다. 이는 유가의 민본사상의 싹을 요순에게서 이끌어 내려는 수사학적 다산학의 기본이념이라고 할 수 있다. 다시 말하면, 요순이야말로 목민정치의 수사학적 연원이기도 한 것이다.

앞서도 말하였지만, 다산의 경학이 수기치인의 인간학으로 이해될 때 공자학과 가장 깊은 관련성이 있게 된다. 사실 주자도 이미 그의 『대학』 서문에서 유학을 수기치인의 도라 하지 않고 '窮理正心'(궁리정심)하는 수기치인의 도라 한 점11)에 주의를 기울여야 한다. 그냥 '수기치인'으로 이해되는 인간학은 실천론리, 즉 행동주의적 인간학이지만 거기에 '궁리정심'이 덧붙여진 '수기치인의 도'는 실천 윤리적인 인간학이 아니라 관념론적인 사상이 되어 버린다. 朱子學의 본령은 성리학에 있고 성리학의 핵심은 天理에 있음은 주지의 사실이거니와 따라서 주자학에 있어서 궁리는 최고의 의미를 지니며 거기다 주자가 『대학』에서 궁리정심으로 그의 교학을 삼는다 함은 주자학문의 성격이 실천논리와는 거리가 먼 것임을 말해 준다.

그리하여 다산은 주자와 달리 무형한 마음보다는 유형한 몸을 중요시하였으며 心身一如論을 폈다. 다산은 그의 『大學公議』에서 이 문제에 대해 "몸과 마음은 신묘한 합일체로서 나누어 얘기할 수 없으며 바른 마음은 곧바른 몸이 있는 곳에 있으며 이들은 별개의 것이 아니다."라고 했다.12)

이는 正心은 곧 正身하기 위한 것이니 정심은 수신 또는 수기

---

11) 『大學』, 「序文」, 皆入大學 而敎之以窮理正心修己治人之道 此又學校之敎 大小之節 所以分也.

12) 『與猶堂全書』, 第2集 第1卷, 「大學公議」, 身心妙合不可分言 正心卽所以正身 無二層工夫也.

의 한 방편에 지나지 않는다고 하였다.

공자학에 있어서 인간은 인륜적 존재이며 이러한 논리적인 연대 관계는 그것이 혈연관계이거나 사회적 혹은 국가적 관계이거나를 막론하고 나와 너와의 관계는 '우리'라는 상호 평등적 연대 속에서의 관계를 말한다. 이처럼 二人의 관계를 통한 仁의 실천은 수신정심의 원시유학의 정신이며 다산 역시 수사학의 목표로 하는 行仁의 실천논리를 강력히 내세우고 있는 것이다.

다산의 원시유가에 대한 정치사상의 출발점은 맹자의 왕도정치론과 예악론에서 좀 더 구체화되고 사상적인 모티브를 제공하였다는 데 중요한 의미를 갖는다. 맹자의 왕도정치론은 사실상 공자의 예악론이 정책적으로 구체화된 것이지만, 이는 마치 현인론과 국가론을 한데 묶어 놓은 종합론이기도 한 것이다. 그러기에 다산은 이를 밑받침으로 하여 다시 목민의 목자론과 邦禮의 국가론을 전개하여 맹자의 뒤를 계승하였다고 볼 수도 있다.

그런 점에서 맹자의 왕도정치론은 예악론이 구체화된 것임과 동시에 다산정치사상의 선구라고 봄직도 한 것이다.13) 왕도정치란 백성을 동정하고 사랑하는 마음을 기초로 하는 것이며 사랑의 정치다. 왕도정치에 대한 주장은 '맹자'의 여러 곳에 세세한 항목으로 구성되어 있는데 크게 구분을 하면 보민정책과 존현론이다.

보민정책에는 적극적인 것으로 국민의 생활을 안정시켜 주고 그들을 도의로서 가르치는 것이고, 소극적으로는 형벌을 줄이고 세금의 징수를 감소하며 전쟁을 삼가는 것이다.

---

13) 李乙浩, 『茶山經學思想研究』, p.247.

五畝의 택지에 뽕나무를 심으면 쉰 살 된 노인이 비단옷을 입을 것이며, 닭이나 돼지, 개와 같은 가축들의 번식시기를 놓치지 않게 하면 일흔 살이 된 노인이 고기를 먹을 것이며, 百畝의 밭을 그 농번기에 빼앗기지 않으면 여덟 식구의 가구가 굶주리지 않을 것이며, 학교 교육을 철저히 실시하여 효도와 공경을 되풀이하여 가르친다면 반백이 된 노인이 길에서 짐을 지거나 이고 다니지 않을 것이니, 노인이 비단옷을 입고 고기를 먹으며, 백성들이 굶주리지 않으며 춥지 않게 되고서도 왕 노릇을 하지 못하는 사람은 없습니다. 이것은 법과 무력에 바탕을 둔 覇道政治와는 전혀 다르다. 백성들에게 살아갈 방도를 마련해 주고, 잘 교화시키는 등의 仁政을 행하는 은혜를 베푼다면 그 군주는 민심을 얻을 수 있고, 민심을 얻으면 천하의 왕자도 될 수 있다고 본 것이다. 맹자는 백성의 도는 생업에 있다고 말한다. 백성의 도는 생업이 있으면 일정한 마음이 있고, 일정한 생업이 없으면 일정한 마음이 없을 것이니, 진실로 일정한 마음이 없으면 방벽하고 사치하지 않음이 없을 것이니, 죄에 빠진 연후에 쫓아서 형벌을 하면 이것은 백성을 속이는 것이니, …….14)

맹자는 민생의 안정을 기하기 위하여 일정한 생업의 필요성을 강조하였고, 백성의 교화도 일정한 생업을 밑받침으로 하지 않으면 안 되는 것으로 믿은 그는 이것을 위한 새로운 토지정책을 실시할 것을 제창하였다.

맹자가 민생의 안정을 위해 제창한 토지 문제를 살펴보면, 농민은 8개의 가족을 연합하여 1단위로 조직하고 이 1단위에 각 900畝의 토지를 준다. 그것은 똑같이 9등분하여 각 가정에 100畝의 사전을 주어 主食을 확보케 함과 동시에 남겨진 중앙의 100畝를 공전으로 하여 그것을 공동 경작하여 그 수확은 세금으로 납부케 한다. 이것

---

14) 위의 책, p.138.

은 정사각형의 토지를 우물 井 모양으로 균분하므로 井田制라 부르는데 이 계획은 후에 발달하여 정전제로서 실시되었다. 정전제의 목적은 토지의 균등한 배분에 있으며, 그것은 공자의 균분사상에 연유하고 있다. 이는 후에 다산의 정치사상의 중요한 부분을 차지하게 되는 '均'의 개념을 통한 개혁정치의 실현을 추구하게 된다.

그가 인정 또는 왕도정치를 논한 것은 본래 백성의 생활을 개량하는 것을 위주로 하였다. 그러나 맹자 역시 교육과 지식의 중요성을 강조하였다.15) 교육을 통하여 현자로 하여금 흥기의 길을 열도록 한 것은 모두 나라의 흥망이 현량을 얻느냐 못 얻느냐에 좌우되기 때문이다.

공자는 교육의 민중화 내지 일반화를 통하여 의하여 군자를 길러냈고, 맹자는 영재의 교육을 자기의 즐거움으로 삼았다. 그리하여 王公諸侯들의 자제들을 중심으로 하는 치자계급의 교육에서 서민교육에로의 폭이 넓어짐에 따라 소위 尊賢思想이 親親思想에서 분리되기 시작하였으며, 현자의 출현이 더욱 활발해지는 현상을 보인 것은 맹자시대를 전후로 한 전국시대의 일반적인 경향이었던 것이다.16) 그러면 왕공 제후의 세습적 권력승계와는 달리 존현 사상에 의한 현인의 천거는 어떠한 기준에 의하여 실시되어야 하는가? 맹자는 齊宣王의 물음에 다음과 같이 답한다.

좌우가 다 어질다 해도 옳지 않으며, 모든 대부가 다 어질다 해도 또한 옳지 않고, 나라 사람들이 다 어질다고 한 연후에나 살펴서 어짊이 보인 연후에야 등용한다.17)

---

15) 鄭仁在 역, 勞思光 저, 『中國哲學史 (古代편)』(서울: 探求堂, 1990), p.148.

16) 李乙浩, 『茶山經學思想研究』, p.250.

이것은 사심에 치우치지 않고 여론을 들어서 모든 사람들이 어질다고 신망받는 사람을 등용해야 한다는 것으로 賢·不賢의 기준은 민심에 달려 있다는 것이다. 맹자의 존현사상은 보는 각도에 따라서는 오히려 공자의 仁의 사상의 당연한 발전이라고 할 수 있다. 왜냐하면 공자가 마련한 전인적 인간으로서의 군자는 수기의 愼獨君子(신독군자)일 뿐 아니라, 治人의 현자로서의 博施濟衆(박시제중)하는 君牧이 되기도 해야 하기 때문이다.

시대사조의 면에서 본다고 하더라도 공자는 周王朝의 복구를 꿈꾸는 보수적 사상을 가지고 있었지만, 맹자는 그보다는 새로운 현자의 출현을 기대한 사실을 우리는 그대로 간과할 수 없다. 맹자의 시대는 현자의 출현을 열렬히 기다리는 시대적 필요가 절실한 시대요, 그렇게 함으로써 전란의 재화 속에서 백성을 구하는 일이 尊周의 보수적 명분론보다도 더욱 중요한 일이 아닐 수 없었던 것이다.

따라서 맹자의 현인은 修身齊家의 군자라기보다는 치국평천하의 대임을 맡은 군자일 수밖에 없다. 맹자의 현인은 治平의 군자이기 때문에 백성의 부모로서 백성들과 즐거움을 같이하는 王者이기도 한 것이다. 왕자는 결코 천하에 군림하는 황제를 의미하는 것이 아니라, 인의의 왕도로 천하를 교화시키는 자를 가리키는 것이다. 힘으로써가 아니라 덕으로써 인정을 하는 자만이 왕이 될 수 있을 따름이다. 맹자는 인정을 행하지 않는 왕은 이미 왕이 아니라 범부라고 한다. 따라서 "신하인 湯과 武가 임금인 桀과 紂를 죽인 것이 올바른 것인가?"라는 제나라 宣王의 물음에 맹자는 다음과 같이 답한다.

---

17) 『孟子』, 梁惠王下, 左右皆曰賢 未可也 諸大夫皆曰賢 未可也 國人皆曰賢 然後察之 見賢焉 然後用之.

어진 것을 해롭게 하는 것을 賊이라 하고, 옳은 것을 해롭게 하는 것을 殘이라 하며, 殘賊한 사람을 한갓 一夫라고 하니, 일개 범부인 紂를 베었다는 말은 들었어도 임금을 죽였다는 말은 듣지 못하였습니다.[18]

맹자는 무엇보다도 백성이 귀하다고 하면서 제후가 도가 없어서 사직이 멸망하게 되면 마땅히 바꾸어서 어진 임금을 세워야 한다고 하였다. 이러한 君輕, 民貴의 혁명사상은 동양의 어느 왕조와 시대의 제왕들에게는 말할 수 없는 심리저인 압박으로 작용하였지만, 후세에 많은 물의를 일으켜서 맹자를 의심하고 싫어한 사람이나 帝王을 낳게 하였다.

특히 다산에게는 심대한 영향을 미치고 있는데 그것은 왕권신수설을 반대하고 백성이 임금까지 뽑아 올린다는 선출권 내지 추대권뿐만 아니라, 백성에 의한 임금의 축출권까지도 암시하는 그의 독특한 정치적 주체로서의 民權으로까지 발전하게 되는 것이다. 이는 '民'의 개념을 좀 더 적극적인 개념으로 받아들여 정치의 주체로서 민이 무엇을 할 것이고, 위정자에게 민본주의 개념을 공고화하는데 다산 정치사상의 중요한 성리학적 단서를 제공하게 된다.

그런데 여기서 간과해서는 안 될 일이 있으니 이러한 원시유학의 영향과 출발은 어디까지나 성리학적 사고를 벗어나 실제인 실용을 더 중요시하기 위한 방법론일 뿐 완전한 복고라 할 수는 없으며 오히려 尙古性이 크게 극복되어 진보의 방향을 모색하고 있는 점이다. 일반적으로 실학사상가들은 그들의 사상체계를 세우는

18) 『孟子』, 梁惠王, 齊宣王間曰 湯放傑 武王伐紂 有諸 孟子對曰 於傳有之 曰 臣弑其君可乎 曰 賊仁者謂之賊 賊義者 謂之殘 殘賊之人 謂之一夫 聞誅一夫 紂矣 未聞弑君也.

데 있어서 『논어』, 『맹자』, 『주예』 등 유학의 고전을 인용하였다. 따라서 원시유학으로 복귀하는 듯한 인상을 보였으나 그것은 단순한 복귀에 그치는 것이 아니라 자신의 새로운 견해를 전개시켜 나가기 위한 방편이었다.

서양에서 중세기말 르네상스 운동이 일어났을 때, 르네상스의 사상가들은 중세의 스콜라 철학을 극복하는 논리적 거점으로 르네상스(Renaissance)의 어원 그대로 그리스 로마의 철학을 내세웠던 것이고 따라서 그들의 근대지향 운동이 고대의 부흥이라는 의미의 르네상스로 나타났다. 중세의 가치질서가 갖는 모순의 극복을 위해 중세 이전의 가치질서로서 비판하고 여기에 새로운 사상을 가미해 간 것이다.[19]

이렇게 볼 때, 실학사상의 상고적인 경향도 이와 비슷한 현상이 아닐까 여겨지며 다산의 경우에는 상고성이 크게 극복되면서 시대적 상황에 맞춘 자신의 진보적인 의식과 자주적인 의식을 내포시켰다.

이상으로 미루어 볼 때, 다산의 목민사상이 형성되는 사상적 배경에는 원시유학의 영향이 상당히 컸던 것이다.

(2) 서학사상

다산의 사상에 영향을 끼친 외래사상으로는 서학을 들지 않을 수 없다. 당시의 분위기를 정조가 친 서학의 학문적 풍토를 강조하고 국가 정책결정시 서학을 통한 정책결정을 내릴 정도로 지식인들에게는 서학사상이 깊게 침투되었다.[20] 이러한 분위기로 인해

---

19) 김영호, "실학의 재평가", 『한국사의 재조명』(서울: 독서신문사, 1977), pp.453－455.

다산 역시 서학의 하나로 볼 수 있는 천주교사상에 깊은 관심을 가져왔다.

그는 16세 때에 천주교리연구를 시작하여 23세 때에는 李拔과 漢江舟中에서 교리를 논할 수준까지 되었다. 또한 정약용의 조카인 丁夏祥은 각각 『主敎要旨』와 『上宰相書』라는 저술을 편찬함으로써 서학의 교리를 우리말과 생각으로 소화하여 전교의 교재로 쓸 정도로 서학에 대한 이해의 폭을 넓혔다. 이러한 가정적 분위기 역시 다산이 서학을 수용하는 데 적잖은 영향을 미쳤음을 알 수 있다.

명말 중국에 들어온 예수회의 선교사들은 천주교와 더불어 서구 자연과학을 전하였다. 그들은 많은 과학기술에 관한 서적을 漢譯하였는데 그것이 燕行使臣을 통하여 우리나라에 전하여졌다.

처음으로 서양사정을 소개한 이는 선조 때의 李晔光이었고, 그것은 지리적 문화적으로 중국이 세계의 중심이라는 중화적 세계관이 무너지는 제일보였다. 인조 9년(1631)에는 북경에 사신으로 갔던 鄭斗源이 그곳에서 이탈리아 신부 陸若漢(Rodriguez)을 만나서 천문, 지리에 관한 한역과학서와 紅夷鉋, 자명종, 천리경 등을 가지고 돌아왔고, 또 청나라에 볼모로 가 있던 昭顯世子는 청군을 따라 북경에 들어가(1644) 그곳의 천주당을 방문하고 독일인 신부 아담 샬(Adam Shall)과 사귀어 천문학 및 천주교 서적과 지구의 등을 가지고 왔는데, 그는 서양문물에 대해서 깊은 관심과 이해를 보였다. 효종 4년(1653)에는 金堉의 건의로 時憲曆을 국가적으로 채용하였으니 서구문화의 첫 채용이었다. 인조 6년(1628)에는 화

---

20) 『承政院日記』, 正祖21年 6月28日, 上曰 …… 天下之目 西洋之目天下 之學 皆西洋之學.

란선이 제주에 표류하여 朴燕(벨테브레) 등 3명이 억류되어 훈련 도감에서 일하였는데, 효종 4년에는 또 일본으로 가던 화란선이 제주에 표착하여 하멜(Hamel) 일행 38명이 우리나라에 들어와 각처에 전전하면서 15년간이나 억류되었다가 탈출한 일도 있어 차차 서양에 대한 지식이 늘어갔다.21)

하멜(Hamel) 일행이 다녀간 후, 18세기 말엽에서 19세기 전반기에 걸쳐 다시 서양의 선박들이 조선연안을 항행하며 때로는 육지에 접근하고 있었다. 서양세력의 동아시아의 진출은 경제세력의 침투일 뿐만 아니라, 서구적 정신의 주류요 본체인 기독정신을 유교주의 사회에 이식할 길을 열어 주는 힘이기도 하였다. 이러한 사상적 격동기에 살았던 다산은 당색과 혈연적인 면에서도 완전히 서학적인 분위기 속에서 살았다.22)

다산이 한때 천주교에 기울게 한 것도 우선은 이러한 그의 가정적 영향, 친척 및 선배들의 영향에 의한 것이며, 사상의 미성숙 시기에 서양과학을 알려는 욕심에서 비롯된 것이다. 그래서 다산은 점차 자기의 세계관이 성숙됨에 따라 천주교와 관계를 끊고 종교로서의 천주교에 대하여 비판적 입장에 섰다.

다산은 죽기 전에 천주교도라는 오명과 추문을 씻는 것이 간절한 소원이라 하여 배교하였음을 분명히 밝혔고23) 조상에게 제사를 지내지 않는 것은 인륜을 상하게 하고 천리를 거스르게 하는 것이라고 천주교리를 비판하였다.

---

21) 中央學術研究院 編, 『韓國文化史新論』 (서울: 中央大學教 出版部, 1981), p.190.

22) 洪以燮, 『정약용의 政治經濟思想 研究』 (서울: 韓國研究圖書館. 1959), p.231.

23) 김상홍, 『茶山學研究』 (서울: 啓明文化社, 1990), p.19.

그러나 다산은 서양과학사상에는 두드러진 영향을 받았다. 다산이 영향을 받은 내용들을 살펴보면 다음과 같다.

첫째로 들 수 있는 것은 지구는 둥글다는 세계관에 의거하여 세계를 中華와 四夷로 갈라서 상호 간에 尊卑上下 관계를 설정하는 화이적인 세계관을 전적으로 부정한 것이다. 다산은 이러한 과학적 세계관에 입각하여 소중화적인 사상적인 폐쇄성을 극복하고 지구적인 시야에서 다른 나라의 사이의 사상과 학문을 편견 없이 바라볼 수 있었다.[24] 둘째로 인간의 기술개발과 그것의 실용화에 관계된 과학적인 견해들이다.

다산은 타성에 젖어 옛날방식만 고집하는 우리의 현실을 비판하면서 중국의 새로운 방식과 발달된 제도를 시급히 배워 와야 한다고 주장한다. 다산은 실제로 정조가 내려준 '奇器圖說'[25]을 참조하여 거중기를 만들어 실용화에 성공한 결과 수원성 축조공사에서 四萬兩을 절약하였다.

1797년에 정조에게 올린 自明疏에 의하면 상당히 광범위한 과학 기술서를 열람하고 연구한 것을 알 수 있다.[26] 그는 서양의술인 종두술을 우리나라에서 확립하고 보급하기 위하여 문헌연구와 실험들을 수차 진행하여 성공하였으며, 홍역에 관한 연구도 많이 하였다.[27] 이 밖에 다산과 직접적인 서학의 영향은 개인적인 신상

---

24) 姜在彦, "丁茶山의 西學觀", 『茶山學의 探究』(서울: 민음사, 1990), p.68.

25) P. Joannes Terrenz가 구술한 것을 명말 王徵이 筆錄한 物理學의 力學原理와 그 工學的 應用을 解說한 서양기술서이다.

26) 姜在彦, 앞의 책, p.67.

27) 社會科學院 哲學研究所 編, 『정다산 연구』(서울: 한마당, 1989), p.135.

에서 찾아볼 수 있다. 다레(Dare)의 『朝鮮敎會史』에는 다산이 요한(John)이라는 이름으로 영세를 받았다고 기록되어 있다.[28] 다산은 천주교 신자이며 그의 실학사상은 천주교의 절대적인 영향을 받아서 형성되었으며 그의 저서 『목민심서』에는 그리스도의 말이 인용되었다는 주장도 있다.[29]

그런데 서학에 대한 조선왕조 당국의 탄압이 일어나자 다산은 이로 말미암아 1801年 귀양을 가게 되어 유배 중에서 그의 장년기 대부분을 보내야 했다. 그의 서학과의 이러한 관계를 이해할 때, 다산이 당시 정치상황과 서학의 관계를 언급한 대목은 서학에 대한 다산의 정치적 이해가 잘 나타나 있다.

"자기들의 命令을 조금이라도 회피하는 者가 있으면 즉시 天主敎徒로 몰아 호랑이처럼 으르렁거리면서 개, 돼지와 마찬가지로 협박하고 몰아친다"[30]라고 하여, 당시 정치인들이 서학을 정치보복의 수단으로 이용한 부당성의 지적을 이해할 수 있다. 동시에 그가 서학에 대해 표면상으로 한마디의 찬사의 말도 남기지 못한 원인을 짐작 할 수 있다. 그는 추국이 행해지던 마당에서 서학을 부정하는 태도를 드러냄으로써 잔명이나마 보전할 수 있었던 것이다.

그러나 그 후 다산은 다시 서학사상으로 복귀하고 있음을 알 수 있다. 수년 후 사면을 받은 그는 자기 罪에 대해 오래고도 진실한 후회를 하였고 또 그의 모범적인 열심과 희생으로 신도들을 위로하였다. 마침내 매우 훌륭한 죽음으로 신도들을 위로하였으며 마

---

28) 홍이섭, 『鄭若鏞의 政治經濟思想研究』(서울: 한국연구도서관, 1959), p.231.

29) 유홍렬, 『한국사회사상사 논고』(서울: 일조각, 1980), p.308.

30) 『與猶堂全書』, 第1集, 第31卷, 「詩文集」, 有回避者 卽昌之以西敎之. 目嘷如獅虎驅策如犬羊.

침내 매우 훌륭한 죽음으로 하였다.[31] 다산은 1836년에 사망했는 데 劉方濟 신부가 조선에 들어온 후 그의 손으로 終傳聖事를 받았다.

이러한 과정을 거쳐 다산 사상 전반에는 서학이 침작되어 들어 갔고 서학은 그의 사상에 중요한 자극제가 되었다. 이와 관련하여 서학이 목민정치의 형성에 기여했을 가능성은 전혀 부정할 수가 없다.

한편 서학이라 함은 천주교리 자체만을 지칭하는 것이 아니라, 근대 서구의 자연과학과 합리적인 과학정신을 포함하는 것으로 서양학문과의 접촉은 다산의 목민정치를 고취시키는 또 다른 요인이 되기도 한다. 서양문물과의 접촉 경험은 그가 기술을 천하게 여기던 종래의 통념을 시정하여 기술이 인간생활에서 차지하는 비중의 막대함과 역할의 중요함을 깨닫고 기술을 강조하였다.

인간이 동물과 구별되는 것은 인륜을 가진 것에만 국한되는 것이 아니라, 기술을 소유하고 그것을 발전시켜 나가는 점에서 인간은 동물과 뚜렷이 구별된다고 보았다. 다산이 이처럼 기술도입과 발전을 주장하는 것은 어느 지도계층을 위한 것이 아니라, 국가의 부강으로 민중생활의 향상을 꾀하기 위한 것이었다.

이와 같이 고찰해 볼 때, 그의 서학에 대한 태도는 실용주의의 입장을 벗어난 것이 아니라고 볼 수 있다. 선진기술의 도입을 위해서라면 북학도 서학도 불사하겠다는 태도의 표현이라는 점에서 다산에서 볼 수 있는 실용주의와 서구과학의 영향은 결국 그의 목민사상의 실천성에 반영되었다고 볼 수 있겠다.

---

31) 조광, "정약용의 민권의식 연구", 「아세아연구」, 1976년 7월호, p.91.

(3) 탈성리학적 사상

다산은 당시의 통치원리인 관학이었던 程朱 성리학에 대한 극복 의지, 즉 탈성리학의 의지는 매우 강렬하여, 사서를 비롯한 제 경 전에 대한 정주의 주해를 朴世堂의 경우 이상으로 철저하고 광범 하게 비판·배척하면서 자신의 새로운 주해인 이른바 '反程朱的 經學'을 내놓는다.[32] 그러한 그의 작업은 역시 외견상으로는 원시 유학정신을 이상적 기준으로 하여 그 회복을 표방한 것이지만, 내 용상으로는 이상의 사상적 흐름을 종합적으로 고려하면서 당시의 현실에 적합하고 실용적인 새로운 유학을 성립시킨 것이다. 그의 經世書인 『牧民心書』, 『欽欽新書』, 『經世遺表』가 그러한 점을 잘 입증하는 증거이다. 그런 까닭에 그의 실학관은 성리학적 담론에 서 실학적 담론으로 넘어가는 과정에서 탈주자학적 정신이 잘 나 타나 있다.

공자의 도는 수기와 치인일 뿐이었으나, 지금 학문을 하는 사 람들이 아침저녁으로 익히고 연마하는 것은 다만 理氣와 四七의 논변과 河圖와 洛書의 數와 太極과 元會의 설뿐이다. 이러한 것 들이 修己에 해당하는지 治人에 해당하는지 알지 못하겠으니, 우 선 한쪽에 두어라.[33] 지금 세속의 학문에 빠져 있으면서 주자를 이끌어서 자신을 방어하는 자는 모두 주자를 속이는 것이다. 주자 가 어찌 일찍이 그러하였겠는가? …… 이로부터 끝내 손을 이끌

---

32) 그는 『論語古今註』를 비롯하여, 『孟子要義』, 『中庸自箴』, 『中庸講義』, 『大學公議』, 『大學講錄』 및 『周易心箋』, 『易學緒言』, 『春秋考微』 등 經集 232卷을 남겼다.
33) 『與猶堂全書』, 1集, 卷17, 「爲盤山丁修七贈言」, 孔子之道修己治人而 已今之爲學者 朝夕講磨 只是理氣四七之辨 河圖洛書之數 太極元會 之說而已 不知此數者 於修己當乎 於治人當乎 且置一邊.

고서 함께 요순과 주공과 공자에게 돌아갈 수 없는 것이 지금 性
理의 학문이다.34) 참된 유자의 학문은 본래 나라를 다스리고, 백
성을 편안케 해 주며, 오랑캐를 물리치고, 재용을 넉넉하게 하며,
文과 武에 모두 능하여, 해당되지 않는 것이 없다. 어찌 문장을
연구하고, 구절을 지적하며, 짐승을 주해하고, 물고기를 주석하며,
도포를 입고, 절하는 법을 익히는 것일 뿐이겠는가? …… 후세의
儒者들이 성현의 본뜻을 깨닫지 못하고서, 仁義와 理氣 외에 한
마디라도 입 밖에 내면 그것을 잡학이라고 지적한다.35)

이 실학적인 담론에서 확인할 수 있듯이, 다산은 朱熹 개인에
대한 비방을 피하면서 당시의 성리학을 비판한다. 그 비판 형식
역시 원시유학을 기준으로 한 것이다. 그리고 실학이라는 용어를
별도로 사용한 것이 발견되지 않음에도 우리는 주의해야겠다. 굳
이 실학에 해당하는 것을 찾는다면, 그것은 그의 비판의 대상인
'今俗之性理學'과 대비되는 '眞儒之學'에 해당한다고 간주하여야
할 것이다.

다산에 의하면, 성리학에서는 朱熹의 권위를 앞세워서 理氣·四
七辨이나 太極說 등에 몰두하거나 한낱 장구의 주석에 매달리거나
형식에 빠진 예절(衣逢袚習拜揖)의 시행에만 관심을 쏟는다. 그럼
에도 불구하고 성리학자들은 이외의 것을 한마디라도 언급(一言發
口)하면 '雜學'으로 폄하하면서 등한히 한다. 여기서 그는 유학의
목적이 원래 수기와 안인(治人)을 균형 있게 兼全하는 데에 있음

---

34) 『與猶堂全書』, 1集, 卷11, 「五學論」 沈淪乎今俗之學 而授朱子以自衛
者 皆誣朱子也 朱子何嘗然哉. …… 自是終不可以攜手同歸於堯舜周
孔之門者 今之性理之學也.

35) 『與猶堂全書』, 1集, 卷12, 「俗儒論」, 眞儒之學 本欲治國安民 攘夷狄
裕財用 能文能武 無所不當 豈尋章摘句注蟲釋魚衣逢袚習拜揖而已
哉. …… 後儒不達聖賢之旨 凡仁義理氣之外 一言發口 則指之爲雜學.

을 말한다. 그러면서도 그 겸전을 달성하지 못하고, 당시 성리학자들과 같은 공허한 경향에 빠진다면, 그것보다는 차라리 그는 雜學視되는 '治國 安民', 즉 安人에 관한 부면에 치중할 것을 택한다. 그런 뜻에서 그는 '攘夷狄 裕財用 能文能武 無所不當'하는 능력 양성을 眞儒之學의 내용으로 간주하고 있었다. 그러므로 그의 치국안민의 목표를 달성키 위한 '攘夷狄 裕財用 能文能武 無所不當'하는 능력의 양성이 곧 그의 실학에 해당한다고 할 수 있다.

다산의 정치사상은 일단 성리학과 관련성을 고려치 않고서는 완전히 이해될 수가 없다. 그의 사상은 좋든 나쁘든 성리학과의 일정한 관련 속에서 이루어진 것이기 때문이다. 그는 성리학의 통치원리로 이용되던 시대환경에 태어나서 그것을 일찍이 배우고 익히면서 자신의 인격을 연마하고 학문을 집성시킨 것이다.

그러나 성리학에 대한 기본적 학습의 단계를 넘어 전문적 단계에 들어선 때부터는 그 장점보다 약점에 대해 눈을 떴으며 당시 공리공론에 치우치는 성리학자들의 태도에 대해 부정적인 비판을 가했다. 이 점을 뒷받침해 주는 한 증거가 그의 '鹿皮에 日字쓰기'에 비유하여 냉소적인 담론형식을 빌려 이것에 대한 비판을 하고 있다.

   그러나 理氣의 說이란 東으로는 西로도 될 수 있고 白으로도 黑으로 될 수 있는 것이다. 左로 끌면 左로 기울고 右로 끌면 右가 기우는 것입니다. 人生은 多事한 것이나 兄이나 내가 어느 여가에 이러한 것(理氣說)을 하겠습니까?[36]

성리학의 핵심인 이기철학은 마치 鹿皮에 日字를 쓰는 것과 같이 이해하기 어려우며 그만큼 비실제 비생산적이라는 것이다. 이

---

36) 『與猶堂全書』, 第1集, 第19卷, p.30.

러한 비생산성을 야기하는 원인은 바로 성리학이 갖는 난해성과
공소성 때문이라고 다산은 「五學論」에 지적하고 있다.

> 오늘날 性理學을 하는 學者들이란 理다, 氣다, 性이다, 體다,
> 用이다 등을 말하면서 제각기 스스로 天下의 高妙함을 지극히 한
> 다고 생각하여 東에서 기둥을 세우면 西에서 허물고 꼬리를 잡으
> 면 머리까지 빠져나가는 式으로 서로 다툰다. 제각기 一門一家를
> 이루었다 하여 기치와 기첩을 하나씩 내거니 세월을 다하여도 그
> 다툼을 解決할 수 없고 代를 물려 하여도 그 원한을 풀 수 없으
> 니, …… 어찌 空疏하지 않는가.37)

이처럼 난해성과 더불어 분파 분당의 爭訴까지 야기하는 공소성
이 그가 성리학에 대해 비판하는 이유인 것이다. 그리하여 다산은
성리학을 유일한 지식으로 인정하는 것을 거부하고 있으며 당시의
진부한 학문풍토에 염증을 느끼어 진시황의 금서를 재삼 생각해
볼 정도였다. 학문연구의 대상으로뿐만 아니라, 지배계층의 정치
이데올로기로서 위치를 굳히고 있던 성리학의 이러한 공소성에 대
해 다산은 당시의 현실적 부조리와 사회제도의 불평등이 생기는
원천으로 여겼다. 나아가 성리학은 명분과 형식을 중시하는 이념
체계 때문에 결국은 특권지배계급과 결탁하여 어용적인 역할을 하
고 있다고까지 생각하게 되었다.
   그리하여 성리학의 이념체계에서 벗어나려 했던 다산의 정신을
곧 탈성리학적 정신이라고 일컬을 수 있을 것이다. 다산이 지녔던

---

37) 『與猶堂全書』, 1, 「五學論」 1, 今之爲性理之學者 曰理 曰氣 曰性 曰
   情 曰體 曰用 曰本然氣質理發氣發 己發未發 單指兼指 理同氣異 氣
   同理異 心善無惡 心善有惡 …… 交嗔互嚷 …… 同者貳之 殊者伐之
   …….

탈성리학적인 사고의 관점은 그의 사상 곳곳에서 잘 나타나 있다. 다산은 그의 天觀, 人生觀에서 주자의 사상에 대해 가차 없는 비판을 하며 이기의 문제에 있어서도 朱子學의 입장과 견해를 달리한다.

또한 『대학』에서 보인 정주학의 심리론적 해석을 실천론적으로 재해석하였다. 단적인 예로 이기의 문제에서 다산은 조선주자학의 전통이라고 하는 퇴계의 입장을 따르는 것이 아니라 "理를 發하게 하는 것은 氣요 그리하여 氣를 發하게 하는 까닭은 理라는 說은 진실로 확실한 說"이라 하여 栗谷의 "氣가 發한 후에 理가 그 위로 오르는 것(氣發而理乘)"의 입장을 지지하고 있다.[38]

또한 仁, 義, 禮, 智를 성취하는 방법에 있어서 이들은 마음속에 있는 理로서 파악하는 주자의 입장에 反對하여 仁, 義, 禮, 智의 성취 방법은 오직 실행에 있음을 강조하였으며, 한편 禮의 문제에 있어서도 '朱子家禮'는 일가의 예를 밝힌 것에 지나지 않는다고 하여 이를 천하만국의 禮로 굳히는 것은 잘못된 것이라고 지적하기도 한다.

이렇듯 다산은 '氣發理乘'의 입장을 명백히 하는 동시에 '禮'의 본지를 가예에서 탈피시킬 것을 주장하여 당시 주자 정치이념의 근거를 전면적으로 뒤흔들면서 적극적으로 반주자적 입장을 취하였다. 더 나아가서 주자가 편찬한 『通鑑網目』을 읽을 필요조차 없는 책이라고 도전적인 자세를 취함으로써도 주자를 직접적으로 거부하고 있었다.

이러한 그의 태도는 전통적인 주자학을 옹호하던 당시의 유자들의 입장에서는 중요한 비난거리가 될 수밖에 없었다. 이로 인해

---

38) 김한식, 『實學의 政治思想』 (서울: 一志社, 1985), p.207.

다산은 이단자임에 틀림이 없었고 또 이단으로 지목받아 불우한 여생을 보낼 수밖에 없었으리라 생각된다.

2. 시대적 배경

조선조 후기는 국내외적으로 많은 변동이 있었다. 조선왕조는 16세기 말 임진왜란과 17세기 말 병자호란에 적절한 대응을 하지 못하여 다산이 살던 18-19세기에는 정치ㆍ경제ㆍ사회 각 분야에서 혼란이 나타났다. 다산은 이러한 난국에 대하여 "어느 하나 털 끝만 한 것까지 병들지 않은 것이 없고, …… 이제 개혁하지 않고 서는 반드시 나라를 망칠 것이다"39)는 우려를 표명하였다.

정치적인 문제로서 심각한 현상 중의 하나는 백성의 생존 자체를 위협하는 난국인데도 지도층은 공리공론40)과 당파싸움에 매몰되어 정치적인 무능을 계속 노출시키는 것이었다. 난국을 타파하지 못하는 정치체제는 백성들에게 무관심과 반감의 소지를 남겼고, 민이 지배층의 무능에 반감을 갖는 사회적 분위기가 어느 때보다도 팽배하게 되었다.41) 즉 건국초기에 조선왕조의 통치체제는 유교적인 정치이념에 따라 고려조의 폐정을 시정하면서 민본을 실현

---

39) 『與猶堂全書』 5, 「經世遺表」, 蓋一毛一髮 無非病耳 …… 及今不改 其必亡國.

40) 여기에서 사용한 '공리공론'이란 개념은 조선조 성리학의 전 흐름을 싸 잡아 매도하려는 시도가 아니라 주로 사회경제적인 측면에서 적극적으로 대처하지 못한 무능함에 대한 질타이다. 이렇게 정의하는 근거는 禮 訟論爭으로 인해 예학 분야의 많은 탐구가 이루어진 점이라든지, 끊임 없는 인간의 심성문제의 사유를 통해 심화 발전된 논문들을 도외시해서 는 안 되리라는 생각 때문이다.

41) 김한식, 앞의책, p.25.

하는 것이 목표였다.

그러나 현실상 백성의 대부분이 지적 교육수준이 낮았으므로 정치구조는 신분적 차등의 사회를 이루고 실제로 사대부 계급에는 禮를, 일반 서민에게는 法을 적용하는 이원적 刑政體系를 수립하였다. 백성이 정치구조의 중심이 되지 못하고 지배자가 통치의 주체가 된 통치구조에서 민본사상이 논의되었다.[42]

이러한 치자 중심의 지배체제는 후기에 이르러 민의 이익과는 점점 멀어지고, 당파와 뇌물이 정치의 기조가 되는 폐단이 극에 달하였다. 이에 중앙에서는 능력본위의 과거가 시행되지 못한 채, 매관매직이 성행하였다. 그 결과 지방관리는 문벌세도가문을 등에 업고 암행어사도 탐관오리를 처벌할 수 없는 지경에까지 이르게 되었다.[43] 이러한 정치는 민에게 가장 큰 피해가 돌아갔고 결국 민만 못살게 되어 민이 치자계급을 불신하고 사회체제에 반감을 갖는 것은 당연하였다.

---

42) 김용옥, 『朝鮮時代의 政治體系』 (익산: 圓光大學校 出版社, 1988), p.65.

43) 다산은 시대적 총체적 난국을 철저히 종합 진단하는 안목을 지녔다. 목민관의 정치서인 『목민심서』에 열거된 당시 사회의 부패상을 열거해 보면, ① 주먹을 휘두르며 눈을 부릅뜨고 …… 나무를 깎아 침을 만드는데, 이들을 '先接軍' 또는 '奴儒'라 한다. 이 때문에 과장은 난장판이 되어 서로 짓밟고 죽이기도 한다 …… 부잣집 자식이 글자 한 자도 배우지 않고 글을 사고 글씨를 사서 뇌물을 바쳐서 합격자에 끼이게 되는 자 태반이었다. (『목민심서』, 吏典六條, 擧賢, p.337), ② 흐리멍덩하고 무능한 사람이 대체를 지켜나가기에 힘쓰고 옛 법도를 그대로 좇는다 하여 이름 지어 '명령을 않는데도 저절로 다스려진다' 하지만 백 가지 법도가 해이해지고 많은 구멍이 자꾸 뚫려 백성들이 그 해곡을 입어 고혈이 점차 말라가는데도 按察하는 신하인 監司는 이런 수령을 고과하여 "簡約으로 다스리니 앉아서 진정시키되 여유가 있도다"라고 쓴다(『목민심서』, 吏典六條, 考功, p.382).

　　사회·경제적인 측면에서는 양란 후에 국가재정이 파탄되고 토지
의 황폐화로 농민경제가 혼란하게 된 데 이어 田政, 軍政, 還穀의
三政 문란으로 사회불안은 더욱 가중되었다. 귀족 토호들이 고의로
누락시킨 은결이나 면세지 등은 국고를 고갈시켰고, 이의 보충은 농
민이 부담하여 결과적으로 농민만이 더 못살게 되었다. 다산은 유배
지에서 삼정의 문란으로 고통받는 민의 생활실정을 『목민심서』에서
전정에 관한 정책을 戶典 田政條,44) 군정에 관한 것은 兵典 簽政
條,45) 환곡에 대해서는 호전 곡부조46)에서 자세히 다루면서 이러한
상황이 시급히 시정되어야만 민이 살 수 있다고 하였다.

　　다산은 『흠흠신서』 自序에서 당시의 치자계급이 공론에 치중하
여 사회적인 역할을 제대로 하지 못함을 시대적인 담론으로 제기
하고 있다.

　　　사대부는 詩賦雜藝에만 정신을 쏟다가 하루아침에 목민관이
　　됨에 어리둥절하여 조치하는 바를 알지 못하고 오히려 이를 간사
　　한 서리에게 맡기면서 감히 알려고 하지 않는다.47)

　　다신은 당시의 치자 계급이 치자로서의 능력을 갖추지 못하였고
갖추려고 노력하지도, 갖춰야 한다는 인식조차도 없는 실정이라 신

---

44) 『與猶堂全書』, 「牧民心書」, 戶典 田政條, 隱結餘結歲增月衍 官結屯
　　結歲增月衍 而原田之稅于公者歲減月縮 將若之何.
45) 『與猶堂全書』, 「牧民心書」, 兵典 僉丁條, 僉丁收布之法 始於梁淵 至
　　于今日 流派浩漫 爲生民切骨之病 此法不改 而民盡劉矣.
46) 『與猶堂全書』, 「牧民心書」, 戶典 穀簿條, 還上者 社倉之一變 爲生民
　　切骨之病 民劉國亡 呼吸之事也.
47) 『與猶堂全書』, 「欽欽新書序」, 唯在時賦雜藝 一朝司牧 茫然弗知所以
　　措手 寧任之奸胥 而不敢之焉.

랄히 꼬집고 있다. 치자들의 무능력에 피해를 입는 자는 민일 뿐이
다. 목민관은 도덕적인 수양이나 이론의 탐구를 전부로 여겨서는
안 되며 지위에 맞는 능력을 갖추어야 한다고 역설한 것이다.

도학정치에서 빚어진 당쟁의 권력구조를 개혁하기 위해서 英祖時
1744년 찬집청 설치, 1746년 『續大典』이 반포되었고, 다산은 『경세
유표』가 나오기 10년 전에 『萬機要覽』(1808)을 편찬하였다. 그러나
다산은 그 당시 상황에서 근본적인 개혁이 아닌 단순한 현실 미봉책
은 오히려 민에게 더욱 피해를 가중시킬 뿐이라 하였다. 그는 정치
개혁에 대하여 다음과 같은 담론을 피력하였다.

> 다만 관서를 혁파하고 인원을 줄이는 것으로써 위급을 구제하
> 는 방법으로 삼게 되니, 이익 되는 것은 되(升)나 말(斗)만큼 적
> 은데도 손해되는 것은 구릉처럼 많게 되어 백관이 갖추어지지 못
> 하고 正士가 봉록이 없게 되어 탐욕의 기풍이 크게 일어나서 백
> 성들이 시달려 파리하게 되었다.[48]

이러한 상황에서 다산 자신은 근본적인 개혁을 위해서 『경세유
표』, 『목민심서』, 『흠흠신서』의 일표이서를 저술한다고 밝혔다.

다산이 시대적 난국을 타파하기 위해 전면적인 개혁안을 제시할
수 있었던 학문의 배경은 주자학을 비판적으로 인식하는 학문풍토
가 이미 조성되어 있는 상황에서 밖으로부터 서학과 청조문물의
수용, 안에서 실학자들의 선구적인 현실개혁안이 있었기 때문이었
다. 다산은 이 속에서 다양한 사상과 문물을 개혁을 위해 필요한
부분들을 비판적으로 수용하였다.

---

48) 『與猶堂全書』, 「經世遺表」, 唯以革署減員 爲救急之方 所益者升斗
　　而所損者丘陵 百官不備 正士無祿 貪風大作 生民憔悴.

(1) 정치적 상황

이 시대는 英·正祖時代로 새로운 학풍이 대두된 시기이나 정치적으로 黨爭이 격심했던 肅宗(1675~1720)시대 바로 직후이며, 이미 예정된 예절 따위는 형식화되어 버렸고, 왕권도 관료들의 농간에 매우 흔들리고 있는 시기였다.49)

16세기 말과 17세기 초에 두 차례의 전란을 겪은 조선왕조는 그 정치적 상황에 있어서 계속적으로 중대한 변화를 겪어 왔으며 양반들의 정권 획득을 위한 경쟁과 투쟁은 양란 전보다 더욱 격화되어 西人과 南人, 그리고 西人 내부에서도 老論과 少論의 치열한 정권싸움으로 비화되기도 했다.

한편, 英祖 이후 탕평책이 시행되었으나, 17세기 말 이후의 정권은 사실상 노론에 의해서 전단되다시피 되었다. 19세기 초부터는 노론파에 속하는 安東金氏의 세도정치가 계속되었기 때문에 양반사회는 매우 불안하게 되었고, 그들의 정치적 행태는 유교적 통치윤리나 규범을 무시한 가운데 당파와 회뢰가 출세의 기준이 되고 정책운영의 기조가 되었다.

중앙에서는 능력본위의 과거제도가 시행되지 못하고 매관매직이 성행하였으며, 지방관리는 토색에 여념이 없었고, 지방수령의 토색을 규찰하기 위하여 암행어사가 빈번하게 파견되었으나, 세도가의 인척인 탐관오리를 처벌할 수도 없으려니와 자신도 부정에 가담하는 사례마저 없지 않았다.

英祖는 老少의 싸움을 말리는 데 힘을 기울였기 때문에 南人의 정치적 지위개선으로 보아 그다지 바람직하지는 못했으나 정조는 남인을 기용하기도 했으며 이때 다산도 등용되었다.

---

49) 이을호, 『다산학입문』(서울: 중앙일보사, 1983), p.173.

그러나 1800년 정조가 타계하고 영조의 비인 僻派系 金氏가 수 렴청정하자 정치적 판국은 일변하게 되고 辛酉敎獄으로 다산이 유배 가는 등 黨禍의 처절함이 극에 달하자 이를 망국적 독소라고 다산은 개탄했다.50) 따라서 이러한 현상으로 백성들이 정치체제 일반, 투입과정, 산출과정, 정치적 참여 등에 아무런 반응도 보이 지 않는 地域的 정치문화51)에서는 정부주도의 미래지향적 정책개 선의지가 표출될 수 없었고 오히려 재야의 실학자들에게서 정책개 선의지가 표출된 것은 당연한 현상이라 하겠다.

(2) 경제적 상황

兩亂으로 인해 조선기의 경제와 재정 실정은 비참하게 만들었 다. 그 결과 三政의 문란 원인이 되었고 이로 인한 민생고의 해결 을 위해 경세학파 대두의 원인이 되었다.

삼정의 문란은 국가재정의 기초를 흔들고 사회불안의 요소를 배 태시켰으며 더욱이 이 시기의 각종 연대기와 개인문집 등에 나타 난 농민의 流亡 · 疾病 · 飢餓 · 盜賊 · 民亂 등의 기록은 그 폐해 의 정도를 쉽게 짐작하고도 남음이 있다 하겠다.

수차의 전란으로 농경지는 거의 황폐되었고 임란 전에 152만 결이었던 것이 그 후에는 불과 54만 결밖에 되지 않았다. 官房田 · 屯田 등의 免稅地와 귀족과 토족들이 토지대장에서 고의로 누락 시킨 隱結 등의 증가로 인해 국고의 수입이 대폭 감소했을 뿐만

---

50) 김상홍, 『다산 정약용 문학연구』 (서울: 단국대학교 출판부, 1985), p.77.

51) Gabriel A. Almond and Sidney Verba, *The Civic Culture* (Boston: Little Brown, 1965), pp.11 - 16.

아니라, 이와 더불어 탐관오리들은 황폐한 토지에도 세금을 부과하는 등 국정은 극도로 문란했다.

軍政은 장정이 병역을 치르는 대신 군포를 내던 제도인데 兩班, 衙前, 官奴들은 면제되었고 또한 서리들의 수탈이 혹독한 정도여서 黃口簽丁, 白骨徵布, 族徵, 隣徵 등의 각종 협잡은 전정의 폐보다 더욱 심각하였다.52)

還穀은 춘궁기에 가난한 농민들에게 국가가 미곡을 빌려주고 추수기에 石當 1斗5升(10분의 1)의 耕穀을 가산하여 받아들이는 제도인데 빈민구제의 이 제도는 일종의 고리대로 변화하여 勒貸, 虛留, 半白 등의 수탈방식은 그 정도가 극에 달하고 있었다.

(3) 사회적 상황

사회문화적 변동은 다섯 가지로 그 양태를 나누어 개괄해 볼 수 있다.

첫째로는 백성들의 최저생계의 유지가 어려웠다는 점이다. 농민이 생존자체에 대한 위협을 부단히 받아야 했다는 사실은 이들이 사회체제에 대하여 무관심하거나 혹은 반감을 일으킬 소지를 마련해 주었고 기존 정치지도층에 대한 저항의식을 높여 결국은 기존 질서의 이탈이나 변혁의 계기를 마련하기도 했으며, 한편으로는 변혁의 저류가 '샤머니즘'과 연결되어 산발적인 사회적 변동의 근저가 되었다.

둘째로는 이러한 최저생계유지의 어려움은 인구의 이동성을 높였다. 농민에 대한 지배층의 극한적 수탈방법은 농민의 이동결합과 무력저항을 유발케 했다. 이는 당시 정치체제에 대한 저항으로

---

52) 이기백, 『한국사신론』 (서울: 일조각, 1984), p.298.

발전해 경우에 따라서는 왕권과 왕조의 변경을 전제로 하기까지 했다.

셋째로는 생존의 위협과 인구이동성의 증대는 정치참여 면에서 따돌려진 소외계층의 정치의식을 높여 주었다는 점이다. 17세기 중엽 이후 전후복구로 인해 경작지의 확대와 생산증가는 화폐경제를 발전시켰고, 임금노동이 성행하자 도시인구의 증대와 더불어 시장경제를 확대했다. 이는 조직적 의사표시를 가능하게 했으며, 이러한 일련의 변화는 중인을 포함한 출신성분 때문에 지배계층에서 제외된 일부 양반층이 그들의 불만을 표출하는 계기가 되었다.

넷째로는 계층질서의 두드러진 변화로 하부계층인 노예층이 자유인이 되는 경우도 있고, 상부계층인 양반이 노예로 전락하는 경우를 동시에 수반하면서 일어났다. 이러한 계층의 변화는 도시의 발달에 따라 더욱 촉진되었다. 양반의 서자나 남부, 북부 출신들은 기존 집권층의 권위나 자격에 대해 이론적 저항을 보였고, 譯官, 律官, 醫官 등 中人들도 역시 상당한 지식의 소유자였으면서도 양반의 특권을 누릴 수 없었다. 그들은 과거에 대한 참여가 거의 거부된 정치적 소외계층이었으며 그들은 그들의 처지가 사회체제로 인한 것이라고 인식하였다.

다섯째로는 정치지도층의 민중에 대한 정치지도력이 매우 미약했다. 이들 정치지도층은 당면과제였던 안민책의 강구는 등한히 한 채 비실용적인 형식논리만 따지게 됨으로써 농민을 중심으로 한 조직적인 무장반란에 효과적으로 대처할 능력을 상실하고 있었다.

더욱이 농민의 저항이 소외된 양반지식계층을 중심으로 하였고 왕도정치사상과 한국적 '메시아니즘'을 바탕으로 천지개벽의 박두를 단언하면서 요순시대의 '유토피아'의 도래를 선포한 각종 혁명적 저항세력에 대해서 지도층이 아무런 대책조차 강구하지 못한 것은 당연한 일이었는지도 모른다.

이와 더불어 燕京使臣들이 조심성 있게 국내에 도입하였던 천주교가 점차 성행하였으니, 이는 막다른 골목에 다다른 百姓들로 하여금 종교적 안식이 아니면 반정치적 민란에 휩쓸리지 않을 수 없게 했으므로 天主敎는 탄압대상이 되었다. 이러한 사회적 불안 속에서 다산이 전개할 목민관에 관한 실학적 담론의 전개와 당위성은 자명한 시대적 소산이었다.

제2절 실학상 다산학의 위상

다산 정약용의 사상체계는 크게 경학과 경세론의 두 축을 중심으로 나눈다. 엄밀한 고증에 기반을 둔 독자적 경전주석인 육경사서는 자기수양(修己)을 위한 것이요, 정치개혁을 위한 경세론의 치밀한 구상인 一表二書는 천하와 국가를 위한 것으로서, 서로 근거가 되고 있다고 한다.

다산의 일표이서는 그가 강진 유배 중에 주로 저술하고 그는 해배된 이후로는 고향에서 18년을 더 살았지만, 그는 『경세유표』를 완성하지 않고 『尙書』 연구에 몰두한다.

현재는, 그의 경세학에 관련된 책들보다 대중적으로 읽혀지지 않지만 다산이 가장 관심을 가졌던 분야는 경세학이 아니라, 경학 분야라고 할 수 있다. 즉 다산 경세학의 기초는 다산 경학이고 경세학은 그의 경학에 근거한 응용학이다.[53]

이을호 교수의 견해에 의하면, 경세학에서는 磻溪-星湖-茶山의 계보가 성립되며 경학에서는 다산은 성호와는 아주 다른 길을 걷고 있지만 경세학적인 면에서는 한 발자국도 성호 이익의 계보에서 벗어날 수 없다고 한다.54) 이것 역시 그가 원시적 유교주의론자라는 근거가 될 수 있다.

이러한 실학에서 다산의 학문적 위상을 논하기 위하여 수기치인의 학문적 위상, 현실참여의 학문적 위상, 경전정리의 학문적 위상 등 세 가지 측면에서 접근하여 분석해 보고자 한다.

1. 수기치인의 논리와 특징

유가의 현인정치원리를 받아들였던 조선조에서 사람들의 역할은 치자와 피치자 사이를 중재하고 매개하는 위치였으므로 정치의 향방을 결정할 수 있었다. 특히 이러한 사림의 역할은 조선중기에 사람들이 잘 수행하였다고 할 수 있다. 그러나 후기로 오면서 선비의 공론제공의 정치적 역할은 잊혀지고 신분적 특권만이 남용되었다.

다산은 이에 선비들의 각성이 사회에 미치는 영향을 높이 평가하고 예전의 유가 본연의 선비역할을 되찾고자 한다. 옛날에 학문하는 사람들은 인륜을 가장 큰 것으로 알아서 효제충신하고 禮樂·刑政으로 사람을 다스리는 기구로 삼았다. 그리고 하늘을 섬기고 사람 다루기를 誠意와 正心으로 하였다.55) 그러나 그 당시의 성리

---

53) 이을호, "茶山學의 內實과 外廷", 『한 思想의 苗脈』(서울: 사상사회연구소, 1986), p.274.

54) 이을호, 『茶山學의 이해』(서울: 현암사, 1975), p.211.

55) 『與猶堂全書』, 「五學論」, 古之爲學者 知性之本乎天 知理之出乎天

학을 하면서 선비라 자칭하는 자들은 儒徒로 자처하고 있지만 옛
날 선비들이 했던 학문과는 동떨어지는 것이라 하였다.

> 지금의 성리의 학문을 하는 사람은 理니 氣니 性이니 情이니
> 體니 用이니 理發이니 氣發이니 己發이니 未發이니 單指니 兼
> 指니 理同氣異니 氣同理異니 心善無惡이니 心善有惡이니 하면
> 서, 서로 성내고 서로 배척하며, 자기와 학설이 같은 사람은 이를
> 떠받들고 자기와 학설이 다른 사람은 이를 공격하면서, …….56)

그 당시 선비들은 사변의 논쟁에 빠져 있을 뿐이었으므로 옛날
에 도를 배워서 임금을 섬기고, 백성에게 은덕을 베풀어 천하와
국가를 다스렸던 선비와는 너무도 소활한 실태를 비판하고 있
다.57) 이들 선비들이 믿고 주장하는 것은 "나는 주자를 높인다"고

知人倫之爲達道 以孝弟忠信 爲事天之本 以禮樂刑政 爲治人之具
以誠意正心 爲天人之樞紐. 다산의 '樂'에 관한 기본적인 사고유형은
선유들의 사고범주에서 크게 벗어나지는 않지만 禮와 樂을 하나의
사고범주로 통일하여 수신과 정치의 도구로 삼으려 한 점은 주목된
다. 그는 三代 이후로 악이 보편화되지 않아 교화가 행해지지 않고
풍속이 변화되지 않았으며, 세계의 조화도 이룩되지 않았다고 결론지
우고 그 원인에 대한 철학적 해석을 내리고 있다. 다산은 "인간은
저절로 선해질 수 없고 반드시 교육을 통해 선으로 이끌어질 수 있
다"는 철저한 경험론적 사고에 기초하여 인간의 감정(七情)은 마음
속에 혼재되어 있기 때문에 조화롭지 못하지만 청아한 음악소리를
들으면, 예컨대 분노, 울분, 형륙, 전쟁 따위를 일으킬 수 있는 감정
들을 순순히 해소할 수 있다고 설명한다.

56) 『與猶堂全書』,「五學論」, 今之爲性理之學者 曰理 曰氣 曰性 曰情 曰
    體 曰用 曰本然氣質理發氣發 己發未發 單指兼指 理同氣異 氣同理異
    心善無惡 心善有惡 …… 交嗔互嚷 …… 同者貳之 殊者伐之 …….
57) 『與猶堂全書』,「五學論」, 古者學道之人 名之曰士 士也者 仕也 上焉
    者 仕於公 下焉者 仕於大夫 以之寧君 以之澤民 以之爲天下國家者.

한다. 그러나 주자가 어찌 그 당시의 선배들이 했던 것 같았겠는
가라고 다산은 탄식하며 그들이야말로 진정 주자를 誣告하고 있다
고 하였다.

주자는 조정에 들어가서는 곧은 말고 과격한 의논으로 죽고 삶
을 돌보지 않고서 임금의 숨은 과실을 공격하고 권신의 꺼리어
싫어함을 범하여 천하의 대세를 말하고", 밖으로 나아가서는 "인
자한 규범을 세워 백성들의 은밀한 일까지 살펴서 이로써 부역을
공평하게 하고 이로서 흉년과 역병을 구제하였다. 요즘의 선비들
처럼 국가와 근심을 같이해야 할 처지임에도 벼슬하지 않고, 만약
錢穀 甲兵 訟獄 接待의 일을 맡긴다면 여러 사람이 듣고 일어나
이를 비방하면서 유현을 대함이 이렇게 할 수가 없다"고 하니 진
정 나라를 이끌어 갈 선비의 자세로 마땅할 수 있겠는가?58)

宋學이 다 옳은 것은 아니지만, 진정 마음을 다하여 실천하려
한다면 역할에 크게 벗어남이 없을 것인데, 다산은 그 당시 선비
들이 朱子를 지킨다 하지만 그 진의를 깨닫지 못한다고 하였다.
즉 그 당시 선비들처럼 국가와 백성의 일과는 거리가 먼 책만 잡
고 사변 논쟁에 빠져 있는 상황은 주자학의 본의와 그리고 유가의
본의는 더욱 아니라는 것이다. 다산은 군자의 학문은 다름 아닌
'修己治人의 學'이어야 한다고 역설한다.

---

58) 『與猶堂全書』, 「五學論」, 朱子何嘗然哉 研磨六經 判別眞僞 表章四
書 開示蘊奧 入而爲館閣 則危言激論 不願死生 以攻人主之隱過 犯權
臣之忌諱 談天下之大勢 偄偄乎軍旅之機 …… 出而爲州郡 則仁規慈
範 察隱察徵 以之平賦徭 以之振凶楬 …… 若責之以錢穀甲兵訟獄擯
相之事 則群起而病之 以爲待儒賢不然.

君子의 학문은 두 가지 것에 지나지 않는다. 하나는 修己요. 하나는 治人이다. 修己란 자기를 善으로 이끄는 것이요. 治人이란 사람을 사랑하는 것이다. 善我는 義가되고 愛人은 仁이 된다. 仁과 義는 서로 작용하여 하나를 버릴 수 없다. 두 가지 것 중에서 하나에 집착하여 變通을 알지 못하면 이것은 그릇된 것이다.[59]

자신을 닦는 善我(義)와 남을 아끼고 다스리는 愛人(仁) 중 어느 하나에 집착하는 것은 병폐이며 선비 된 군자는 두 가지를 어울려 닦아야 한다. 그리고 修己治人은 사변에서 얻어지는 것이 아니라, 실제 행동에 있다고 강조하고 있다. 진정 마음으로 孝하고 悌하여 그것을 이웃에 옮기고 임금에까지 이른다면 그 시대상황에서 무엇이 선비의 역할인가가 분명해질 수 있다고 본 것이다.

孟子가 仁과 義를 주로 말한 것은 당시의 제후들이 富國强兵만 숭상하는 것을 근심하여 그러한 것인데, 후세 선비가 聖賢의 본뜻을 알지 못하고 仁義・理氣가 아니면 모두 雜學이라 일러 배척을 하니 그 결과 儒子들은 고루하고 어리석게 되어 세상의 천대받는 바가 되었다.

다산은 「五學論」에서 性理學, 訓詁學, 文章學, 科擧學, 術數學 등이 본래의 취지를 벗어나 실제의 선비의 학문과는 거리가 멀게 되고 害까지 미친다고 보고 참다운 선비의 학문을 제시하고 있다.

참된 선비의 학문은 본래 나라를 다스리고 백성을 편안히 하며 오랑캐를 물리치고 재용을 넉넉하게 하여, 문무를 겸비하여 합당하지 않을 데가 없는데, 어찌 옛사람의 글귀를 따져서 글을 짓고

---

59) 『與猶堂全書』, 「孟子要義」, 君子之學 不出二者 一曰修己 二曰治人 修己者所以善我也 治人者所以愛人也 善我爲義 愛人爲仁 仁義相用 不可偏廢 二者各執其一 不知變通 是其疹也.

벌레나 물고기 등류를 주석하며 소매가 넓은 옷을 입고 절하고
읍하는 일만 연습할 뿐이겠는가?60)

　유가의 선비는 가까이는 마음을 다스리고 성품을 다스리고, 멀
게는 세상을 돕고 백성을 다스리는 것을 구하여야 한다. 어릴 때
부터 익혀서 백발이 성성할 때까지 다만 詩賦雜學에만 정신이 있
으므로, 禮樂刑政을 잡사로 여겨 무위도식할 뿐이었다.
　다산은 선비가 굶어도 선비를 자처하고 인간의 실제생활을 도외
시하는 명분론을 비판하였다. 선비들이 실제에 도움이 되는 眞儒
의 學을 각성할 경우 에 그것이 사회에 미치는 효과가 크다고 판
단하고 수기치인의 학문적 효과를 「田論」에 담론형식을 빌려 표현
하고 있다.

　　대체 선비가 노는 일이 있으므로 토지의 이익이 다 개척되지
　않으니 노는 일이 곡식을 얻을 수 없음을 안다면 또한 장차 직업
　을 옮겨 농사를 할 것이다. 선비가 직업을 옮겨 농사일을 함으로
　써 토지의 이익이 개척되고, 선비가 직업을 옮겨 농사일을 함으로
　써 토지의 이익이 개척되고 선비가 직업을 옮겨 농사일을 함으로
　써 풍속이 淳厚해지고 선비가 직업을 옮겨 농사일을 함으로써 亂
　民이 그쳐질 것이다. 직업을 옮겨 공업과 상업을 하는 사람도 있
　을 것이며, 아침에는 나가서 농사일을 하고 밤에는 돌아와서 옛사
　람의 글을 읽는 사람도 있을 것이며, 富民의 자제를 가르쳐서 생
　활하는 사람도 있을 것이며, 실리를 강구하고 토지의 적성을 분별
　하고 수리를 일으키고, 가구를 만들어 인력을 덜게 하고 곡식을
　심고 가꾸는 일과 가축을 기르는 일을 가르쳐서 농업을 돕는 사

---

60) 『與猶堂全書』,「俗儒論」, 眞儒之學 本欲治國安民 攘夷狂 裕財用 能
　　文能武 無所不當 豈辱章摘句 注蟲釋漁 衣逢掖 晉邦緝而己哉.

람도 있을 것이니 이와 같이 하는 사람들은 그 공로가 어찌 팔을
걷고 힘써 일만 한 삶에게 비교할 것인가?61)

선비라 하여 놀고먹을 것이 아니라, 직업을 옮겨 농업, 공업, 상
업을 해서라도 적극적으로 사회에 참여해야 한다. 직접 殖産機能
을 하지 않을 때는 간접적으로 기술을 개발하는 등 농공상에 유익
한 역할을 할 수 있어 선도해야 한다. 선비가 선각자적 역할을 선
도할 경우에 그 능률은 농사만 하여 여타 지식에는 어두운 사람과
질적으로 차이가 있을 것이다.

여기서 다산은 신분적 차등으로서 士農工商을 보지 않고 직업
의 구분으로 선비와 여타 職을 말하고 있다. 그 당시 가장 두통거
리인 遊食 선비 층의 배제에 주안점을 두고 사회성원 모두가 자신
의 능력에 따라 직업 갖기를 바라고 있다.

다산은 선비가 능력에 따라서 사회적 활동 영역을 찾아야 함을
주장하였다. 이에 어떤 한직에서 능력자를 선비라 칭해야 한다는
그의 견해는 선비개념을 전문인으로 전환해 가는 것을 발견할 수
있다. 한 분야에서 탁월한 능력을 발휘하는 자가 시대를 선도하는
전문인으로 선비가 된다는 '전문인=선비'의 개념과 근사하다 할
수 있다. 즉 조선전기의 道學을 닦는 사림계층에 한정되었던 범위
를 실제 생활에서 타의 모범이 될 만한 이로서 전문인을 정의하였
다. 선비는 사회적인 선도를 해야 하며 거꾸로 사회에서 선도적인

---

61) 『與猶堂全書』, 「田論」, 夫其有士之遊也 故地利不盡闢也 知遊之不可
以得穀也 卽亦將轉而綠南描矣 士轉而綠南描 而地利闢 士轉而綠南
陷而風俗厚 士轉而綠南陷 而亂民息矣 …… 有轉而爲工商者矣 有朝
出耕夜歸讀古人盡者矣 有敎授富民子弟 以求活者矣 有講究實利 辨
土宣 興水利 制器以省敎之樹藝蓄牧 以佐農者矣 若是者 其功 豈把腕
力作者 所能比哉.

역할을 하는 자는 선비대우를 받아야 한다. 능력에 따라 신분에 상관없이 군수, 현령까지도 제수되어야 한다.

다산은 선비가 사회에서의 공헌을 하기를 기대하고 있다. 당시처럼 자신이 양반으로 태어났다는 이유로 해서 굶어죽더라도 체통을 지키는 상황, 특권의식에 사로잡혀 무의도식하면서 자기처지를 고려하지 않고 햇볕 아래 나아가 일하는 것을 천시하는 선비를 다산은 비판한 것이다. 다산은 선비가 선비일 수 있는 것은 사회의 선각자적인 역할을 하였을 때라 한다. 관념론의 유희에 빠져 오히려 사회에 악영향을 끼치는 선비들의 실태는 국가적 손실의 가장 큰 원인으로 진정한 선비의 모습이 아니라는 것이다.

이렇게 학문을 하는 선비는 수기치인의 학으로서 경학을 공부하여 수기한 후에 경세로서의 치인의 경지에 도달할 수 있는 것이 선비의 자세로 보고 그의 실학적 담론도 이러한 관점에서 학문적 배경과 기반이 되어 후에 『목민심서』에서 목민관의 자질과 역할을 논하는 기본적인 잣대가 되고 있다.

2. 현실참여의 문제와 태도

16 · 17세기에 두 차례의 전란을 겪은 조선왕조이건만 양반들의 권력획득을 위한 경쟁과 투쟁은 兩亂 전보다 더욱 격화되어 서인과 남인, 서인내부에서도 노론과 소론의 치열한 정권싸움이 벌어졌다. 권신들의 당파 간 암투는 蕩平策에도 불구하고 지속되어 다산이 유배되던 19세기 초에는 노론이나 戚族 이외의 사람들은 정치행정에의 진출이 봉쇄되고, 양반사회의 세력은 매우 불균형하게 되었다.

그들의 정치행정은 유교적 통치윤리나 규범을 무시한 가운데 당파와 뇌물이 출세의 기준이 되고 정책운영의 기조가 되었다. 중앙에서는 능력본위의 科擧가 시행되지 못하고 매관매직이 성행하였으며, 지방관리는 토색에 여념이 없었다. 지방수령의 토색을 규찰하기 위해서 암행어사가 파견되었으나 세도가의 인척인 탐관오리를 처벌할 수도 없으려니와 자신도 부정에 가담하는 사례마저 발생하였다.

兩亂 이후 田政, 軍政, 還穀 등의 이른바 三政의 개선을 위한 제도적 조치가 취해지기는 하였으나 18~19세기에 이르러 그 문란히 극도에 달하였다. 이것은 수령과 향리의 부정과 토색에서 비롯하는 것이었다. 삼정의 문란은 농촌사회를 황폐화시키고 민심을 크게 동요시켰다. 게다가 흉년과 질병이 연달아 일어나 기민과 유민이 도처에 가득하였다.[62]

이와 같이 나라의 모든 부분이 부패되고 병들었기에 다산은 당시의 정치상황을 다음과 같이 말한 바 있다.

> 백성들은 시달려 파리하게 되었고 대저 조그마한 것도 병들지 않은 것이 없으므로 지금에 와서 고치지 않으면, 그것은 반드시 나라를 망친 연후에나 그치게 될 것이니, 어찌 충신과 지사가 팔짱만 끼고 그저 옆에서 보고만 일을 것인가.[63]

다산의 비판은 매우 날카롭다. 다산은 삼정 가운데 가장 시급히

---

62) 윤재풍, "다산의 행정사상", 『한국정치행정의 체계』 (서울: 박영사, 1990), p.476.

63) 김영호, "해제 정약용과 경세유표", 『한국의 실학사상』 (서울: 삼성출판사, 1985), p.339.

해결해야 할 것이 田政이라고 인식하고 있었다. 그는 유배지에서
전정의 문란함을 보고 여러 차례 눈물을 흘렸다고 했다. 특히 해
남지방은 누결이 원결보다 많았는데 이를 이용하여 토색한바, 그
것은 거액의 납세자들을 선택하여 일률적으로 누결이라 하여 사사
로이 돈과 쌀을 징수하여 갈취하였다. 때문에 부족한 세액은 개울
이 된 것, 모래가 덮여 있는 것, 묵은 토지와 거지·홀아비·과부
·고아·늙어 아들이 없는 사람, 나쁜 병이 들어 활동능력이 없는
사람 등 아무리 모조리 징수하여도 어쩔 수 없는 사람까지 받아서
원결의 숫자를 충당하였다. 사나운 아전과 교활한 군관을 풀어 징
수하던 현실적인 정치상황을 다산은 다음과 같이 표현하고 있다.

> 방을 수색하고 땅을 파며 목을 매달고 팔을 묶으며 솥을 들쳐가
> 며 송아지와 돼지 등 가축을 빼앗아 가기에 온 마을이 떠들썩하고
> 통곡하는 소리가 하늘을 진동했다. 이리하여 천지의 화평한 기운
> 을 해치며 인가에서 나는 연기의 쓸쓸함은 처참하게 느껴졌다. 이
> 사람들이 가는 곳은 열 집 가운데 아홉 집은 비게 되었으며, 처마
> 는 무너지고 벽은 파괴되었고 창과 지게문은 비틀어졌다.64)

다산은 軍政의 문란을 일컬어 "이 법을 고치지 않으면 백성이
반드시 다 죽어 갈 것이다. 아! 애석하다"라고 하였다.

그는 당시의 백성들이 얼마나 처참한 생활을 하고 있었는가에 대
하여 많은 글을 남기고 있다. 그중 대표적인 것이 '哀絶陽'이다. 다
산은 『목민심서』 僉丁條에서 '애절양'을 짓게 된 동기를 밝혔다.
이 시는 1803년 가을에 강진에서 지었다. 군정이 문란으로 백성이
아이를 낳은 지 3일 만에 군포에 올라 있어 里正이 군포대신 농우

---

64) 위의 글, p.365.

를 빼앗아 갔다. 그러자 남편은 자신은 칼을 뽑아 男根을 잘라 버렸고, 그 아내는 남편의 남근을 가지고 관가에 호소하였으나 문지기가 막아버렸다. 이것을 듣고 다산은 '애절양'을 지었다고 하였다.

다산이 암행어사로 연천 지방을 순찰할 때 지은 시에는 추운 겨울에 어린애들에게 옷을 입힐 수 없는 빈한한 처지와 오히려 군포가 무서워 하루빨리 애들이 죽기를 바라는 참담한 모습도 그려 놓고 있다.65)

그리고 세금징수가 얼마나 혹독했던지 당시의 백성들은 오히려 백골징포를 소원으로 여겼다는 것이다. 이른바 호적을 정리하려면 牧故債, 代標債, 査正債, 都安債를 별도로 납부해야 하기 때문에 오히려 백골징포가 백성들에게는 담세액이 적기 때문이라는 것이다.

환곡제도는 본래 흉년이나 춘궁기에 곡식을 빈민에게 대여했다가 풍연이 든 해 가을에 받아들이는 진휼제도이다. 그런데 당시(1804년)에는 이 제도가 탐관오리의 축재의 수단으로 변모되어 백성들은 수난을 당하게 되었다. 봄에 썩은 쌀 한 말 갔다 먹고 가을에 좋은 쌀 두 말을 바쳐야 하고 또한 좀먹은 쌀값을 돈으로 납부해야 했다. 백성들은 도움이 되지 못하는 나쁜 제도임을 알고 곡식을 관가에서 빌리려 하지 않았는데도 강제로 빌려주고 갚지 않으면 매를 휘둘렀다. 이러한 환정의 피해로 백성들은 뼈를 깎는 고통이 따르게 되었다고 다산은 말하면서 관가에서 착취의 수단으로 거짓 인자한 체 환정을 운영하는 것을 신랄하게 비판하였다.

다산은 과거제도를 「五學論」에서 광대놀음이라고 비판하였다. 천하에 총명하고 슬기 있는 자를 모아놓고 한결같이 모두 과거라

---

65) 다산연구회 역주, 『역주 목민심서 Ⅳ』 (서울: 창작과 비평사, 1991), p.114.

는 절구에다 던져 넣어 찧고 두들겨서, 오직 깨어지고 문드러지지 않을까 두려워하니 매우 슬프다고 하면서 설사 과거에 합격한다 하더라도 경세제민에 기여할 수 있는 실용적인 학문이 되지 못한다고 했다. 또한 일본은 과거제도가 없지만 문학과 무력이 뛰어나고 사회기강이 잘 유지된다고 하면서 과거제도의 폐단과 무용론을 주장하였다.[66]

다산은 「通塞議」에서 신분제도와 인재제도의 폐단에 대하여 당시의 정치적 상황과 결부시켜 당시 군주인 정조에게 다음과 같은 개혁적인 정치적 담론을 제시하고 있다.

> 臣은 엎드려서 삼가 생각하건데, 인재를 얻기가 어렵게 된 지가 오래되었습니다. 온 나라의 인재를 다 뽑아 올려도 부족할까 염려인데, 하물며 그 열 가운데 여덟·아홉은 버리는 것입니까. 소민, 중인, 평안도, 함경도, 황해도, 개성, 강화, 서얼들은 버린 사람이고, 關東과 호남사람도 반쯤은 버린 사람이고, 문벌 좋은 수집 집만이 모든 벼슬을 세습적으로 독점하는 병리현상이 일어나고 있으며, 버림받은 계층의 자녀들은 신분제도로 인하여 비상의 꿈을 펼칠 수 없게 되어 세상을 개탄하고, 술을 마시고 스스로 방탕하여 가고, 선택된 자녀는 학문과 인격을 닦지 않아도 관직에 나가게 되니 백성들은 몹시 곤궁하게 되고, 국가는 병들 수밖에 없습니다.[67]

인권차별, 지역차별, 출신성분의 차별 등의 신분제도는 결과적으로 국가를 병들게 하고 백성을 헐벗고 굶주리게 하는 망국적인 병임을 지적하였다. 그는 외로운 유형지에서 대립과 갈등이 없는 새

---

66) 李翼成, 편역, 『丁若鏞』 (서울: 한길사, 1992), p.64.
67) 위의 책, p.170.

로운 세계를 추구하면서 그 해결책으로 신분제도의 혁파를 주장한
다. 그것의 제일 좋은 방법은 동서남북에 구애됨이 없게 하고, 멀
거나 가깝거나, 귀하거나 천하거나, 이런 조건은 사람을 선택하는
데에 아무 상관이 없게 하기를 중국법과 같이하는 것이 옳다고 하
였다. 그리하여 인재가 성하게 일어나고, 온 나라의 기상이 문득
변해질 것이라고 하면서 「통한의」를 끝맺는다. 이와 같이 18세기
에서 19세기에 이르는 조선 후기의 현실은 전정·군정·환곡 이른
바 삼정의 문란과 과거제도의 부패, 신분제도의 문제점, 관리들의
부패가 만연된 사회적인 모순이 누적된 사회였다.

　다산은 당시의 사회를 구석구석 병들지 않은 곳이 없다고 비판
하면서 현실적인 문제의 타개를 위한 방종이 아닌 관여와 학문적
소산이 다산 실학의 중요한 특징으로 제기할 수 있겠다. 이러한
다산의 학문적 현실참여의 정치적 담론과 콘테스트는 다산의 일대
기를 통해서도 끊임없이 제기되고 관직에 있으면서도 현실참여의
학문적 이상을 실현하기 위하여 고민한 흔적을 보여주고 있다.

　다산은 태어난 해는 조선후기의 역사를 소용돌이치게 하였던 시
벽 싸움에 연결되는 사도세자의 폐세자 사건이 발생하였다. 그다
음 해(1763년)에는 실학적 사고를 체계화시킨 성호 이익이 83세로
타계한다.

　尹善道의 증손인 尹斗緖, 그의 형 尹興緖는 당대의 대학자로
같은 남인이라는 인맥관계에서 성호 이익과 그의 형제들과 잦은
교류를 가졌었다. 즉 潛光의 실학자가 많았다는 해남 윤씨의 학맥
과 이익으로 대표되는 여흥 이씨의 학통이 접합됨으로써 정약용의
사상형성에 크게 영향을 미쳤으리라 본다.

　더구나 정약용 자신의 가계에도 이익에게 영향을 준 丁時翰(1625

-1707) 등과 같은 실학자가 있었다. 15세(영조 52년, 1776년) 때에 풍산 홍씨와 결혼했고 그의 아버지가 다시 관직에 올라 서울로 옮겨 살았다. 이때 姉兄 李承薰, 형수의 아우인 李檗 등을 따라 이익의 증손인 李家煥 등과 교류하면서 성호의 학문에 접하게 된다. 또한 성호의 제자인 權哲身과의 학문토론을 통해 尹鑴(1617-1680)의 반주자학적 경전비판의 논리와 만나게 된다. 이렇듯 정약용은 이익의 遺著를 탐독하면서 남인계 소장학자들과의 학문적 교류를 통해 당시의 학문적 풍토를 정확한 안목으로 관찰했다. 그리하여 程朱의 관념철학의 허점을 타파하고, 허위의식으로 가득 차고 학문적 주체성이 결여된 時谷의 학문에 통렬한 비판을 가하였다. 이에 자기 학문의 진로를 명확히 천명하기에 이르렀다.68)

이렇듯 이익의 遺著와 제자들과의 접촉은 정약용의 사상에 많은 영향을 미쳤다. 여기서 민의 관념에 주목해 보면, 이익은 앞서 본 바와 같이 군민관계를 기능적 분화라는 원칙하에 相互報惠의 관계에 있다고 보았다. 이는 民을 정치의 객체로 보던 성리학적 관념을 깨고 민의 정치적 독립성을 부여함을 의미한다.

다산은 이익의 진보적인 민의 관념을 바탕으로 해서 더 획기적인 민의 관념을 제시한다. 그는 民 스스로 정치사회를 구성하고 민의에 합당한 법률을 제정해야 한다고 주장한다. 나아가 혁명의 원리를 종래의 천명에 대신해서 민의 자율적 의지에서 추구한다. 여기서 성호와 다산의 민의 관념에 관한 논리적 관련과 발전을 엿볼 수 있을 것이다.

다산은 23세(정조 8년, 1784년) 때 태학에 있을 때, 御製中庸

---

68) 朴錫武, "정약용, 그의 시대와 사상", 『한국사회연구2』, (서울: 한길사, 1984), p.482.

條問 80條項이 내려와 四端七情 理氣의 辨을 논하여 퇴계 이황과 율곡 이이의 차이를 물은 바가 있었다. 그때 대부분의 선비들은 이황이 논한 바를 따랐는데 정약용은 율곡의 이기설이 直捷이요 걸림이 없다고 주장했다. 이로 인하여 다른 선비들로부터 많은 비난을 받기도 했다.

다산의 실학적 사고는 율곡에서 시작됐다. 특히 그의 제도개혁론은 실학의 경세치용학파에 많은 영향을 미친 것으로 평가된다. 이점에서 실학을 집대성했고 一表二書를 통해 제도개혁론의 절정을 이룬 정약용과의 사상적 맥을 읽을 수 있으리라고 본다.

다산은 李檗으로부터 천주교를 전해 듣고 책 한 권을 보았다. 그의 천주교에 대한 인식과 관련은 그의 가족관계[69]로 충분히 알 수 있는데 천주교와의 접촉은 그의 일생에 큰 전환점을 이루었다. 정치생활에 있어 1795년 34세 때 周文謨 神父 사건으로 攻西派의 비방을 받아 정3품 同副承旨에서 종6품 洪州牧 金井察訪으로 좌천되었다. 또한 1797년 36세 때에는 서교문제로 탄핵을 받아 장문의 상소를 올리고 左副承旨를 사직했다. 마침내 1801년 40세 때 신유박해로 18년간 謫居生活을 하게 된다.

또한 그의 사상에 미친 천주교의 영향을 보면[70] 먼저 神을 靈明한 主宰者요, 唯一者요, 全能者요, 至尊者로 창조적인 인격신으로 본 점이다. 이 신에 의해 인간에게 다른 만물과 다른 성령이

---

69) 정약용의 家族中에 초기 천주교에 깊이 관련을 가진 인물들이 많다. 三兄 丁若鍾(천주교 明道會長, 교리서 편찬), 조카 丁夏祥(上宰相書 작성), 仲兄 若銓의 처남인 曠菴 李檗(천주교회 개창자), 姉兄 李承薰(최초의 세례자, 천주교회 개창자), 다산의 질녀를 아내로 맞은 黃嗣永(帛書 작성자), 외종 尹持忠(조상제사 거부로 신해박해 일으킴), 三兄 若鍾의 친사돈인 洪敎萬 등이 있다.

70) 金漢植, 앞의 책, pp.226-229.

부여했다고 생각했다. 또한 선악의 선택은 인간의 자주지권에 의해 결정되고, 여기서 上帝와의 신앙적 대화에 의해 愼獨에 이르며 천명에 돌아가는 것이 궁극의 목표라고 했다.

사람이 천명에 돌아가는 구체적인 실천행위에 있어서도 먼저 하늘을 알고 신에 속한 사랑인 효제자를 교육방침으로 신의 사랑을 배워 하늘을 섬기고 타인을 사랑하는 데에 있다고 보았다. 목자의 임무가 天의 뜻을 이 세상에 펴는 것이라는 주장 등 이 밖에도 정약용의 사상 속에는 천주교의 흔적이 많이 엿보인다.

다산은 정조 18년, 1794년 경기도 암행어사에 제수되어 직접 농민들의 참상을 목격하게 된다. 그가 연천지방을 겸찰하면서 쓴 '奉旨廉察到積城村舍作'이란 시를 보면 당시의 '정치적 콘테스트'를 담론으로 잘 표현하고 있다.71) 이는 개혁되지 않으면 안 될 농촌의 실상과 전통사회의 모순에 신음하는 농민들의 참상에 대해 철저히 인식하고 있다. 이 시는 적성촌의 한 농가를 그렸지만 그 농가의 초라함이 천지에 가득 찬 농가들의 모습을 대표한다는 점에서, 농촌의 피해상은 실로 전반적이고 심각한 현상으로 파악되고 있다.

다산은 정조 21년, 1797년 황해도 谷山都護府使로 나가 많은 치적을 올리게 된다. 그는 지방관을 비롯한 여러 관직을 두루 거치면서 관료제의 난맥상에 대해 광범위하게 인식하고 있는 것 같

---

71) 「시냇가 부서진 집 뚝배기 같고/ 북풍에 이엉 걷혀 서까래만 앙상하네. 묵은 재에 눈이 덮혀 부엌은 차디차고/ 체 눈처럼 뚫린 벽에 별빛이 비쳐 드네. 집안에 있는 물건 쓸쓸하기 짝이 없어/ 모조리 팔아도 칠푼이 안되겠네. 개고리 같은 조이삭 세 줄기와/ 닭창자같이 비뚤어진 고추 한 꿰미. 깨진 항아리 새는 곳은 헝겊으로 때웠으며/ 무너 앉은 선반대는 새끼줄로 얽었도다 …….」 宋載翼, "茶山文學硏究 ─詩를 중심으로", 서울대학교 대학원 박사학위논문, 1984, p.55.

다. 임진왜란 이래로 온갖 법도가 무너지고 모든 일이 어수선하게
되었다. 군영을 여러 번 증설하여 나라의 경비가 탕진되고 전제가
문란하며 세금징수가 편중되었다. 재물이 생산되는 근원은 힘껏
막고 재물이 소비되는 구멍을 마음대로 뚫었다.

이리하여 오직 官署를 혁파하고 인원을 줄이는 것을 구급하는
방법으로 하였다. 그러나 이익이 되는 것은 되(升)나 말(斗)만큼이
라면 손해되는 것은 산더미 같았다. 관직이 정비되지 않아 옳은
선비에게 녹이 없고 빈한한 풍습이 크게 일어나 백성이 시달림을
받는다.[72]

또한 守令과 鄕吏의 부정과 토색, 이로 인한 농민들의 처참한
생활에서도 비판적으로 인식하고 있었다. 그는 향리를 농민수탈에
급급한 나머지 굶주린 호랑이와 솔개로 보았고 吏胥들을 소도, 감
사를 대도라고 하여 지방관을 공인된 도적으로 낙인찍었다. 그리
하여 이들이 없어지지 않는 한 백성들은 모두 죽음을 당할 것이라
고 경고했다.[73]

정약용은 1801년 辛酉迫害에 관련되어 경상도로 유배되었고 곧
다시 黃嗣永 帛書事件으로 체포되어 이후 18년간 전라도 강진에
서 귀양살이를 하게 된다. 이 유배생활에서 그는 왕성한 저술활동
으로 많은 저서를 남기게 된다. 동시에 농민들과 같이 생활하면서
지방관의 苛斂誅求, 그로 인한 농촌생활의 피폐와 농민의 처참한
정경을 시에 담게 된다. 그중에서도 '승냥이와 이리(시랑)'란 시를
보면 당시 농민들의 현실적 정치담론이 명확히 묘사되고 있다.[74]

---

72) 尹在豊, "茶山의 行政思想", 金雲泰 外 共著, 『韓國政治行政의 體系』
    (서울: 박영사, 1982), p.746.

73) 위의 글, p.477.

74) 「승냥이여, 이리여!/ 송아지 이미 채 갔으니/ 양일랑 묻지 말라, 장롱엔

한 사례로 살인사건의 가해자가 마을의 평온을 위해 스스로 목숨을 끊었는데도 뒤늦게 관리들이 이를 알고 갖은 토색을 다한다는 것이다. 마침내 농민들이 견디지 못하고 마을을 떠나버릴 정도로 지방관들의 횡포는 극심했고 그로 인해 농민들은 철저한 생활 상태에 허덕였음을 알 수 있다. 이렇듯 정약용은 그의 詩라는 문학적인 소재를 통하여 현실적인 정치적 콘테스트를 실학적 담론으로 삼았다.

대토지 소유의 진전으로 인한 농민의 토지상실, 국가와 지주들의 가렴주구와 그로 인한 농민들의 굶주림, 환곡의 문란과 군포의 폐단, 수령과 아전들의 농민수탈, 나아가 지배층의 기반을 강화하기 위한 제도적인 여러 장치 등을 신랄하게 비판하고 있다.

이러한 다산의 일생을 통한 현실적 참여와 비판의 토대 위에 다산의 학문적 위상은 현실참여라는 정치적 콘테스트와 문학적 도구인 詩를 통한 정치적 담론의 문제해결의 결정판이며, 고민의 소산이라고 볼 수 있을 것이다.

속옷없고/ 시렁엔 치마도 없다. 장롱엔 소금도 한톨 남지 않고/ 뒤주엔 쌀 한톨 없노라. 큰솥 작은 솥 다 앗아가고/ 숟가락, 젓가락 다 훔쳐갔네. 도적도 아니고 원수도 아닌데/ 어쩌면 이다지도 못살게구나. 살인자 이미 자살했는데/ 또 누구를 죽이려느냐? 이리여, 승냥이여/ 이미 삽살개 빼앗아 갔으니/ 닭일랑 묶지마라. 자식 이미 팔려가고/ 내 아낸들 누가 사랴. 내 가죽 다 벗기고/ 뼈마저 부수려나. 우리의 논밭을 바라보아라/ 얼마나 크나큰 슬픔이더냐. 강아지 풀도 못 자라니/ 쑥인들 자랄 손가. 살인자 이미 자살했는데/ 또 누구를 해치려느냐? 승냥이여, 호랑이여!/ 말한들 무엇하리. 금수같은 놈들이여/ 나무란들 무엇하리. 사또부모 있다지만/ 그를 어찌 믿을손가. 달려가 호소하나/ 들은 체도 아니하네. 우리의 논밭을 바라보아라/ 얼마나 큰 참상이더냐. 백성들 이리저리 유랑하다가/ 시궁창 구덩이를 가득 메우네. 부모여, 사또여!/ 고기먹고 쌀밥먹고 사랑방에 기생두어/ 연꽃같이 곱구나.」 宋載翼, 앞의 논문, pp.68 - 70.

3. 경전정리의 작업과 성과

다산이 차지하는 실학에서의 위상은 무엇보다도 다작을 통한 주자학적 경전의 정리와 방대한 고전을 탐독을 통한 학문의 자기화라고 볼 수 있을 것이다. 다산은 학문하는 자세에 관한 자기 나름대로의 철학을 다음과 같이 담론화하여 표현하고 있다.

　　君子라면 의관을 바르게 하고, 바라보는 것을 높여서 凝黙端坐하여 儼然히 흙으로 빚은 사람과 같이 하고, 말은 敦篤하고 嚴正하게 한 다음에야 能히 많은 사람을 威服시킬 수 있으며 風聲도 오래갈 수 있는 것을 깨닫게 되었다. 생전에 根基를 세우지 않으면 사후에는 그가 지은 글은 자연 泯滅하게 되는 것은 당연한 이치다. 世上에는 齒葬한 것은 많고 通透한 것은 적으니 쉽게 볼 수 있는 위의를 버리고 알기 어려운 의리를 求한다는 것은 잘못된 견해다. 저술이란 의리를 구명하는 것인데 필수불가결한 것은 威儀이다.[75]

다산은 자기 저술에 대해 사명감과 긍지를 지니고 있었고, 더욱이 저술을 이해해 주는 사람은 적고, 나무라는 사람은 많은 것을 한스럽게 여기고, 만일 天命이 허락하지 않는다면 횃불로 불살라 버려도 상관없다고 하였다.[76]

---

75) 『與猶堂全書』, 第2集 時文集, 「示二子家誡」8, 嘗見先輩著述 其齒葬寡陋者 多爲世宗 而祥核淹博者 反爲擯斥 遂亦煙沒而不傳 反復思惟 不得其故 近始悟之 君子正其衣冠 尊其瞻視 擬黙端坐 儼演若泥護人 而其言論 篤厚嚴正 如是然後 能威服衆人 風聲所覃 遂至久遠 若隋慢佻憛 雜以階炭 雖其所言 深中理 菽人亦莫之肯信 生前不能樹立根基 死後自然日就泯滅 此事理當然耳 天下齒葬者多 通秀者少 敦肯捨其易見見之威儀 別求難識之義理哉.

사후에도 그의 저술을 이해할 수 있는 사람이 하나만이라도 나올 것을 고대하고 있다. 가훈에서도 군자가 저술하여 세상에 전하는데 오직 하나라도 알아주는 사람을 구하는 법이라고 전제하고, 두 아들에게 訓戒하기를 그의 저술을 알아주는 사람 중에 연장이 되면 아버지로 섬기고 혹시 원수사이라도 형제의 정의를 나누도록 권장하였다.

그의 이러한 학문적 신념은 방대한 저술을 정리하여 경전정리의 저술을 남기고 있다.77) 여기서는 목민사상의 심층적 연구를 위하여『목민심서』의 체계와 구성만을 간략히 도식하여 보겠다.

---

76)『與猶堂全書』, 第1集 詩文集,「自撰墓誌銘」, 六經四書 以之修己 一表二書 以之爲天下國家 所以備本末也 然知者旣寡 嗔者以衆 若天命不允 雖一炬以焚之 可也.

77) 다산의 주요 저술로서는 다음과 같은 것을 들 수 있다. <經集部門一共232卷>, (1) 毛時講義112卷, (2) 毛時講義補3卷, (3) 梅氏尙書平9卷, (4) 尙書古訓6卷, (5) 尙書知遠錄7卷, (6) 喪禮四箋50卷, (7) 喪禮外編12卷, (8) 四禮家式9卷, (9) 樂書孤存12卷, (10) 周易心箋24卷, (11) 易學緖言12卷, (12) 春秋考徵12卷, (13) 論語古今注40卷, (14) 孟子要義9卷, (15) 中庸自箴3卷, (16) 中庸講義補6卷, (17) 大學公議3卷, (18) 熙政堂大學講錄1卷, (19) 小學補箋1卷, (20) 心經密驗1卷, <文集一共267卷>, (21) 詩律18卷, (22) 雜文前編36卷, (23) 雜文後編24卷, (24) 經世遺表48卷, (25) 牧民心書48卷, (26) 欽欽新書30卷, (27) 我邦備禦考30卷, (28) 我邦疆域考10卷, (29) 典禮考2卷, (30) 大東水經2卷, (31) 小學珠串3卷, (32) 雅言覺非3卷, (33) 麻科會通12卷, (34) 醫零1卷「自撰墓誌銘」中에 記錄된 것은「毛時講義」에서부터 醫零까지 總499卷이다. 문집 중 經世遺表와 我邦備禦考는 미완성작품이다. 自撰墓地銘 가운데서 빠진 것으로 民堡議 3권, 風水集 3권, 文獻備考刊誤 3권이 있다. 그러나 저술에 간접적으로 참여하였거나 타인의 저술에 독후감 식 註解를 붙인 것을 합하면 도합 508권이 외에 더 많은 것이 있으며, 아직 그의 著作의 전모가 다 밝혀지지 않고 있다. 다산학회에서 與猶堂全書 補遺로 간행한 것 가운데 확실치 않은 茶山名字下의 글이 再考證을 요하고 있는 현실이다.

『목민심서』는 1818년 純祖18년에 康津郡 道菴面 橘洞 尹博의 山亭인 다산 서옥에서 집필한 것이다. 다산은 이해 8月에 解配되어 茗川으로 돌아갔다. 同書에서 다산은 치인에만 힘쓰지 않고 律己와 같은 수기적인 면에도 관심을 보였다. 말단행정기관이지만 百姓과 가장 밀접한 守令의 역할을 조목별로 나누었다. 이는 마치 일기식의 과제를 조리 있게 설명하는 듯하다. 48卷16册으로 된 『목민심서』의 편찬 근거는 ① 先親晋州玄公 影響, ② 自身의 牧民官僚生活의 經驗, ③ 二三史·子集·史書의 綿密한 研究, ④ 康津의 衙前橫暴의 目擊이라고 볼 수 있다. '牧民'의 '牧'은 다산의 창안이 아니라, 舜의 12牧, 文王의 司牧이나 芻牧에서 유래한다. '心書'의 '心'은 牧民할 마음을 가지고 있어도 유락의 몸이 되어 실지로 行할 수 없음을 나타낸 말이다.

『목민심서』의 편찬 동기는 무엇인가?

첫째, 온통 나라가 道는 점점 사라져가고 牧民官의 착취와 횡포로 백성은 수척해가며 시체가 진구렁을 메울 정도로 기본생활여건이 되지 못하는데도 아랑곳없이 목민관이라는 사람은 사욕을 채우기에 급급하니 그런 농간과 횡포를 덜며 목민관의 정당한 이도질서의 확립을 위해서였다.

둘째, 傳記의 『理縣譜』, 劉의 『法範』, 王素의 『獨斷』, 張詠의 『戒民集』, 眞德秀의 『政經』, 胡大初의 『緒言』, 鄭漢奉의 『官澤篇』은 목민하는 것인데, 지금은 전하지 않는 것도 많고 기이한 말만 세상을 풍미하고 있다. 『易經』의 '多識前言往行 以畜其德'을 본받아 다산 자신이 덕을 육성하려고 저술했다.

다산의 先親 晋州公은 縣監, 郡守, 都護, 牧使 등을 역임하였으므로 임지를 따라다니며 견문을 넓혀 치인의 방법을 일일이 관찰하였으므로 谷山府使, 金井察訪과 같은 직책을 직접 이행하였기에 그것을 토대로 치인의 방법을 궁리할 수 있었으며, 지방이나 중앙의 관서에 있었을 때는 피부로 느끼지 못했던 것을 康津配地에서 생활이 조야하고 비참한 현실을 뼈저리게 느꼈다. 다산은 『목민심서』의 저술을 결심하고 이를 위한 예비 작업을 시작하였다.

먼저, 康津 謫居18年間 六經四書를 되풀이해서 연구하여 수기의 학이 이루어졌기 때문에 다시 목민에 뜻을 두어 二三史, 우리나라와 중국의 제자의 문집 가운데서 목민에 관한 부문을 뽑아 분류 정리하였다.

둘째, 考課에 있어서 麗末의 五事나 國祖의 七事는 대강만을 논한 것이다. 그러나 목민관이 해야 할 일은 제왕처럼 모든 일을 총람하므로 절차에 관한 2綱12條와 더불어 10綱60條 도합 12綱 72條를 48卷16册에 수록하였다.

이상을 요약하여 도식하면 아래와 같다.

〈표 2-1〉 목민심서 12綱72條 도식

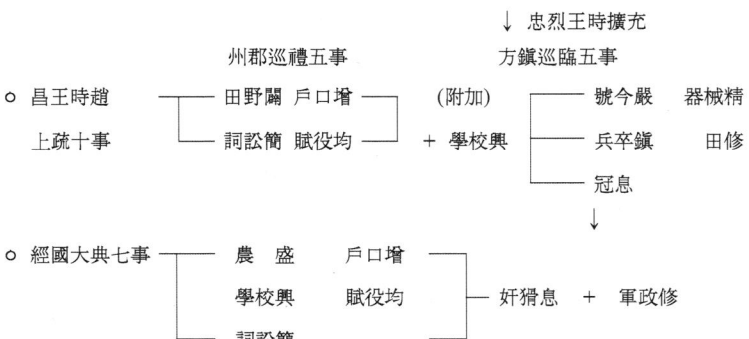

考績과 守令의 업무관계는 어떠한가. 치인의 목표인 부국안민은 어디에서 연유하는가? 다산은 부국안민의 방법이 고적강목의 실상에 비추어 筮事하는 데 있다고 하였다. 곧 監司가 수령을 평가하려면 24事의 실상에 유의하여 세밀히 관찰하지 않으면 안 되고, 수령도 자기를 평가할 때는 24事의 실상에 최선을 다해야 하며, 수령과 감사가 이것으로 응하고 요구한다면 부국안민은 저절로 이루어질 것이라고 하였다.

고적은 대개 수령이 마땅히 수행해야 할 대강의 본분이다. 왜냐하면 평가는 내용의 가장 요긴한 부분을 시험하기 때문이다. 다산도 여기에 착안하여 『목민심서』를 구상하였다. 다산은 「考績議」에서 수령의 책임범위, 즉 직책의 綱領24條를 역시 고과의 평가기준으로 지시하고 있다.

(1) 農 ― ①耕織 ② 畜牧 ③ 種植 ④ 堤懇

(2) 貨 ― ①賦稅 ② 還餉 ③ 市糴 ④ 販恤

(3) 敎 ― ①孝悌 ② 禮俗 ③ 文學 ④ 婚娶

(4) 刑 ― ①刑罰 ② 詞訟 ③ 鬪歐 ④ 武斷

(5) 兵 ― ①敎鍊 ② 兵器 ③ 城濠 ④ 盜賊

(6) 工 ― ①採礦 ② 工匠 ③ 館廨 ④ 道路

또 그는 현실을 보고 직분을 다하지 못하기에 일어나는 일들을 예거했다.

1) 敎化不行 禮俗無聞
2) 田野不闢 山澤之利不興 材木六畜不著

  3) 城郭館廨 無不頹圮
  4) 百工技藝 無不頑鈍
  5) 盜賊蜂起 市糶棼雜 生民之憔悴日甚
  6) 爲守今者 方且高枕養病 及其考績也 得美題目 竊然自喜

   지방수령은 국가행정에 비하여 규모가 작다는 것을 제외한다면 일국을 다스리는 것과 같은 갖가지의 행정에 유념해야 한다. 중앙의 육조의 체제를 따라 육방을 움직여야 하고, 인사행정에서부터 工匠·도로보수에 이르기까지 중앙행정의 축소판이다. 다산은 그 중요성으로 보아 수령은 백성을 나누어 다스리는 사람이요 그 직책에 있어서는 國君과도 같이 긴절하다고 하였다.

   牧民이란 현실의 법으로 백성을 다스린다. 三紀는 律己·奉公·愛民이오, 六典은 吏戶禮兵刑工의 육전이고, 一目은 振荒인데 各己 六條로 분류되었다. 다산은 『목민심서』를 만드는데 고금의 모든 전거를 모두 망라했고 그 간위를 척결해서 목민관에게 주기 위한 지침서로 삼았다. 이런 까닭으로 一民이라도 이 혜택을 입기를 바라는 것이 『목민심서』를 쓰는 보람이라 생각했다.

   『목민심서』의 戶典六曺의 昌頭에는 '牧之職五十四條'라고 하고, 『경세유표』의 天官修制·考績之法에는 三紀六典54條를 考功法으로 열거하고 있다.

<표 2-2> 三紀六典 54條의 考功法

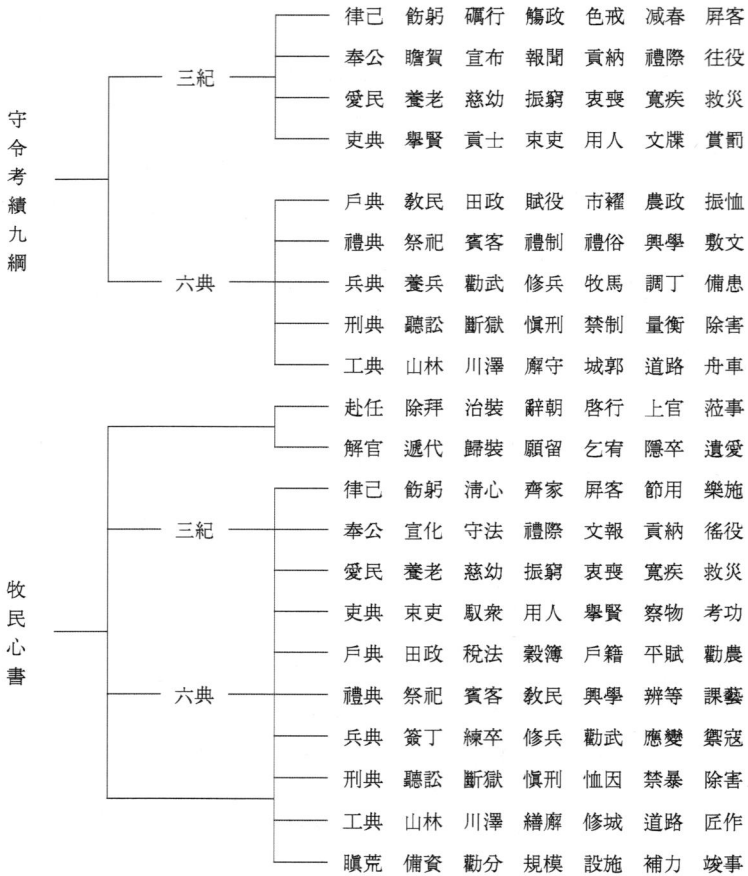

		律己	飭躬	礪行	觴政	色戒	減春	屏客
	三紀	奉公	瞻賀	宣布	報聞	貢納	禮際	往役
		愛民	養老	慈幼	振窮	哀喪	寬疾	救災
守令考績九綱		吏典	擧賢	貢士	束吏	用人	文牒	賞罰
		戶典	敎民	田政	賦役	市糴	農政	振恤
		禮典	祭祀	賓客	禮制	禮俗	興學	敷文
	六典	兵典	養兵	勸武	修兵	牧馬	調丁	備患
		刑典	聽訟	斷獄	愼刑	禁制	量衡	除害
		工典	山林	川澤	廨守	城郭	道路	舟車
		赴任	除拜	治裝	辭朝	啓行	上官	莅事
		解官	遞代	歸裝	願留	乞宥	隱卒	遺愛
		律己	飭躬	淸心	齊家	屏客	節用	樂施
	三紀	奉公	宣化	守法	禮際	文報	貢納	徭役
		愛民	養老	慈幼	振窮	哀喪	寬疾	救災
牧民心書		吏典	束吏	馭衆	用人	擧賢	察物	考功
		戶典	田政	稅法	穀簿	戶籍	平賦	勸農
	六典	禮典	祭祀	賓客	敎民	興學	辨等	課藝
		兵典	簽丁	練卒	修兵	勸武	應變	禦寇
		刑典	聽訟	斷獄	愼刑	恤囚	禁暴	除害
		工典	山林	川澤	繕廨	修城	道路	匠作
		賑荒	備資	勸分	規模	設施	補力	竣事

　　이상에서 볼 때, 『경세유표』의 守令考績九綱과 『목민심서』의 체제를 보면 그 유사성을 발견할 수 있다. 조항의 명칭이 같은 것, 명칭만 바뀌고 실상은 같은 것, 착종된 것 등으로 나눌 수 있다.

(1) 同一名稱(27條)

　　飭躬　兵客　貢納　禮際　養老　慈幼　振窮　夷喪　寬疾
　　救災　擧賢　束吏　用人　敎民　田政　祭祀　賓客　興學
　　勸武　修兵　聽訟　斷獄　愼刑　際害　山林　川澤　道路

(2) 名稱變更(15條)

　　淸心(礪行)　宣化(宣布)　徭役(往役)　考功(賞罰)　穀簿(市
　　糴)　平賦(賦役)　勸農(農政)　辨等(禮制)　課藝(敷文)　簽
　　丁(養兵)　練兵(調丁)　應變(備患)　繕解(廨守)　修城(城
　　郭)　匠作(舟車)

(3) 名稱分化

　　瞋恤(→ 備資　勸分　規模　設施　補力　竣事)

(4) 名稱錯綜

　　報聞・文牒 → 文報. 色戒・減春 → 齊家
　　瞻賀 → 守法. 量衡 → 匠作. 禁制 → 除害

이 외에도 赴任・解官 二綱은 절차상의 업무로써 12條가 부가
되었고, 節用・樂施・馭衆・禦寇・恤因・禁暴는 새로운 조항이라
고 하더라도 행정상의 구체적인 문제를 망라한 것이고, 세법과 호
적은 이미 『經國大典』의 守令七事에 부응한다.

다산의 사상체계를 이해하기 위하여 그를 둘러싼 현실적인 정치
환경과 그의 생애, 수기・치인의 학문적 위상을 살펴보았다. 그의
정치사상을 이해하기 위해서는 무엇보다도 먼저 유가사상의 근본
개념인 天・性・命을 어떠한 각도에서 파악하려고 하였으며, 誠은
어떠한 의미를 그 속에 내포하고 있는가를 밝히고, 실천 여부와
그의 내적 이념을 이해함으로써 그의 정치적 콘테스트 영역의 한
계를 구명해야 할 것이다.

제3장 다산의 실학과 목민사상

제1절 다산의 실학과 그 특징

다산에 의하면, 성리학에서는 朱熹의 권위를 앞세워서 理氣 · 四七辨이나 太極說 등에 몰두하거나 한낱 章句의 註釋에 매달리거나 형식에 빠진 禮節의 시행에만 관심을 쏟는다. 이러한 경향이 高遠 無實 空虛한 行態임은 물론이다. 그럼에도 불구하고 성리학자들은 이외의 것을 한마디라도 언급하면 '雜學'으로 폄하하면서 등한히 한다고 했다.

여기서 그는 儒學의 목적이 원래 修己와 安人(治人)을 균형 있게 兼全하는 데에 있음을 인정한다. 그러면서도 그 兼全을 달성하지 못하고, 당시 성리학자들과 같은 空虛한 경향에 빠진다면, 그것보다는 차라리 그는 雜學視되는 '治國 安民', 즉 安人에 치중할 것을 택한다. 그런 뜻에서 그는 '攘夷狄 裕財用 能文能武 無所不當'하는 능력 양성을 眞儒之學의 내용으로 꼽는다.

그러므로 그의 治國安民의 목표를 달성키 위한 '攘夷狄 裕財用 能文能武 無所不當'하는 능력의 양성이 곧 그의 實學에 해당한다고 할 수 있다. 동시에 다산의 실학의 특징은 修己治人을 위한 원시유가의 구조적인 특징을 들 수 있으며, 치국안민을 위한 시도로 정치사상의 주요한 특징인 德治政治 · 仁義政治를 찾아볼 수 있

고, 德治와 仁義 政治의 실현수단으로 '均'을 통한 토지개혁 등의
경제사상의 구조적인 특징을 갖는다고 할 것이다.

1. 원시유가의 구조적 특징

다산의 정치사상에서 원시유가의 구조적인 특징의 출발은 '천명'
에서 시작된다. 원시유가에서 天命을 賦性之命과 得位之命으로
이해한다. 전자가 모든 사람과 윤리적인 측면에서 관계된다면 후
자는 정치적인 천명으로 天子一人에게 주어지는 것이다. 그러나
천명은 곧 민심이므로 천자의 지위는 민심에 다시 평가를 받아야
한다고 전제를 하기 때문에 民本思想이라 할 수 있다. 다산은 다
음과 같이 민본사상을 말하고 있다.

> 爲政이란 一國의 정사를 오로지 주관함이며, 有政이란 많은 관
> 리가 분담하는 정사를 말한다고 정의하고 爲政은 손수 정치의 권
> 력을 잡는 것을 말하므로 卿 大夫는 한 사람 아니지만, 爲政者란
> 반드시 上卿의 선임자 한 사람이 있을 뿐이다.78)

다산은 군주의 지위를 강화하고자 하였으며 그 위에 정치적인
역할을 강조하고 있다. 다산은 원시유가, 즉 수사학에 근거하여 그
의 經學과 經世學 전체를 일관하고 있는 君 역할을 재조명함에
있어서 유가정치에서 有德君子로 칭송받고 堯舜 두 聖君을 이상
으로 하였다. 이에 君主統治倫理의 요체는 요순이 실현하고자 했

---

78 『與猶堂全書』, 第2集, 「論語古今注 爲政」, 爲政謂主一國之政 有政
　　謂庶官分 掌之政 …… 爲政者手執政柄之謂 …… 卿大夫非一人而爲
　　政者必上卿之長者一人而已.

던 민본사상을 재현해야 하는 것이다.

그는 『經世遺表』에서 정치의 이상적인 모델을 『周禮』에서 찾고 先王의 정치는 法治가 아니라 禮治였다고 말하기도 하며, 『論語 古今注』에서도 다산은 先王의 道는 德治였다고 하고 있다.

> 사업과 공적을 분발한 사람을 살펴보니 堯舜 같으신 분이 다시 없다. 5년에 한 번씩 제후 국가를 순수하고 해마다 제후의 조회를 받았으며, 정사를 묻고 그들이 말하는 말처럼 하는가를 살펴보았으며, 천하가 어지럽자 또 다시 산을 뚫고 물길을 내었으며 밭두둑길을 내고 밭도랑을 개척하였으며, 가르침을 세우고 형벌을 밝혔으며 禮法을 마련하고 음악을 지었으며 흉폭한 사람은 죽이고 말 잘하는 사람들이란 물리쳤으며 나아가서는 높고 낮은 곳의 초목 조수에 이르기까지 그것을 맡아 다스릴 사람을 선택하여 책임을 주었고 그들의 공적을 셈하여 그들이 맡은 일을 이루게 만들었다.79)

君主된 자는 마땅히 하여야 할 임무가 있고, 적극적인 시책을 제시하여 당시 폐단을 시청하기에 몰두해야 하는데도, 요순이 無爲의 治를 하였다는 허위의 것에 의지하여 아무런 정치를 하지 않는 것은 잘못된 인식이다. 덕치라고 해서 그 당시에 인식되는 것처럼 추상적이거나 애매모호한 것이 아니다. 실제생활 속에서 적극적인 문제해결이 바로 요순이 실현하고자 했던 德治이다.

그리고 德治와 法治가 상반되는 듯이 보이지만 막상 실지의 정

---

79) 『與猶堂全書』, 第2集, 「論語古今注 爲政」, 徐觀奪發事功 莫如堯舜王 五載一巡 比年受朝 詢事考言 天下旣紛紛矣 重之以繁山淪水潚畎疏 澮 立敎明刑制禮作樂 誅凶退侫 以至上下草木鳥獸莫不擇 人授任計 功 責成其用心用力.

치를 함에 있어서는 서로 보완하여 적절한 때에 잘 쓰일 때만이 진정한 덕치가 이루어질 수 있다. 덕치를 실현하는 과정에서 법이 필요할 때는 과감히 法을 상보적 기능으로 활용해야만 民을 바로 잡을 수 있다. 이것을 위해 다산은 선왕의 道를 빌려 말하고 있다.

> 선왕의 道는 몸소 효도를 실천하여 天下를 거느렸던 것이니, 이를 일러 "德으로 인도 한다"는 것이다. 이렇게 본다면 德이란 애매모호한 것이 아니다. 그러나 덕으로 인도하는 데 있어서도 형벌을 사용하였던 것이다. 먼저 五典을 펴고 그 가르침을 따르지 않는 자에게는 형벌로 다스렸던 것이다. 『주례』대사도는 고을에서는 팔정으로 만백성을 다스리는데 그 조목에 의하여 不孝, 不悌, 不睦, 不姻 따위가 이것이다. 그리고 『康誥』에서는 "不孝와 不友 크나큰 죄악이므로 이들을 반드시 형벌로 다스려 사면할 수 없는 사람이다"고 하였으니, 이는 모두 덕으로 인도함이며, 형법으로 논함이 아니다.[80]

불효하는 자가 있고 우애하지 않는 民이 있는데도 덕치를 한다 하여 법을 쓰지 않고 방치한다면 이를 과연 덕치를 한다고 할 수 있겠는가. 이러한 경우에처럼 啓導하여도 따르지 않을 때는 刑으로 엄하게 다스려 본보기를 보여야 한다. 이렇게 하는 것이 곧 덕치이다. 즉 人君된 자가 제일 먼저 실행해야 할 것이 德에 의한 인도이다. 그러나 덕으로 인도할 수 없는 자들을 형벌로 다스릴 줄도 알아야 하며, 人君된 자가 덕으로 인도하되 법과 형을 적절히 사용하

---

80) 『與猶堂全書』, 第2集, 「論語古今注 爲政」, 先王之道 身先孝弟以率天下 此之謂道之以德 德非模糊漫漶之物也 然道之以德亦用刑 …… 先 燮五典而其不率教者 折之以刑也 周禮大司徒 以鄉八政糾萬民 其目則不孝不悌不睦不姻之類也 康誥 以不孝不友爲元惡大憝刑 慈無赦斯皆道之以德 不在刑法中論.

여 정치를 한다면 바로 거기에 인군된 자의 권위가 있다.

　다산은 君主의 修身이 정치적 임무의 전부라고 보지 않는다. 덕치는 애매모한 것이 아니라 적극적인 民을 위한 구체적인 시책으로 이해하고 있다. 그는 人君이 善政을 위해서는 지위에 맞는 능력이 있어야 한다고 직능과 연결시키고 있다.

　　요즘 사람들은 대부분 아무런 재능이 없어도 한갓 선한 마음씨를 가진 사람을 선이라 하니, 아! 슬프다. 재능이 없는 자라면 비록 천년이 흘러도 勝殘去殺의 善政을 어떻게 수행할 수 있겠는가.[81]

　君이 어려운 시대적 상황에서 勝殘去殺의 善政을 수행하기 위해서는 차라리 과단성 있는 업무처리 능력이 필요하다. 이를 위해서는 그 자리에서 요구되는 능력이 있어야 한다.

　그는 민을 위한 君主의 구체적인 통치의 조목으로 첫째는 민심의 이탈은 경제적인 곤궁함에서 비롯되니 경제적인 부를 이루는 것이다.[82] 땅과 백성을 계산하여 고르게 나누어서 바르게 하는 것이 정치의 근본인 것이다.

　　능히 그 재산을 고루 마련하여 다 함께 살도록 한 사람은 군주와 목민관 노릇을 한 사람이요. 능히 그 재산을 고루 마련하여 다 함께 살도록 하지 못한 사람은 君主의 牧民官의 직책을 져버린 사람이다.[83]

---

81) 『與猶堂全書』, 第2集, 「論語古今注 子路」, 今人率以無材無能 而徒有善心者爲之善人 嗟乎無材無能者 雖至千年何以勝殘去殺.
82) 『與猶堂全書』, 第1集, 「原政」, 王政廢而百性困 百姓困而國貧 國貧而賦歛 賦歛慎而人心離 人心而天命去 故所急在政也.
83) 『與猶堂全書』, 第1集, 「田論1」, 故能均制其産 而幷活之者 君牧者也

이는 원시유가에서의 맹자의 군주의 치도와 일치하고 있다. 맹자의 논리보다 한 걸음 더나가 군주와 목민관의 직분을 논하고 경제적인 배분의 논리도 있음을 말하고 있다. 다산은 인군과 목민관의 직책이 뚜렷이 있음과 모든 民이 경제적으로 고루 잘 살도록 하는 역할이 크다고 하였다. 다산이 말하는 인군의 역할이 이러하다 한 것은 완전히 인군의 지위를 직업적인 의미로 정의한 것은 아니다.

그러나 인군을 天子라 하듯이 종래 하늘의 신성과 인군의 특권을 동일시하는 것과는 달리 이러한 역할을 수행하는 군주는 천명을 믿고 안일할 것이 아니라 곤궁을 해결할 수 있어야 하고 민을 교화 양육할 수 있는 능력이 있어야 한다. 人君이 적극적인 정책의 실현으로 민에게 신망을 얻고 복종을 받는 것은 세습과 운명에 의해서 주어지는 권위보다 그리고 세도가문에게 제약받는 상황보다 훨씬 강력할 것이다.

만약에 왕이 치자로서 갖추어야 하는 능력이 없다면 춤추는 舞列에서 한 사람을 뽑아 무열을 지도하게 하였는데 무도의 대열에서 춤을 이끌어 가는 '무사'와 비교하여 목민관의 덕목을 담론으로 풀어나가고 있다.

> 우보를 쥔 사람이 능히 이리저리 지도하여 절차를 맞으면 여러 사람이 높여서 그를 '우리 舞師'라고 부르며, 우보를 쥔 사람이 능히 지도를 하되 절차에 맞지 않으면 여러 사람이 그를 잡아내려 그 전의 반열에 돌아가게 하고 다시 뽑는다.84)

不能均制其産 而幷活之者 負君牧者也.

84) 『與猶堂全書』, 第1集, 「蕩論」, 羽葆者 能左右之衆節 則衆尊而呼之曰我舞師 其羽葆者 不能左右之中節 則衆執而下之 復于列 再選之.

이렇듯이 민에 의해 추대된 천자는 민을 위해 책임 있는 정책을 실현하고 민에 의해서 평가는 받는 민과 인군의 직결체제에서 왕권은 강화될 수 있다. 민이 천자를 평가하는 것이 죄가 되지 않다는, 즉 民지위의 고양을 전제한 것이다.

다산은 인군 된 자가 재능이 있어 정사를 주로 해야 하지만 그 자신의 원시유가의 修身의 관점에서 修己에 있어서도 늦추지 않아야 함을 다음과 같이 말한다.

管子는 정사를 논함에 衣食을 앞서 생각하고 禮節을 뒤로 하였고, 맹자는 道를 논할 때 백이랑의 전제를 먼저 말하고 庠序의 학교를 뒤에 말하였다. 이는 君子가 해야 할 일을 알았기 때문이다. 그러나 君子가 그의 몸을 다스림은 반드시 "먹을 것을 배불리 구하지 않는다.(食無求飽)" 또는 "한 광주리의 밥과 한 표주박의 마실 것만으로도 그 즐거움을 고치지 않는다.(簞食瓠飲 不改其樂)"고 말하는 것이다.[85]

人君된 자는 재능과 덕이 겸비되어야만 앞에서 선도할 수 있기 때문에 이를 위해 修己와 克己를 해야 한다. 이러한 극기와 절제가 있을 때 人君은 자기의 위치를 올바로 정립할 수 있어 그의 행동은 관리나 백성들이 행동표준으로 하게 된다. 여기에 곧 教化의 治가 있다. 즉 인군이 올바르면 모든 관리와 백성이 따라서 올바르게 될 것이다.[86]

---

85) 『與猶堂全書』, 第1集, 「蕩論」, 管子論治先衣食而後禮節 孟子論道先百猫而後庠序此君子之識務也 若夫君子之自治也 必曰 食無求飽 曰 簞食瓢飲 不改其樂.

86) 『與猶堂全書』, 第1集, 「蕩論」, 君爲政則百性從政矣 君之所爲百姓之所從也.

다산은 이러한 견해에서 君主의 聖君之道와 統治論理를 위해 왕권강화가 시급하다는 것을 전제하고 있다. 조선왕조에서 君의 지위는 정치권력의 핵심멤버로서 최고 결정에 있었지만 민본을 위해 현인정치를 한다는 명목 아래 유교교리에 훈련된 사람에게 권력이 조절되어야만 했다. 그러나 다산의 시대에는 사람들의 당쟁 사이에서 왕의 권한은 사실 유가의 근본이념이 아니라 사실 세도가문의 私慾에 의해 제약되는 상황이었다.

이러한 세도가문의 횡포 아래 왕권의 유린을 회복하고 부국강병을 위해서는 세도가문을 제압할 수 있는 강력한 君權 아래 국가개혁을 시도하는 것이다. 그는 영조대왕이 노비법과 군포법 개혁시도 때 신하들과 대치하는 상황에서 "나라가 비록 망하더라도 이 법을 고치지 않을 수 없다[87]"는 사실을 받아들이고 있다.

이에 君主가 관료들에게 휘말리지 않고 왕권을 실각하지 않을 수 있는 방법은 君이 민을 앞에서 선도할 수 있는 능력이 있어야 하며 그로서 民의 추종을 받아야 한다고 하였다. 聖君의 道에 더하여 민을 근본으로 하는 통치윤리에 유념하는 것이 곧 君主의 능력을 민으로부터 평가받는 것이다.

一表二書에도 나타나듯이 유가의 테두리 안에서의 개혁을 시도하였으므로 봉건제적 전제군주제를 부정하지 않는다. 오히려 민본을 실현하기 위해 강력히 왕권을 강화해야 한다는 것이다. 다산은 세도가문 아래 제약받는 왕권과 피해를 받는 民의 지위를 확보하기 위해 民과 君을 바로 연결하는 체제로 왕의 권한을 강화하고자 하였다.

다산은 덕치를 주장하지만 그 구체적인 역할을 현실에 바탕하여

---

87) 『與猶堂全書』, 第5集, 「經世遺表」, 英宗曰 國雖亡 此法不可以不改.

다시 정의하였다. 君主는 요순이 적극적인 시책을 폈던 것을 재음
미하여 민생을 위한 정책을 펴고 민에게 능력발휘의 결과로 평가
를 받을 수 있어야 한다. 聖君으로서의 道와 統治論理는 民에 대
한 관심과 적극적인 民生解決에 있다.

인군의 적극적인 직책수행과 인군의 보조역으로서 官의 역할에
대해서 다산은 심도 있는 정의를 내리고 있다. 사실 관리는 직접
적인 民과의 접촉을 하는 자이며 조선처럼 중앙의 행정이 지방행
정에까지 미치지 못한 시대에서는 더욱이나 관리의 수양과 올바른
역할은 중요하였다.

군자란 유학경전을 통하여 지식과 덕행의 기본을 쌓고, 지나간
역사를 섭렵하여 정의의 소재를 이해하며 일반 백성에게 혜택을
줄 수 있는 실용의 학문에 뜻을 가져야 한다.

이는 원시유학의 구조적 특징으로서 목적론적 인성관을 강하게
지니거니와 다산도 이 입장에서 예외일 수 없다.

『牧民心書』에서 "군자의 학문은 수신을 반으로 하고 나머지 반
은 목민하는 것"이라고 함으로써 유학을 이른바 수신과 목민의 두
개의 범주적 개념으로 파악한다. 그리고 그가 손수 집필한 저서들
을 가리켜 그의 自撰墓誌銘에서 "六經四書에 관한 것은 修己를
하자는 것이고 一表二書는 천하국가를 위하자는 것으로 本과 末
을 갖추었다"[88]고 언급하고 있다. 사람이란 모름지기 안으로는 도
덕적 정신을 함양하고 밖으로는 국가와 백성을 위하여 그 지식과
실천을 수행해야 하는 것으로 밝히고 있는바, 이것은 원시유학의
구조적 원칙론에 대한 그 자신의 해석인 것이다.

---

88)『與猶堂全書』, 第1集,「自撰墓誌銘」, 六經四書以之修己, 一表二書以
　　之爲天下國家, 所以備本末也.

원시유학은 일반적으로 '修己治人의 學問'이라 이해하고 있다. 그러나 이는 엄밀히 말해서 유학에 대한 주자의 해석이다. 주자는 유학을 수기치인의 학문이라고 표방하였음에도 불구하고 그의 초점은 수기의 심층을 해명하는 데 치우쳤다. 그의 정력적인 노력은 수기의 밑바탕에서 '格物窮理'를 파악하고 이해해야 치중된 약점을 지니고 있다.

다산은 유학의 정의를 주자의 그것에 따르는 면이 있다. 그러나 유학을 규정함에 있어 주자와 크게 달라지지만 정치사상의 구조적 측면이나 콘테스트를 논하는 정치적 담론에 있어서는 원시유가의 구조적 특징을 갖고 있다.

다산의 실학적 담론의 구조적 골격은 원시유가에서 원용하지만 다음과 같은 측면에서 원시유가를 한 차원 승화시키고 현실비판의 이데올로기의 학문으로 발전시킨 측면은 높이 평가할 만하다.

다산은 수기의 측면에서 格物窮理 같은 觀念的 思辯을 축출하고, 치인의 측면에서 흔히 권위적으로 자행하려는 지배행위를 배제한다. "유학을 빙자하여 진부하고 새롭지 못한 이야기나, 지루하고 쓸데없는 이론으로 공연히 지묵을 낭비하는 것은 오히려 직접 농산물을 재배하여 생전에 잘 살아갈 궁리를 넓혀 가느니만 못하다"고 하여 유학이란 미명 아래 修己牧民을 외면하고 한갓 글자나 글귀만을 주석하고 예론만을 일삼는 당시의 풍조를 신랄하게 비판하고 있다.

이는 성리학 위주의 유학자들이 유학의 본질을 망각하고 인의, 이기 등의 주자학의 범주에서 그 외의 발언은 단지 '雜學'이라고 물리쳐 버리는 당시의 세태를 개탄하고, 유학의 본말을 수신과 목민으로 정립하여 스스로 선하고자 노력함과 동시에 타인을 사랑하는 구체적이고 실천적인 학문임을 강조하는 것이라 하겠다.

이와 같이 다산은 당시 권위적인 성리학풍에 대하여 묵인도 외면도 하지 않고, 비판의식으로 원시유학의 구조적 본질을 재검토하여 급기야 참신한 정치사상체계를 확립함으로써 현실적 諸矛盾을 바로잡고자 하였다.

2. 정치사상의 핵심과 특징

다산의 정치사상의 권력구조에 대한 정치사적 평가는 中國 漢代 이후의 정치를 하향적인 정치로 규정하여, 이를 배격하고 漢以前의 정치를 上向的 政治로 규정하여 이를 찬성하였다. 그가 말하는 하향적 정치는 중앙집권체제를 의미하고, 상향적 정치는 그와 대립되는 지방분권적 정치체제를 의미한다. 하향적인 정치체제하에서는 君을 비롯한 일부 士階級만이 정치에 참여할 수 있는 권리를 향유하고 있으며, 民은 오직 통치의 대상으로만 파악되고 있었을 뿐이다. 그러나 다산은 하향적인 정치체제를 배격하고, 民에 의한 정치체제를 구상하여 民을 정치의 주체로 부각시켜 놓았다.

다산에 의하면 통치자는 아래로부터 위로 선출되는 것이 太古의 자연스러운 상태인데 오늘날에 와서는 그것이 逆으로 되었다고 지적하고 다음과 같이 말하고 있다.

　　대저 天子란 어찌하여 존재하게 되었는가? 하늘에서 비 내리듯 내려와서 천자가 되었는가, 아니면 땅속에서 샘솟듯 솟아나서 천자가 되었는가? 다섯 家口가 一隣이 되므로 다섯 가구에서 추대된 사람이 隣長이 되고, 다섯 隣이 1里가 되므로 다섯 隣에서

추대된 사람이 里長이 되고, 다섯 部가 1縣이 되므로 다섯 部에
서 추대된 사람이 縣長이 된다. 여러 縣長의 공동 추대를 받은
사람이 諸侯가 되고 제후들이 공동으로 추대된 사람이 곧 天子이
다. 군중의 추대에 의해 천자가 되는 것이므로 군중이 추대하지
않으면 天子가 될 수 없다.[89]

통치자인 天子는 민의 추대에 의해 되는 것이며, 민에 추대하지
않으면 天子가 될 수 없다. 아래로부터 위로라는 이러한 상향적인
통치구조는 民本을 효과적으로 달성하기 위해 제시된 것으로 생각
된다. 또 다산은 民의 자율적 선택능력을 기초로 성립되는 '정치
사회의 권력구조'의 기원을 다음과 같이 말하고 있다.

太初에는 民뿐이었다. 어찌 牧이 존재하였을 것인가. 民들은
無智하여 集團的으로 모여 살았다. 그런데 그들 사이에 紛爭이
일어났을 때 이를 判決 지을 수가 없었다. 한 사람의 老人이 있
어서 公正한 말을 잘 하였기 때문에, 그들은 그 노인에게 가서
判決을 받고, 또 모든 사람들이 그에게 服從하였다. 그리하여 그
들은 노인을 推戴하여 里正이라고 불렀다. 또한 數個所의 마을
사람들 사이에 분쟁이 일어났을 때, 결정을 짓지 못하고 있었다.
어느 한 사람의 노인이 있어 賢明하고 지식이 많았기 때문에 수
개소의 마을 사람들이 모두 그에게 가서 판결을 받고 그에게 복
종하였다. 그리하여 그들은 그를 추대하여 黨正이라고 불렀다. 또
한 몇 개 구역의 人民이 서로 분쟁을 일으켜 해결을 짓지 못하다
가, 어느 한 사람의 노인이 현명하고 덕이 있었기 때문에 그들은
그에게 가서 판결을 받고 그에게 복종하였다.
그리하여 그를 추대하여 州長이라 불렀다. 이상과 같은 事情과
順序를 밟아서 몇 개 州의 州長들이 한 사람을 추대하여 長으로

89) 『與猶堂全書』, 第1集, 「蕩論」, p.24.

삼아 國君이라 칭하고, 또한 여러 地方의 國君들이 한 사람을 추
대하여 장으로 삼아 方伯이라 칭하고 四方의 方伯들이 한 사람
을 추대하여 최고의 장으로 삼아 皇王이라 부르니 皇王의 근본은
里正으로부터 나온 것이다.[90]

다산은 太古에는 民이 있었을 뿐 통치자는 존재하지 않는 무계
급의 사회였으나 백성들의 생활상의 필요와 백성들의 자발적인 추
대에 의해서 里正·黨正·伯·皇王 등의 통치자 권력이 발생하였
다고 봄으로써 民의 자율적인 선택능력을 기초로 정치사회의 상·
하 관계도 성립된다고 하였다.

이와 같이 통치권의 근원이 民에게 있으므로 民에 의한 통치자
의 교체는 당연한 것이라고 보았으며, 天子란 존재도 天命에 의해
통치권을 부여받은 것이 아니라, 民의 추대에 의한다고 한다. 따라
서 民을 못살게 하고 民의 원망을 사는 통치자는 그를 추대한 民
에 의해서 교체되는 것이 당연하다고 여긴 듯하다. 茶山은 통치자
가 民에 의해 교체되는 현상을 무대에서 舞師가 교체되는 현상에
비유하고 民에 의한 통치자의 교체가 결코 반역이 될 수 없음을
다음과 같이 말하고 있다.

64명으로 조직된 一團의 舞隊가 춤출 때에 그들은 자기들의
隊列 중에서 재능 있는 한 사람을 선출하여 羽葆를 들고 先頭에
서서 춤을 지휘하게 한다. 그가 만약 長短에 척척 맞게 지휘를
잘하면 무대의 군중은 그를 존경하여 '우리들의 舞師'라고 부른
다. 그러나 그가 만약 장단에 맞추어 지휘를 잘하지 못하면 무대
의 군중은 그를 끌어내려 대열 속으로 돌려보내고 다시 다른 재
능 있는 사람을 뽑아 舞師의 위치에 세워놓고 '우리들의 舞師'라

90) 『與猶堂全書』, 第1集, 「原牧」, p.5.

고 부른다. 그를 끌어내린 것도 군중이며, 그를 끌어올려 세워놓
고 존경하는 것도 군중이다. 군중이 그를 끌어올려 세워놓고 無
能한 사람을 대신케 하는 이상, 그렇게 올려 세워 대신케 하는
것이 僭越이라 하여 罪를 責한다면 그것을 어찌 타당하다고 할
수 있겠는가?91)

　다산에 있어서 民은 天子라든가 통치자를 선출할 수 있는 권리
를 지닌 民이며, 또한 통치자를 교체할 수 있는 民이다. 따라서
民은 통치자 君에 예속된 존재가 아니다. 그러므로 역시 民에 군
림하거나 지배할 수 없는 존재이다. 그리하여 다산의 정치사상은
종래 '君' 중심의 하향식 정치권력구조에서 '民' 중심의 상향식 권
력구조의 정치담론을 구사하고 있다.

　　牧이 民을 위하여 있는 것이냐. 民이 牧을 위하여 있는 것인
　가. 民은 곡식과 마사를 거두어 그 牧을 섬기고 民은 수레를 받
　쳐 送迎해 주는데 그 牧 은 民의 고혈을 빨고 살찌니 民은 牧을
　위하여 사는 것인가. 아니다. 아니다. 牧이 民을 위하여 있는 것
　이다.92)

　이상에서 살펴본 바와 같이 다산은 그의 정치사상을 전개함에
있어서 民의 존재에 대한 근본적인 인식이 달라져 있음을 알 수
있다. 民이란 존재를 牧者가 보호하여야 할 愛民의 대상으로서 民
을 이해하기도 하였지만, 民은 牧者를 추대할 수도 牧者를 교체할
수도 있는 存在로 보아 기존의 民 개념과는 구별됨을 보여준다.
또한 茶山은 民의 뜻에 따라, 民의 동의를 전제로 정치권력구조나

91)『與猶堂全書』, 第1集,「湯論」, p.24.
92)『與猶堂全書』, 第1集,「原牧」, p.5.

法이 제정됨을 다음과 같이 말하고 있다.

> 里正은 백성들의 희망을 좇아서 法을 제정하여 黨正에게 올리
> 고, 黨正은 백성들의 희망을 좇아 법을 제정하여 州長에게 올리
> 고, 州長은 이를 國君에게 올리고 國君은 다시 皇帝에게 올린다.
> 그러므로 그 법은 모두 백성을 편안하게 하는 것이다.93)

즉 民이 상향식 권력구조에 따른 法의 제정에 직접 관여하며
이렇게 제정된 법은 民을 편안하게 하는 것이라 하였다. 여기에서
다산이 정치사회의 상향적 권력구조에서 보여준 民本思想이 법제
정에 있어서도 관철되고 있음을 알 수 있다. 또한 다산은 法이 民
의 희망에 의하여 제정된 것이며 또한 民을 이롭게 하는 기능을
하는 것인데도 불구하고 후세에 와서 권력구조의 문제나 法이 君
主의 意慾에 의하여 제정되고 실시되는 것을 비판하여 다음과 같
이 말하고 있다.

> 후세에 와서 어느 한 사람이 自立하여 皇帝가 되어 자기의 子
> 弟와 從僕들을 諸侯로 삼고, 제후는 자기의 心腹을 천거하여 州
> 長을 삼고, 州長은 자기의 심복을 간택하여 黨正·里正을 삼았
> 다. 그리하여 황제는 자기의 欲望을 좇아서 법을 제정하여 제후
> 에게 내리고, 제후는 다시 자신의 욕망대로 법을 제정하여 주장에
> 게 내린다. 이런 식으로 주장은 다시 당정에게, 당정은 이정에게
> 내리니, 그 법은 모두 통치자의 지위를 높여주고 민의 지위는 저
> 하시키며 아랫사람에게는 각박하게 대하고 윗사람에게는 阿附한
> 다.94)

---

93) 『與猶堂全書』, 第1集, 「原牧」, p.5.
94) 『與猶堂全書』, 第1集, 「原牧」, p.5.

여기서 다산은 民願에 따라 제정되었던 법이 후세에 와서 통치자의 恣意 에 의해 제정됨으로써 그것은 民을 협박하고 民을 공포에 떨게 하는 것이 되었다는 것이다. 법은 民을 협박하고 공포를 주는 것이 아니라 民을 편안하게 하는 것이어야 한다고 했다. 법을 만들고 집행하는 사람들에게 그들의 권리를 위임하고 권리를 위임받은 사람들은 그것을 위임해 준 사람들의 공동의사에 따라 권리를 행사해야 하는 것이다.

이상에서 다산은 정치권력구조를 논의함에 있어 아래로부터 위로의 상향식 구조 아래 중요한 국가정책이나 法의 제정에 있어서 民意가 반영되어야 한다고 했다. 이렇게 하였을 때, 그 법은 民을 위한 정책과 法이 될 수 있다. 또 정책과 法의 집행도 民의 편익을 위해 행사될 수 있음을 강조하고 있다. 天理와 人情에 合當한 法, 즉 민의가 반영된 권력구조 내에 禮治와 德治가 살아 있는 法만이 진정한 法임을 제시하고 있다. 결국 다산이 제시한 정치권력구조는 인간중심에서 벗어나 형식적이고 인위적인 제도가 아닌 민의의 목소리를 담은 天理와 人情에 합당한 道德과 합리로써 규제되는 상향식 정치권력구조라고 하겠다.

3. 경제사상의 핵심과 특징

다산사상의 특징은 경제사상에서 구조적 특징들을 여타의 다른 실학자와 다르게 찾아볼 수 있다. 다산의 경제사상의 주요한 화두는 경제적 부에 대한 배분의 논리이다. 다산 시대의 경제적 배분의 논리에 가장 민감한 것은 토지이다.[95] 다산이 생존했던 당시의 농촌상황을 보면 田政의 문란으로 인해 농민들은 최소한도의 생활

을 유지할 수 있는 土地마저도 빼앗겨 流民으로 떠돌아다니는 형
편이었다. 당시의 農本主義 國家에서는 농민의 몰락이 바로 국가
근본이 흔들리게 되는 원인이 되었다. 이러한 농민의 몰락은 통치
자의 그릇된 통치에서 비롯된 것이라 하여 다산은 당시의 통치계
층을 다음과 같이 비판하고 있다.

> 지금 湖南地方 民衆들의 형편을 헤아려 보면 대략 100戶 중에
> 서 남에게 土地를 주고 小作料를 받아먹는 자가 5戶에 지나지
> 않으며 자기의 땅을 耕作하는 자는 25戶가량이다. 반면에 다른
> 사람의 땅을 耕作하고서 小作料를 바치는 농민은 70戶나 된다.
> (土地制度를 改革하면) 싫어할 사람은 불과 다섯인데 이 다섯 사
> 람이 슬퍼하는 것을 두려워하여 95人이 즐겨 뛰며 춤출만한 政治
> 를 하지 못한다면 어찌 국왕이 政務를 執行한다고 하겠는가.[96]

이러한 토지소유의 모순을 제거하기 위해 다산이 제시한 것이
閭田制 토지개혁이었다. 다산은 백성들에게 재산을 고루 나누어
주어서 다같이 잘 살 수 있도록 해 주어야 하는 것이 君이 해야
할 일이지만, 우리의 현실은 그렇지 못하다는 것이다. 따라서 다산
은 民이 다같이 잘 살기 위해서는 여전제를 실시해야 한다고 주장
한다.
　다산의 경제사상의 여전제 토지개혁사상은 그의 논문「田論」에
제시되어 있는데,「田論」은 짧은 논문이긴 하지만 그 내용은 여전

---

95) 다산은 토지개혁정책으로 閭田制와 井田制를 제시하는데 여전제는 젊
　　은 시절에 토지제도를 근본적으로 개혁하기 위하여 구상한 것이고 정전
　　제는 그의 사상이 무르익은 56세 때 토지개혁사상의 결론으로 구상한
　　것이다.
96)『與猶堂全書』, 第1集,「田論」, 擬嚴禁湖南諸邑佃夫踰租之 俗劄子.

제 토지개혁사상의 기본 골격을 담고 있어서 그가 궁극적으로 무 엇을 구상했는지를 알 수 있다. 「田論」을 통해 여전제에 대해 살 펴보면 다음과 같다.

> 이제 농사짓는 사람에게는 토지를 갖게 하고, 농사짓지 않는 사람에게는 토지를 갖지 못하게 하려면 閭田制를 실시해야 하며 그래야 내 뜻을 실현시킬 수가 있다. 閭田法이란 무엇을 일컬음 인가? 山谷과 川原의 지세를 기준으로 구역을 책정하여 경계를 삼고, 그 경계선 안에 포괄되어 있는 지역을 1閭로 한다(周制에 서는 25家를 1閭라 하였으나 지금은 그 명칭만 빌리고 대략 30 가구 내외로 한다. 어쨌든 그 가구 수는 반드시 일정할 필요는 없 다). 閭 셋을 합쳐서 里라 하고(風俗通에는 50가구를 1里라 하였 으나, 여기서는 그 명칭만 빌리고 반드시 50가구로 하는 것은 아 니다), 里 다섯을 합쳐서 坊이라 하고(坊은 邑里의 명칭인데 漢 代에는 九子坊이 있었고, 國俗에도 있다.), 坊 다섯을 합쳐서 邑 이라 한다(周制에는 四井을 邑이라 하였으나, 오늘날에는 郡縣의 法所를 邑이라 한다). 閭에는 閭長을 두며, 무릇 1閭의 토지는 1 閭의 人民으로 하여금 공동으로 耕作케 하고 내 땅 네 땅의 구 별을 없이 하며, 오직 閭長의 명령에 따른다.[97]

농사짓는 사람에게만 농토를 갖게 하여 農政에 있어서도 民이 근본이 되어야 하며, 당시 특권적 양반관료와 부호들의 토지겸병 과 지주제도의 근본적인 악습을 철폐하여 백성들에게 골고루 토지 를 나누어주어서 그들의 경제생활을 보장해 주자는 것이 여전제의 근본정신이다. 다산은 여전제에 있어서의 田稅문제에 대해서도 논 하고 있는데, 그는 전세는 10분의 1(什一稅)이 가장 적합하다고

---

97) 『與猶堂全書』, 第1集, 「田論」, p.4.

주장한다. 10분의 1세는 나라와 백성을 다같이 잘 살게 하는 세법
이라 하면서 다음과 같이 말하고 있다.

> 田稅는 什一로서 하는 것이 稅法이다. 稅를 박하게 하는 것은
> 貊道이고, 세를 중하게 하여 什一이 더 되게 하는 것은 桀이다.
> 오늘날 토지의 수확량이 100斗가 되는 경우 公家(國家)에 바치는
> 세는 불과 5斗에 지나지 않으니, 이는 20분의 1에 해당된다. 그런
> 데 私家(個人地主)에 바치는 세는 50두가 되니, 이는 10에서 5를
> 취하는 것이다. 그러니 公家는 大貊이 되고 私家는 大桀이 되어,
> 나라는 가난하여 지탱하지 못하니, 이는 무슨 法에 따랐음인가?
> 남의 토지를 빼앗아 아우르는 사람을 없애고, 什一稅를 시행한다
> 면 國家와 百姓이 다같이 富裕하게 될 것이다.[98]

　여기에서 貊道나 桀道는 나쁘다는 뜻이다. 전세가 총생산물의
10분의 1보다 적으면 나라의 재정을 확보하지 못해 문화정치를 펼
수 없고, 반면에 10분의 1이 넘으면 백성의 부담이 늘어나 그것은
수탈이 된다는 것이다. 또 당시의 전세가 수확량의 20분의 1밖에
안 되는데 소작료는 10분의 5나 되어, 나라는 재정의 가난으로 지
탱하지 못하고 반면에 사적 지주는 폭군이 되어 백성을 수탈하고
있다고 개탄하였다. 다산은 10분의 1 전세로 국가에 고정된 수입과
백성에게는 일정한 조세로써 일체의 문란을 제거하려 한 것이다.[99]
　다산은 토지제도와 조세제도를 정비하여 곤경에 빠진 당시의 조
선사회의 백성을 구제해 주고 나아가서 국가의 재정적 수입을 확
보하려 하였다. 다산도 맹자와 마찬가지로 民의 경제생활이 이들

---

98) 『與猶堂全書』, 第1集, 「田論」, p.6.
99) 홍이섭, 『정약용의 정치경제사상연구』(서울: 한국연구도서관, 1959),
　　p.112.

의 도덕심을 좌우하는 것으로 보고 경제생활의 안정은 곧 사회질
서를 가져오는 것이라 생각하였다. 다산은 여전제의 실시로 民의
경제생활이 안정되면 孝悌의 윤리가 확립되는 것으로 보았다.

이상에서 다산의 토지제도를 통하여 그의 경제사상을 살펴보았
는데 맹자와 마찬가지로 다산도 民의 경제생활을 중요시하였음을
알 수 있다. 이와 같은 공통점은 다산이 생존했던 시대적 상황과
맹자의 생존했던 戰國時代의 상황이 비슷했다는 점에서 그 원인
을 찾아볼 수 있다. 또한 인간은 기본적 생활이 충족되지 못했을
때 그들의 본성을 유지하기가 어렵다는 것은 인정한 것으로 볼 수
있다. 다산은 田地 分配의 상황과 세법이 고르게 정해질 때 백성
은 경제적 독립자가 되며 정치·사회적 행위의 주체자가 될 수 있
다고 생각한 듯하다.

결국 다산은 경제적 안정과 경제생활을 중요시한 것은 孟子와
같이 時代的이라는 영향도 있지만 근본적으로는 民에 대한 관심
에서 출발된 당연한 歸結이라고 하겠다.

제2절 다산의 정치적 관심과 주요 개념

1. '民'과 민본주의

다산의 정치적 관심과 목표는 '民'이다. 다산은 철학적인 인식에
서 자율적인 인간존재를 기초로 하여 실천과 책임이 중심이 되는
인간관계론을 폈다. 이러한 인식론은 정치사회는 '民'이 정치의 근

본이 되어야 한다는 '민본사상'으로 연결될 수 있었다.

유가의 기본 정치이념은 지배자의 피지배자의 교화에 기초하고 있다.100) 주자학을 통치 이데올로기로 채용했던 조선왕조에서도 '民本'을 위시하여 '禮治'를 최고 정치이념으로 한 위민정치를 표방하였다. 그러나 창업 2, 3세기를 지나는 동안 관학화된 주자학은 안일해졌고 유가의 민본사상은 표방되었지만 실상은 그것과는 거리가 있는 정치형태가 벌어지고 있었다.

사림까지 개방된 통치과정은 정쟁의 장으로 되어 '민본사상'의 실현이라는 정치적인 기능이 마비되었다. 유가 본래의 계급적인 성격이 조선조에서는 신분제도로 고착화됨으로써 일반 민중은 정책을 결정하는 과정에서 완전히 소외되고 그 간접적인 기능도 없게 되어 버려 치자에게 민의 존재는 잊혀졌다. 또한 先制에 무한한 권위를 부여하여 先王의 유제는 현실에서 어떤 필요에 의해서도 개변될 수 없다는 사고에서 변통의 논리는 상실되고 이에 유가의 정치과정의 기본형태인 '禮治'를 현실에 살리지 못한 결과에 이르렀다.

다산은 민이 본이 되어야 한다는 유가의 근본정치이념을 다시 실현해야 함을 주장하였다. 다산에서 민본이 의미하는 것은 민을 정치에서 중심으로 하여 정치의 방향을 민에게 의지하여 결정해야

---

100) 民本思想은 儒家政治理念의 근간으로 현대 民主理念과는 상이하지만 여러 면에서 근대 民治說의 선하를 이루며 민주운동과 서로 접속하고 있다. 韋政通은 전통적 민본사상을 아래와 같은 요점으로 나누어 설명하기도 한다(『中國哲學辭典』, 民本條, pp.237-242). ① 백성은 국가의 근본이다(民爲邦本). ② 통치자는 민의를 중시해야 한다(重視民意). ③ 백성은 귀하고 군주는 가볍다(貴民君輕). ④ 정부는 백성을 사랑하고 이롭게 하는 데 주안점을 두어야 한다(愛民利民). ⑤ 백성이 국운을 흔들 수 있다(人民足以左右國運).

한다는 '爲民思想'으로 단순한 위민사상을 넘어선 것이다. 발전된 민본사상과 예치사상을 재천명하려는 다산의 시도는 그의 정법서에 일관하고 있다.

다산은 "民이 牧을 위해서 있는가. 아니다. 牧이 民을 위해서 존재하는 것이다"라는 목이 민을 위하여 존재한다는 민본사상을 계속하여 주장하고 이것을 치자에게 인지시키려 한다. 그리고 다산은 이러한 자신의 주장을 논리적으로 전개하였다.

다산은 「原牧」·「湯論」 등에서 민이 치자를 추대하여 통치자가 존재하였다 하여 치자는 민의 이익을 위해 역할을 해야 하는 것이 당연한 논리라 한다.

> 대저 천자는 어떻게 하여 있는 것인가. 하늘이 천자를 내려 보내서 이를 세운 것인가. 또한 땅에서 솟아 나와서 천자가 된 것인가. 다섯 집이 隣이 되는데 다섯 집에서 장을 추대하면 隣長이 되고, 五隣이 里가 되는데 五隣에서 장을 추대하면 里長이 된다. 五鄙가 縣으로 되는데 五鄙에서 장을 추대하면 縣長이 되며, 여러 縣長이 함께 추대한 자가 諸侯로 되고, 諸侯가 함께 추대한 사람이 天子가 되니, 천자란 사람은 여러 사람이 추대하여 이루어진 사람이다.101)

한 마을에서 민이 里長을 직접 선출하는 논리는 천자를 구성하는 단계에까지 확대된다. 민에 의해 추대된 里長, 隣長은 민을 위해서 역할을 해야 함이 분명하다. 다산은 민에 의한 치자의 선출

---

101) 『與猶堂全書』, 第1集, 「湯論」, 夫天子何爲而有也 將天雨天子而立之乎 抑涌出地爲天子乎 五家爲隣 推長於五者爲隣長 五隣爲里 推長於五者爲里長 五鄙爲縣 推長於五者爲縣長 諸縣長之所共推者爲諸侯 諸侯之所共推者爲天子 天子者衆推之而成者也.

을 말하여 치자는 민을 근본으로 해야 함을 천명함과 동시에 '추
대'는 능력을 전제한 것이므로 치자의 역할이 修身에 의한 德化敎
民이 전부가 아니라, 나라 다스리는 기능이 있어야 한다는 치인만
의 독자적인 영역을 인정하였다. 이러한 구체적인 민본사상은 一
表二書의 주요 내용이다.

   다산은 『經世遺表』에서 민을 위해서 정치가 존재해야 한다 하
여 민을 위한 국가의 개혁에서 부국강병을 첫째로 하고 있다. 이
를 위해서 민이 농사를 짓는 데 편리하도록 수리사업, 산림관리는
물론이고 전폭적인 청의 문물수용을 위해서 利用監[102]을 설치해
야 한다고 강력히 말하고 있다. 또 토지의 문란으로 민이 받는 피
해를 줄이기 위해 토지를 전문으로 다루는 經田司를 설치해야 할
것과 그 관직에 능력 있는 자가 부임해야 한다고 했다. 특히 모든
민생을 담당하는 관리를 철저히 감독하기 위해 考績法을 강화해야
한다 하였다. 「還餉議」에서도 이 문제에 대하여 다음과 같이 말하
고 있다.

   백성의 생활이 곤란하게 된 것은 환상 때문이며, 이속이 간사
   히 도적질할 수 있는 것도 환상 때문입니다. …… 신은 생각건대
   국가의 국고 반 이상을 이 환상으로 보충하고 있지만 그 법은 번
   쇄하고 복잡하니, …… 변경하지 않을 수 없습니다.[103]

---

102) 『與猶堂全書』, 第5集, 「經世遺表」. 다산은 奎章閣 校書로 봉직하
    고 있을 때 박제가의 『北學議』6권과 박지원의 『熱下日記』20권을
    보고 또 동료 李敬懋의 조언을 받아들여 청나라의 제반 선진 문물
    제도를 이용하기 위해 '利用監'의 설치를 주장하여 국력 신장을 도
    모하고 있다.

103) 『與猶堂全書』, 第1集, 「還餉議」, 今民生之倒懸 以還上也 吏之爲奸
    詐盜 以還上也 …… 臣以國之財用 半靠邊上 然其爲法 煩碎蕪雜

이는 국고도 중요하지만, 국고를 채우기 위해 민이 피해를 입어서는 안 된다는, 민을 우선으로 하는 다산의 정치적 담론을 볼 수 있다. 다산은 국가의 부가 민생의 안정이라는 국부와 민생을 동일시하는 입장에 있지만 이에서 볼 때, 국가의 개혁은 곧 민을 위한 개혁을 전제한 것임을 알 수 있다.

『목민심서』에서 다산의 민본사상은 군왕의 명령이 백성의 이익과 맞지 않을 때에는 목민관이 상관의 명령을 거부할 수도 있다는 정도로 강력히 주장되고 있다. 이것은 치자와 피치자와의 이해 대립보다는 목은 민생을 위해 직책을 부여받았다는 치자의 직업소명의식의 시초라 보인다.

원래 『목민심서』가 민과 직접 접촉하는 지방행정관을 검속하여 민생을 안정시키기 위한 의도로 저술되었으므로 이에 『목민심서』의 내용에는 전통적으로 수령의 역할이라 여겨온 七事[104]의 형식적인 사무 이외에 수령의 수신을 위해 律己 6條, 철저한 공무처리를 위해 奉公 6條, 민생에 대하여 愛民 6條에 부가하여 저술하고 있다.[105]

또한 『欽欽新書』 저술의 목적이 민에 대한 형벌의 적용에서 부당한 판결로 민의 억울함을 막기 위한 공평성을 추구하는 내용인 바, 다산의 민을 위한 정치추구는 지대한 것이었고, 이러한 것들은

…… 此不可以不變也.

104) 『經國大典』에서는 五事를 七事로 늘렸는데 農桑盛, 戶口增, 學校興, 軍政修, 賦役均, 詞訟簡, 奸猾息이다.

105) 第己 6條는 飭躬, 清心, 齊家, 屛客(외부로부터의 청탁을 물리치는 일), 節用, 樂施(德 베풀기는 기꺼이 하는 일) 등, 奉公6條는 宣化(임금의 덕을 널리 폄), 守法, 禮際(관리들 간에 예 있게 대함), 文報(보고문에 관한 처리), 貢納, 往役(일상 업무 이외에 차출될 때 성실할 것) 등이며, 愛民6條는 養奴, 慈幼, 振窮, 哀喪, 寬疾, 救災 등이다.

민의 위치를 각별하게 파악하지 않았다면 불가능한 것이다.

　이러한 치자의 민을 근본으로 하는 정책수행방법은 예치이어야 한다고 하여 예치의 진의를 밝히고 있다. 다산은 洙泗學에로의 복귀를 시도했던 만큼, 예치의 이상을 주공의 『周禮』에 근본하고 있다. 다산의 '民'에 대한 관심은 禮治와 德治의 실현을 통하여 가능하다고 판단하고 이에 대한 담론을 다음과 같이 피력하고 있다.

　　선왕은 예로써 나라를 다스렸고 民을 지도하였다. 그런데 예가
　쇠해지자 법이라는 명칭이 생겼다. 법은 나라를 다스리거나 民을
　지도하는 것이 아니다.106)

　이 말의 의미는 정치를 함에 있어서 절대적으로 예치를 해야 한다고 하였다.107) 그러나 다산은 주나라 사람이 은나라를 교체할 때 법을 가감한 것이 있지 않을 수 없었듯이 예치가 절대적이라 하여 향상된 古法만을 주장한 것은 주객이 뒤바뀐 것이고 시대에 맞게 民을 중심으로 현실에 토대한 법을 가감하여야 한다고 했다. 다산의 정치적 담론은 德治의 절대적인 필요성을 강조하고 이와 더불어 法治의 중요성도 생활의 실용적 차원을 고려한 실학적 정

---

106) 『與猶堂全書』, 第5集, 「經世遺表」, 先王以體而爲國 以體而道民 至
　　 體之衰而法之名起焉 法非所以爲國 非所以道民也.
107) 『與猶堂全書』, 第5集, 「經世遺表」. 『論語』 爲政篇에서 공자는 "政·
　　 刑으로 이끌어 들이면 백성은 죄를 면하려고만 하지 염치가 없고, 德
　　 ·禮로 이끌어 들이면 염치도 있고 심복하게 된다"고 설파하여 法制
　　 禁令보다는 道德禮敎를 강조하고 있으며 禮와 法의 상반적 효력을 극
　　 명히 보여주고 있다. 茶山도 공자의 예치사상을 계승하여 "천리와 인
　　 정에 비추어 보아 딱 들어맞는 것을 禮라 하고 공포와 비탄으로 위협
　　 하고 핍박하여 백성을 두렵게 함으로써 감히 범할 수 없게 하는 것을
　　 法이라 한다"고 정의를 내리고 있다.

치담론을 구사하였다.

> 법을 능히 고치지 못하는 것과 제도를 능히 변경하지 못하는
> 것은 일체 사람의 어질고 어리석음에 근본을 둔 것이고 천지 이
> 치가 본래 그것을 고침이 없고자 한 것이 아니다.108)

이러한 실용적인 정치담론은 현실적 적용에 있어서 상당한 거리
감을 주었다. 다산은 다음과 같이 德治 · 禮治의 중요성과 주례의
이상적인 정치관은 이해하지만 현실적인 정치현장에서 위정자의
주제어는 민을 중심으로 한 예치나 덕치가 아닌 변형된 정치체제
가 나타나고 있음을 다음과 같이 담론하고 있다.

> 뒷세상에서는 한 사람이 자기 스스로 황제가 되고 자기의 친척
> 이나 자제를 제후로 봉하게 되어 치자의 욕심에 따라 법을 만들
> 고 아래로 명령 하달 식으로 공포만 하니 모두 군주 일인만 높이
> 었고 그 결과 백성은 자연히 낮추었으며, 아래 백성을 해치고 윗
> 사람인 치자만을 이익 되게 하는 법이 있었을 뿐이니, 앞뒤가 전
> 도되어 한결같이 백성이 치자를 위해서 존재하는 것처럼 되어 버
> 렸다고 하였다.109)

이에 民에 의한 상향식 권력구조의 정치적 의미를 그의 원시 유
학적 사상의고집을 통하여 다시 한번 정치담론의 성격으로 표현하
게 된다.

---

108) 『與猶堂全書』, 第5集, 「經世遺表」, 法之不能改 制之不能變 一由夫
　　　本人之賢愚 非天地之理 原慾其無改無變也.
109) 『與猶堂全書』, 第1集, 「原牧」, 後世一人自立爲皇帝 封其子若弟
　　　…… 於是 皇帝循己慾 而制之法 以授諸侯 …… 故 其法皆尊主而卑
　　　民 刻下而附上 壹似乎民爲牧生也.

黨正은 백성의 희망에 따라 법을 만들고, …… 州長은 이를 國
君에게 올리게 되니 법이 모두 백성에게 편리하게 되었다.[110]

이처럼 변법을 하되 목적이 이러한 법의 제정 목적이 民을 편리
하게 함을 목적으로 해야 한다고 다산은 역설하고 있다.

기본법의 적용에 관한 『흠흠신서』에서도 법은 민을 위해서 있기
에 선한 사람은 편하게 하고, 죄 있는 자는 벌을 주는 올바른 질
서를 위해 존재한다고 규정하여 법이라고 무조건 민을 억압하고
위에 군림할 수 없다. 따라서 『欽欽新書』 擬律差例에서는 풍속을
따르고 옛일에 따르더라도 백성의 사악을 금할 수 있으니 굳이 형
법 쓰는 것으로 양법을 삼을 필요는 없다[111]고 하여 보조적인 수
단으로서만 법을 말하고 있는 것이다.

『목민심서』에서도 수령자신의 절제와 이속하여 민을 위한 공정
한 행정을 만든다는 차원에서 법이 주로 말하여지고 있다. 그러나
형벌이 사람을 미워해서 생긴 것도 아니고 허물을 고치고 착하게
하려는 데[112] 있기에 법의 적용할 곳에는 절도 있게 해야만 기강
이 선다고 한다. 이는 '민'에 대한 다산의 사랑도 표현되어 있지만
권력구조 속 안에서 민이 차지하는 위치는 절대적인 위치뿐만 아
니라, 복종하고 협력하는 관계임을 역설하게 된다.

---

110) 『與猶堂全書』, 第1集, 「原牧」, 黨正從民望而制之法 …… 州長上之
國君 故其法皆便民.
111) 『與猶堂全書』, 第5集, 「欽欽新書」, 擬律差例 順俗循故 亦足以禁民
爲邪 不必以五等之殺 爲馭世之良法.
112) 『與猶堂全書』, 第1集, 「原赦」, 刑罰之義 在疾惡其人 欲其痛楚之 將
苦之痛之 使之改過遷善也.

기한이 차지 않은 사람은 절대로 놓아 돌려보내지 말고 경사로 인하여 사죄를 반포하는 법을 영구히 폐지한다면, 백성들이 법을 두려워하여 감히 범죄 하지 못할 것이며, 이미 형벌에 빠진다면 요행을 바라지 않을 것이며, 큰 죄가 형벌이 9년에 그친다면 은전을 바라는 사람이 끊어지지 않아서 착하게 되는 사람이 있을 것이다.113)

다산은 이처럼 법의 사용을 꺼려하면서도 절대적인 예치만을 주장하지 않고 적절한 법의 보조를 말하고 그 법이 민의 희망에 의한 법이었을 경우에는 법의 보조가 있음으로서 예치를 알차게 실현할 수 있다고 하였다.

法治에 위한 민의 피해를 사전에 방지하고 정치의 회복을 위해 위정자들의 실적을 감독하기 위한 考績法을 적용을 주장하고 이에 대한 견해를 다음과 같이 말하고 있다.

이속이나 말단관원, 비천한 자에 한정되게 적용하고 경관 3품 론하고 고적에 응하여야 한다.114)

이러한 고적법의 출발은 국가의 성사가 이를 다스리는 위정자에게 있음을 간파하고 그의 정치적 담론은 用人論에 주력하게 된다. 『목민심서』 用人條에서 이러한 의지를 강하게 표출하는 담론이 한 구절 지적할 수 있다.

---

113) 『與猶堂全書』, 第1集, 「原赦」, 未滿限者 切勿放還 因慶頒赦之法 永行革奕 則民畏法不敢犯 旣陷不僥倖 大罪止於九年 則望恩不絕 而遷善者 有之矣.

114) 『與猶堂全書』, 第5集, 「經世遺表」, 後世考績 唯執疑官小吏殘卑可憐之人 …… 凡京官三品以上稱爲下大夫者 都不考績 外官觀察使節度使 亦無考績之法 …… 臣故日三公雖尊 不可不考績也.

　　나라 다스리는 일은 사람 쓰기에 달렸으니 군, 현이 비록 규모
가 작지만 사람 쓰는 일은 다르지 않다.115)

　다산은 한결같이 정사를 맡을 사람을 쓰는 데는 문벌을 가리지
않고 그 자리에 쓰일 만한 제목을 등용시켜야 한다는 것을 말하고
있다. 다산은 일관되게 유가의 근본정치이념이 민본, 예치를 회복
해야 함을 강조하고 있으며 민을 근본으로 하는 정치만이 정당성
이 있다고 주장한다. 정치의 근본이 '민'에 있음을 천명하고 신선
한 의미로 다음과 같이 재확인시켜 주고 있다.

　　수령이 民을 위하여 있느냐, 民이 수령을 위하여 사느냐. 民은
곡식과 베를 바쳐서 수령을 섬기고, 民은 수레와 말을 바치고 따
라가서 수령을 전송하고 맞이하여, 民은 고혈과 진수를 다하여 수
령을 살찌게 하니, 民이 수령을 위해 사느냐. 대답하기를 결코 그
렇지 않다. 수령이 民을 위하여 있다.116)

　다산의 이와 같은 정치적 담론에 의한 자문자답의 중요한 의미
는 너무나 당연한 기본원리가 당시 정치현실에서 완전히 무시되고
정반대로 나타나고 있음을 확인시켜 주고 있다. 다산은 이제 더
이상 백성을 사랑하고 백성을 보호하는 역할을 담당하지 않는 수
령들을 큰 도적이라 보고 있기에 이들에 대한 백성들의 항거에 지

---

115) 『與猶堂全書』, 第5集, 「牧民心書」, 用人條, 爲邦在於用人 郡縣雖小
　　其用人 無以異也.: 다산은 참된 인재등용과 올바른 錢幣法의 시행만
　　이 정치와 경제를 합리적으로 운용할 수 있다는 관점을 제시하면서 당
　　시는 公論이 제 기능을 발휘하지 못해 관리 선발에 공정성을 상실했
　　고, 화폐제도의 輕重을 잘 조정하지 못해 경제의 교착상태를 빚었다고
　　날카롭게 진단하였다.

116) 琴章泰, 『韓國實學思想硏究』 (서울: 집문당, 1989), p.225.

지를 보내기도 하였다. 다산이 谷山 府使로 부임할 당시의 일화를
통한 실화의 담론을 통하여 다산의 정치사상의 주요한 화두인 '민'
에 대한 인식을 재확인해 볼 필요가 있다.

谷山에 李啓心이란 사람이 있었는데 백성들이 당하는 괴로움
에 대하여 말하기를 좋아하는 성격이었다. 지난번의 도호부사가
재직하고 있을 때 포수보(砲手保) 면포 1필 대금으로 돈을 9백
문씩 거두어 들였는데 이계심이 백성 천여 명을 인솔하고 관청에
들어와 항의하자 부사가 벌을 주려 하니 천여 명이 벌 떼처럼 일
어나 이계심을 둘러싸고 계단으로 올라가며 소리를 지르니 천지
가 동요하게 되었다. 아전과 관노배들이 몽둥이를 들고 쫓아내자
이계심은 달아나버려 五營에서 기찰하여 붙잡으려 해도 붙잡지
못하고 있었다. 내가 부임차 곡산 땅에 이르니 이계심이 백성이
괴로워하는 사항 10여 조목을 기록하여 올려 바치고는 길가에 엎
드려 자수하였다. 옆 사람들이 체포하기를 청했으나 내가 말하기
를 "그러지 말라, 한번 자수한 사람은 스스로 도망가지 않는다"라
고 하여 석방시키면서 말하기를 "관장이 밝지 못하게 되는 이유
는 백성이 자기 몸을 위하여 교활해져 폐막을 보고도 관장에게
항의하지 않기 때문이다. 너 같은 사람은 관에서 마땅히 천 냥의
돈을 주고라도 사야 할 사람이다.117)

다산은 관에 항거한 이계심의 행동을 천금을 주고도 사야 할 마
땅한 행동으로 평가하고 있다. 이것은 수령과 아전의 탐학에 시달
리는 백성들의 처지를 걱정하고 안타까워하면서도 그들을 신뢰하
였기 때문이다. 그리고 백성들의 억울한 처지를 숙명적으로 감수
만 하지 않고 주체적으로 대결해서 밝은 정치를 구현할 수 있다는

---

117) 朴錫武 역주, "自撰墓誌銘", 『茶山散文選』(서울 : 創作과 批評社,
1989) p.32.

정치적 주체로서의 적극적인 자세를 바라고 있다. 이러한 다산의
이상은 그의 정치사상을 통한 기본적인 구조적 특징으로 목민사상
의 근간을 이루고 있다.

2. '均'과 평등주의

다산은 "政治는 正이며, 正은 均이다"라고 파악하고,[118] 正은
均보다 포괄적인 개념임에 유의할 필요가 있다. 즉 正>均이다. 따
라서 正은 均보다 上位의 개념인 것이다. 유교의 전통적인 구분법
인 體用論으로 보자면 正은 政治의 體요, 均은 政治의 用이라고
할 수 있을 것이다. 물론 정치의 원칙으로서의 正은 정책의 시행
의 지침인 均을 통해 확산되며, 均은 正으로 포섭되는 점에서 交
互한다고 하겠다. 다산은 이러한 '균'의 정치사상의 인식을 통하여
현실적이고 실용적인 담론과 정책적 의지를 고수하였다.

첫째, 농업부문에서 토지를 노동력에 따라 均分함으로써 地主制
를 철폐하고,[119] 둘째, 상업부문에서 유통의 합리화를 통하여 독점
이익을 배제하며,[120] 셋째, 國事로 인하여 無主 祖上의 위기에 처
한 家門에 대해 養子를 수습하여 가문을 잇게 해 줌으로써 유교
적 이데올로기를 확충케 하고,[121] 넷째, 功에 대해서는 필히 賞을
내려 진작시키고, 과오에 대해서는 필히 罰을 내려 징계함으로써
法의 엄격함을 세운다.[122] 다섯째로 朋黨을 타파하여 정책결정과

---

118) 『與猶堂全書』, 第1集, 「原政」.
119) 『與猶堂全書』, 第1集, 「原政」, 均分爲以正之.
120) 『與猶堂全書』, 第1集, 「原政」, 得通其有無以正之.
121) 『與猶堂全書』, 第1集, 「原政」, 存亡繼絶以正之.

정의 투입과 통치과정의 산출에서 공공성을 확보하며, 정치충원에
있어 과거의 폐를 薦擧制로 대체함으로써 능력자를 확보하고, 고
적제도를 엄격히 시행함으로써 무능한 자를 퇴진시킨다는 것이
다.123) 이를 간략히 도해화하면 다음과 같다.

〈표 3-1〉均의 내용과 지향

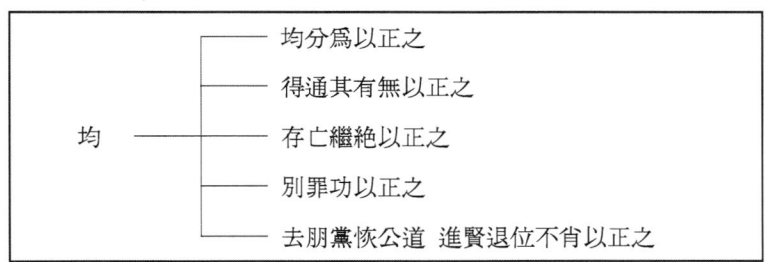

均	均分爲以正之
	得通其有無以正之
	存亡繼絶以正之
	別罪功以正之
	去朋黨恢公道 進賢退位不肖以正之

그런데 다산은 정치적 주제어이며, 실천적 차원의 정치 지침으
로서 '均'은 理財策과 用人策으로 정책화한다. 이 두 가지는 인간
의 욕구를 富와 貴 두 가지로 나누어 이해하는 그의 인간관에서
기인한 것이다. 다시 말해, 정치 운용의 수준에서 행하는 정치담론
의 정책적 방안이 理財策用人策(이재책용인책)이다.

다산은 理財策과 用人策을 대하여 다음과 같이 정치담론으로
말하고 있다.

국가를 경영하는 자에게 중요한 정책은 두 가지인데 하나는 用
人이요 또 하나는 理財이다.124)

---

122) 『與猶堂全書』, 第1集, 「原政」, 別罪功以正之.

123) 『與猶堂全書』, 第1集, 「原政」, 去朋黨恢公道 進賢退位不肖以正之.

124) 『與猶堂全書』, 第2集, 「大學公議」, 爲國者其大政 有二 一曰用人 二

이는 성리학의 정치담론의 주요한 관점인 어떻게 人慾을 통제하
고 조절하느냐에 정치의 승패의 관건이 달려 있다는 조선초기의
권력구조론의 신권론의 실용적인 담론으로 이해될 수 있을 것이
다.125) 한 걸음 나아가 다산의 이에 대한 실학적 담론을 다음과
같이 전개하고 있다.

> 권력을 가진 자의 욕심은 貴에 있고, 일반인민의 욕심은 富에
> 있다. …… 때문에 예나 지금이나 조정의 治亂得失은 立賢의 여
> 부에 달려 있으며, 일반백성의 고통과 즐거움, 고마움과 원망은
> 항상 재물을 거두어들이는 데 있다. 비록 모든 제도나 많은 관원
> 들의 일이 천만 가지로 얽혀 있다 해도 그 귀취를 궁구하게 보면
> 朝野 간에 그들이 다투는 것은 오직 이것뿐이기 때문이다.126)

다산은 이러한 실학적 담론을 필두로 君子가 이 두 가지를 잘
통제하고 조절하는 것이 중요함을 다시 한번 역설하고 있다.

> 사람의 큰 욕망은 富와 貴, 이 두 가지를 벗어나지 못하는 것
> 이다. 君子의 큰 욕망은 貴에 있으며, 소인의 큰 욕망은 富에 있
> 다. 用人과 理財, 이 두 가지 일은 이러한 두 가지 마음을 다스
> 리는 것이다.127)

曰理財.

125) 이에 관한 논의는 延明模, "朝鮮朝 初期 臣權論의 性理學的 談論에
    관한 硏究", 단국대학교 대학원 박사학위논문, 2001 참조.
126) 『與猶堂全書』, 第2集, 「大學公議」, 在上者其所欲在貴 在下者其所
    欲在富 …… 故自古以來 朝廷之治亂得失 恒起於立賢 野人之苦樂
    恩怨 恒起於歛財 雖百度庶工千頭 萬緖而靜究厥趣卽朝野所爭唯此
    而己.
127) 『與猶堂全書』, 第2集, 「大學公議」, 生民之所大欲 不出於貴富 二物
    君子之所大欲 在富 用人 理財二事 所以馭此二情也.

理財는 인민의 富를 기하는 것이다. 궁극적으로 理財策은 賦稅를 적정수준으로 낮추는 것과, 적극적인 의미에서 인간의 이기욕을 창발시켜 재화의 증산을 확대시키는 것을 포함한다. 이를 위해 군주에게는 安民之惠의 자질이 요구되는데, 그것은 井田制로 제도화된다. 다산은 井田이란 땅을 9등분하는 데 뜻이 있는 것이 아니라, 부세를 1/9로 수취하는 데 있다고 본다. 조선의 세율은 1/10이지만, 기타 각종 세금이 따랐으므로 실제적으로는 1/9를 훨씬 넘는 것이었다.

다산이 정전제를 조선의 현실 속에 실시하자고 한 것은 결국 국민에 대한 세금의 부담을 낮추고자 한데 핵심이 있었던 것이다. 첫 번째로 논의되고 있는 용인책에 대하여 알아보면 다음과 같다.

用人은 관료충원을 의미한다. 올바른(均) 관료충원을 위해 군주에게는 '사람을 알아보는 현명한 눈(知人之哲)'이 요구된다. 用人의 방법으로서 다산은 당시의 과거제의 폐단을 薦擧制를 통해 극복할 것을 제안한다.

> 科의 폐단을 구제하고자 한다면 마땅히 擧의 법을 시행해야 한다고 봅니다. 천거를 어떻게 할 것인가 하면 먼저 여러 주현의 문사의 다과를 살피고 그 후에 천거하는 정원을 정할 것입니다.[128]

그리고 관료들의 직무수행의 공정성을 기하기 위해 考績制度의 엄격한 실시를 제안한다. 이 감찰제도는 堯舜정치의 핵심으로 이해되는데 다산으로서는 당대의 정치혼란을 극복할 수 있는 가장 중요한 개혁방안으로 생각하고 있다.

---

128) 『與猶堂全書』, 第1集, 「辭正言兼陳科弊疏」.

이상에서 살펴보았듯 조선의 위기에 대응하는 정치적 차원에서
의 극복방안으로서 다산은 첫째, 통치자 차원의 두 자질, 즉 知人
之哲과 安民之惠를 들고 이를 발현시키기 위한 논거로서 有爲之
治 개념을 강조한다. 둘째, 천거제와 고적제 그리고 정전제라는 제
도의 개혁을 요구하였다. 이를 간략히 도해화하면 다음과 같다.

<표 3-2> 정치혼란 개혁방안

	분 류	통치자의 자질	제도적 방안
有爲之治(均)	用人	知人之哲	薦擧制　考績制
	理財	安民之惠	井田制

다산의 정치적 담론의 화두인 '均'의 논리와 사상적 배경은 다
산의 목민사상을 형성하는 중요한 기반이며, 정책적 실천을 위한
실학적 담론의 핵심적 요체라 볼 수 있다.

3. '仁'과 덕치주의

다산의 仁 思想을 고찰하기에 앞서 孔子思想의 핵심이라 할 수
있는 仁의 의미를 객관적으로 살펴보고 朱子가 해석한 인과 비교
해 보고자 한다.

본래 仁이란 古字 '사람 亻자에 二가 합쳐서 이루어진 글자'이
나 그것이 倫理的 意味로 쓰인 것은 『논어』에서 비롯되었다. 다산
은 그의 「五學論」에서 仁에 관하여 다음과 같이 말하고 있다.

孔子의 仁 思想은 論語 全篇을 通하여 아로새겨져 있기 때문
에 孔子의 티 없는 참모습을 알자면 論語가 아니고서는 살필 길
이 없다.[129]

다산은 仁 思想과 관련하여 『논어』를 매우 중요시하였음을 알
수 있다. 孔子가 『논어』에서 강조한 仁이란 君子의 行仁之道라
할 수 있다. 孔子가 仁을 論할 때 그는 경우에 따라서 표현을 달
리 하였다. 仁을 체계적으로 설명하지는 않았다. 그러므로 孔子의
仁에 대해서 올바르게 이해하는 사람이 없었음을 보고 다산은 당
시 학문의 깊이에 대해 의구심을 갖지 않을 수 없었다.

인간의 존재는 個體로서의 독립된 존재이면서 동시에 다른 사람
과의 關係를 맺고 살아가는 사회적 存在인 것이다. 孔子는 이러한
인간관계를 중시하였으며 따라서 그의 인론도 이러한 인간관계를
전제로 해서 출발한다고 보아야 한다. 孔子는 "仁이란 남을 사랑
하는 것"이라고 하였다.

남을 진심으로 사랑할 줄 아는 사람은 社會에서 自身의 義務를
다 할 수 있는 사람을 말한다. 그러므로 仁이란 어떤 特定한 德目
을 뜻할 뿐만 아니라, 모든 德目을 포함한 包括的 概念으로 認識
하였다. 또한 仲弓이 仁의 뜻을 물었을 때, 孔子는 "自己가 하고
싶지 않은 일을 남에게 시키지 말라"고 답하였다.[130] 또한 행동의
실천으로서의 인을 중시한 다산은 공자의 '仁'의 개념 중 다음을
좋아했다고 전해지고 있다.

---

129) 『與猶堂全書』, 第1集, 「五學論」, 溏聖無覺者論語.
130) 『論語』, 「顏淵」, 仲弓問仁 子曰 …… 己所不欲 勿施於人.

仁者는 自己가 서려고 하면, 남도 세워주고, 自身이 어떤 目的
을 이루고자 하면 남도 이루어지도록 해 주는 사람이다. 가까운
自己 自身으로부터 비슷한 경우를 취하여 남을 대접할 수 있는
것은 仁을 實踐하는 方法이라 할 수 있다.[131]

그래서 仁을 實踐한다는 것은 다른 사람에 대한 배려라고 주장
하였다.

朱子는 仁을 "心之德 愛之理"로 보았다. 여기서의 心之德이란
心性論的 德性이며, 愛之理란 哲學的 愛情을 意味한다. 朱子가
말하는 仁은 성리학적 심성론에 근거하여 있기 때문에 성리학자들
은 仁을 심덕의 애정이란 뜻으로 사용하였다.

반면에 다산은 철학적 의미의 仁이 아닌 실천 윤리로서의 仁을
주장하였다. 두 사람 사이에서 일어날 수 있는 한 사람의 다른 사
람에 대한 행동규범을 규정한 것이 仁이 된다는 뜻이다. 따라서
다산은 仁을 인륜관계에서 이루어진 사람의 德이라 하여 윤리적
실천을 통하여 얻어지는 성과로 보았다.[132] 사람이 사람의 구실을
다하면 그의 혜택이 지극한 善이 되고 지극한 사랑이 되기도 한다
는 것이다.

그리하여 다산은 "사람과 사람 사이에 서로 사랑하는 것이 仁"
이라고 하여 실천윤리를 강조하였다.[133] 이처럼 茶山은 仁을 남을
사랑하는 적극적인 善行이라고 하여 宗敎的 事天의 경지에까지
승화시켰다. 茶山은 仁에 관하여 좀 더 적극적인 실천담론을 펼치

131) 『論語』,「雍也」, 夫仁者 己欲立而立人 己欲達而達人 能近取譬 可謂
    仁之方也己.
132) 『與猶堂全書』, 第1集,「論語古今註」, 仁者人倫之成德.
133) 『與猶堂全書』, 第2集,「論語古今註」, 仁者嚮人之愛也.

고 있다.

> 하늘이 사람들의 善惡을 살펴보시되, 언제나 人倫에 있는 까닭
> 에 사람들은 修身事天하되 人倫에 致力해야 한다.[134]

다산은 人倫에 致力하는 것이 바로 事天하는 것이라고 주장하
였다. '사람과 사람 사이의 사랑'을 仁이라고 정의한 다산은 人間
의 心德과 仁愛는 區分되어야 한다고 주장하면서 心德은 곧은 마
음의 자세이고, 仁愛는 남에게 향하는 나의 적극적인 사랑이라는
것이다. 이러한 관점에서 다산은 모든 백성들이 君牧의 은혜를 입
게 된 후라야 仁이라고 부를 수 있다고 하였다.

이상에서 살펴본 다산의 仁 思想은 곧은 마음을 바탕으로 하여
다른 사람을 사랑해야 한다는 실천윤리이며, 자신으로부터 출발하
여 타인과의 人倫關係를 통해 天下로 확대되어 가는 孔子의 仁思
想을 洙泗學的 立場에서 부각시켰다는 점에 의의가 있다 하겠다.

또한 다산은 知人과 安民을 다시 천하를 다스리는 重要한 法道
라고 하여 그것을 賢賢 親親과 樂樂 利利라고 했다. 賢賢과 親親
은 다산은 사람에게 벼슬을 주는 德이라고 보았다. 원래 人間은
나면서부터 두 가지 큰 慾求가 있기 마련이다. 富와 貴가 바로 그
것이다. 君子는 貴를 바라기 마련이고 百姓은 富를 바라기 마련이
다. 사람에게 올바르게 벼슬을 주지 않으면 원망하며 저주하는 소
리가 귀족들 속에서 일어날 것이며 백성들에게 골고루 혜택을 입
히지 않는다면 또한 원망하며 저주하는 소리가 백성들 속에서 일
어날 것이라고 했다.

---

134) 『與猶堂全書』, 第2集, 「中庸自箴」, 天之所以察人善惡恒在人倫 故
人之所以修身事天 亦以人倫至力.

이 두 가지는 족히 나라를 잃게 될 수도 있는 것이니 깊이 나라
의 治亂과 興亡이며 人心의 향배나 거취가 이 두 가지 범위를 벗
어나지 않음을 생각해야 할 것이라고 다산은 강조한다. 이렇게 사
람을 알고 벼슬을 주는 일과 백성에게 혜택을 주어 백성을 平安케
하고 천하를 다스리는 가장 중요한 法道가 된다는 것이다.

그런데 知人과 安民은 결국 '仁'의 政治라고 다산은 믿고 있다.
저 孟子의 賢人은 治平의 君子이기 때문에 백성의 부모로서 백성
들과 즐거움을 같이하는 王者이기도 한 것이다. 이 王者는 인의의
왕도로 천하를 교화시키는 어진 임금을 가리키는 것이다. 곧 仁義
로 政治를 하는 사람만이 王者일 수 있는 것이다.

따라서 賢者는 곧 仁義의 人일 것이다. 이러한 仁義를 갖춘 賢
人의 정치가 곧 왕도정치이며 이 왕도정치가 다산의 수사학적 修
己治人의 극치라 할 수 있다. 孔子가 말하는 君子의 道도 孟子의
현인정치에 의하여 비로소 實現되는 것이다. 孟子의 현인정치론은
그의 민본주의적 君牧의 道를 仁政이라는 이름으로 부르짖는 입
장이다. 이것이 다산으로 하여금 牧民의 새로운 논리를 부르짖게
한 것이라 할 수 있다.

孟子가 그토록 강조하는 賢人은 언제나 자신이 君王의 위치에
서지 않고 백성의 위치에 서서 생각하고 行한다. 그러므로 백성의
위치를 떠난 王은 그가 비록 王의 허위를 보존하고 있더라도 한 사
람의 필부에 지나지 않는다는 것이 孟子의 革命論의 基礎인 것이
다. 이렇게 孟子가 말하는 王者란 賢人으로서의 帝王이요 다산이
말하는 牧者로서의 王者인 것이다. 그러므로 다산의 牧者는 또한
孔子의 仁을 體得하여 修己治人의 大道를 걷는 자이어야 함은 물
론이다. 이렇게 仁道가 확충되어 牧民의 道에 이르게 된 것이다.

孟子는 또한 仁의 德을 파괴하는 사람을 賊이라 하고 正義를 파괴하는 사람을 殘이라 하고 殘賊의 죄를 범한 사람은 임금이 아니라 필부에 지나지 않는다고 하였다. 맹자는 저는 武王께서 한 필부인 부를 죽였지 임금을 시역했다는 소리는 들어보지 못했습니다. 민중의 지지를 받지 못하는 그런 임금은 허수아비에 불과하므로 그런 임금을 죽이는 것은 죄가 아니라는 혁명의 정당성을 우회적으로 인정하고 있다.

孟子는 만년의 대부분을 제후에 대한 유세로 보냈던바 그가 항상 주장한 것은 인의에 대한 정치인 것이다. 이것은 梁惠王에게 "大王께서는 왜 利를 말씀하십니까. 다만 인의가 있을 뿐입니다"라고 건의한 이래 어떤 경우에도 동요함이 없었던 근본 신조였다. 孟子의 정치사상 중에서 주목해야 할 것은 민중본위의 사고방식일 것이다.

> 國家로 볼 때 百姓이 가장 重要하고 社稷이 그다음이고 임금은 가장 가볍다. 그러므로 백성들에게 환영을 받으면 天子가 되고 天子에게 환영을 받으면 제후가 되고 제후에게 환영을 받으면 대부가 되는 것이다. 제후가 제사를 게을리 하여 社稷이 위험하게 되면 폐위시켜 다른 사람을 앉힌다.135)

이렇게 孟子에 의하면 국가란 민중의 행복을 보장해 주기 위한 기관이며 국가의 主人은 백성들이었다. 그러므로 孟子에 있어서는 왕자가 받은 천명이라는 것도 민중의 지지를 의미하는 데 불과하며 민중을 괴롭히는 임금은 갈아치울 수 있다는 것이 孟子의 지론이었다.

---

135) 『孟子』, 「盡心」, 民爲貴社稷次之君爲輕.

君王은 教化로써 천하를 다스리는 것이라고 孟子는 믿어 의심치 않는다. 군왕은 백성의 군왕이라는 점에서 백성의 牧者에 지나지 않는다고 믿었다. 목자로서의 군왕은 기름진 草原의 福地를 고르듯 이 福樂刑政의 仁政을 베풀어 백성의 삶을 북돋아 주는 자이다.

다산의 이러한 '仁'에 대한 담론과 목민사상의 연결의 고리는 다음의 정치적 담론을 통해서 살펴볼 수 있다.

> 仁政이란 골고루 잘 살도록 마련해 주는 것이며 仁道의 확충 은 牧者의 仁政에 의하여 성취되고 孔子의 行仁은 修己君子의 行仁에 그치는 것이 아니라 賢者治人의 行政으로 말미암아 興民 行仁이 되어야 한다. 이렇듯 賢人의 教政이 王化의 根本이며 또 한 仁道는 賢者의 政治를 통하여 天下의 仁이 되는 것이다. 이 렇게 원래 仁이란 牧民하는 사랑이다. 九族이 親愛하며 백성들을 빛나게 하여 一般庶民에게까지 미치게 하면 仁이 그 地位를 지 켜줄 것이다.136)

다산도 仁이 그 地位를 지켜 준다고 강조한다. 「주역」에서 "聖 人의 큰 보배는 지위라 하였고 무엇으로써 지위를 지키느냐 하면 仁이다"라고 하였다.137)

또한 孔子는 도덕에 입각하여 나라를 다스린다면 온 백성이 따 를 것이라고 했고 지극한 德과 요긴한 道를 갖고 천하에 순응하는 백성들은 화목하게 된다고 하였으니 백성들이 화목하게 된 것은 백성들이 親愛하기 때문이다. 그리고 "백성들에게 친애를 가르치

---

136) 『與猶堂全書』, 第1集, 「論語古今註」, 補曰仁者牧民之愛也 親九族 童百姓以及 民則人可以守此位也 易曰聖人之大寶曰位何以守位曰 仁.

137) 『周易』.

자면 효보다 먼저 가르칠 것이 없고 백성들에게 禮로써 순종할 것을 가르치자면 弟보다 먼저 가르칠 것은 없다"고 하였으니 백성이 친애한다는 것은 백성들이 孝, 弟, 慈를 지키는 것이다. 그러므로 孟子는 庠, 序, 學, 敎의 制度를 말하고서 이어 "學이란 人倫을 밝히기 위한 것이다"라고 말하게 되었다.

人倫을 위에서 밝히면 백성들은 아래에서 친애한다고 하였으니 명덕을 밝힌다는 것은 인륜을 밝힌다는 것이며 親民이란 것은 백성들이 친애한다는 것이다. 백성들이 친애하려면 인륜을 밝혀야 한다.

舜 임금이 契에게 命하기를 "백성들이 親愛하지 않거든 너는 五敎를 펴도록 하라"하였는데 여기서 五敎란 孝, 弟, 慈인 것이다. 이렇게 백성들에게 孝, 弟, 慈를 가르쳐 백성을 親愛하게 하는 것이 '仁'의 政治일 것이다. 이 '인'의 정치는 禮治主義와 연계되어 君臣간의 禮로서 발전 승화시켜 새로운 정치질서 확립에 주효하게 작용한다.

孟子는 "사람마다 堯舜이 될 수 있다"(人皆可以爲堯舜)하였으며 聖人의 마음은 공정하고 사사로움이 없어서 백성들이 스스로 요순이 될 수 있는 길을 막지 않았다고 말했다. 만민에게 예의로서 가르쳐 윗사람을 친애하며 어른을 섬길 줄 안 연후에야 나라를 지킬 수 있을 것이라고 강조했다.

孔子도 弟子들에게 禮物을 바치게 한 것은 禮法을 가르치기 爲한 것이다. 弟子로서 훌륭한 스승과 義理를 맺음으로써 배움을 請한다는 것은 바로 師弟의 禮義인 것이다. 또 君主가 臣下를 부리는 데는 禮를 지켜야 하며 臣下가 君主를 섬기는데도 진심을 다해야 한다고 공자도 『논어』에서 君臣의 禮를 강조하였다.

다산은 『邦禮艸本自序』에서 禮에 관하여 다음과 같은 정치담론을 피력하고 있다.

> 나라를 다스리는데 天理와 人情에 알맞은 일 곧 禮에 合한다
> 면 반드시 法을 制定할 必要도 없을 것이며 또 法을 쓰려고 애
> 쓸 必要도 없을 것을 말하였다. 이 邦禮艸本에서는 法의 前 단계
> 에서는 禮가 있을 뿐이니 禮로써 어떠한 한계를 지었으나 그 한
> 계를 넘는 경우에는 法으로서 그 일을 處決하였으므로 茶山도
> 邦法이라 하지 않고 邦禮라 한 것이다. 法이란 禮가 시든 후에
> 생긴 이름이다. 옛날 聖王들은 禮로써 나라를 세우고 禮로써 백
> 성을 지도하였으니 이때의 禮는 宗敎的이요 論理的 規範들을 政
> 治的 또는 社會的 儀式과 制度로써 合理化시켰다고 볼 수 있다.
> 따라서 禮는 天理人情에 어긋남이 없이 政治的 社會的 질서를
> 저절로 維持하려는 敎化主義가 基本理念인 것이다.[138]

孔子가 禮樂으로 나라를 다스린다는 것은 德化主義, 德治主義로 나타난다. 그리고 이것은 仁政의 基本인 것이다.

여기서 禮란 사회적 또는 국가적 규범을 마련하는 모든 외래적인 制度다. 저 禮樂刑政이란 仁政을 터전으로 해서 내세워지는 禮의 국가적 제도를 총칭했다고 볼 수 있다. 禮란 도덕적 규범을 의미하며 政이란 법제를 의미한 것이라 볼 수 있다. 『周禮』도 周나라의 제도론으로 周公이 마련한 禮治로써 그의 이상인 덕치의 기본이념으로 삼은 국가제도를 의미하기도 한다.

---

138) 『與猶堂全書』, 第1集, 「邦禮艸本自序」, 玆所論者法也 法而名之曰
禮何也 先王以禮 以爲國以禮而道民至禮之 衰而法之名 起焉法非所
以爲國非所以道民也 癸天理而合錯諸人情而協者威之禮 威之以所
恐之以所悲使斯民競競然莫之干者 謂之法先王以禮而爲法後 王以
法而爲法斯不同也 ……

禮樂刑政은 孝, 弟, 忠, 信의 德行을 북돋움으로써 이상국가의 문화를 이룩하고자 함에 의의가 있다고 보아야 할 것이다. 다산은 禮란 형식에 있는 것이 아니라, 禮는 樂과 더불어 仁政의 기반이 정신에 있다고 하겠다. 그러므로 禮樂이 발달하지 못한 原因은 科擧之學의 崇尙에 있다고 날카롭게 지적했다.

당시 과거만을 崇尙하는 풍조가 예악을 도외시하고 형정을 잡된 일로 여겼으니 牧民의 정치가 이루어질 수 있겠는가라고 다산은 한탄하고 있다. 따라서 禮樂이란 형식적 의식의 절차를 의미하는 것이 아니라, 人心을 고무하고 순화하여 태평의 이상국가를 마련하는 토대가 되는 것을 뜻한다. 孟子의 禮의 발전과 王者의 樂을 다산이 더욱 중요시한 까닭도 여기에 있는 것이다. 禮樂이야말로 왕도정치의 바탕이요 民生의 중요한 기틀이며 王道政治의 도구이기에 禍福이 여기에 달려있다고 다산은 말하고 있다.

禮는 中節로써 人間을 團束하는 것이라면 樂은 致和로써 막힌 궁기를 터주는 것이다. 禮와 樂의 致中化가 정치적 사회적 종교적 윤리적 모든 방법이라는 점에서 王道政治의 基本이 되는 것이다. 그러므로 中和의 道로서 예악은 왕도정치의 道具라고 볼 수 있다.

다산도 上帝天의 論理的 天命을 경청하면서 천하국가를 바르게 다스릴 때 전인적 人格이 성실한 한 人間이 이루어지고 그가 上帝天과 國家의 中間的 存在라는 사실을 알고 上帝天을 섬기고 국가와 백성들을 안정시킬 수 있다고 말한다. 또 이러한 전인적 인간만이 군자요 성자요 현인이며 목자라고 강조한다.

다산 經學의 중심이 六經四書에 있고, 육경사서의 기본정신은 다산의 말과 같이 수기에 있다 하더라도 이는 治人으로 확충하여 천하국가를 다루는 목민사상으로 연결되지 않으면 안 되는 것이다.

따라서 육경사서를 원리론이라 한다면 一表二書는 洙泗의 眞源에
직결된 예악형정을 다룬 응용론이라 할 수 있다. 따라서 목민관의
직책은 육경사서의 참정신으로 우리의 현실적 토대 위에 예악형정
을 되살려 놓음으로써 인정의 실적을 거두게 되는 것이라고 볼 수
있다. 이런 의미에서 다산의 치인사상은 한마디로 요약하면 목민
을 기반으로 한 목민정치 사상이라 할 수 있다.

제3절 다산의 현실인식과 목민사상

1. 위기의식과 목민사상

다산은 19세기 조선의 국가상을 전반적 위기상태로 파악하고 있
다. 그는 국가의 쇠퇴과정을 ① 왕정의 폐지 → ② 인민의 빈궁
→ ③ 국가의 빈곤 → ④ 국가의 수탈강화 → ⑤ 인민의 이반현상
→ ⑥ 역성혁명의 단계로 파악하고 있는바, 이러한 과정론에 의하
면 당시의 상황은 혁명직전의 '인심이 떠난' 단계에 속한다고 할
수 있다.

이러한 위기가 빚어진 원인에 대해 그는 첫째, 경제적인 측면에
서 소수 권문세가에로 토지의 집중현상 둘째, 상업부문에서 소수
의 상인이 유통이익을 독점하고 있는 점, 그리고 셋째, 향촌사회에
서의 양반 및 토호의 발호로 인한 인민수탈 등을 예시하고 있다.
이러한 정치, 경제, 사회 각 부분의 총체적 부패상황으로 말미암아
국가전복의 위기에 이르게 되었다는 것이 다산의 진단이다.

그러나 다산의 위기의식의 궁극에는 '정치의 위기'가 자리잡고 있다. 다시 말해, 각 국가를 구성하는 각 분야의 총체적 부패는 '정치의 위기'에서 비롯되는 것이라는 인식, 역으로는 위기극복의 방안은 '정치의 회복'으로부터 비롯된다는 인식을 갖고 있다. 국가위기에 관한 다산의 정치담론은 철저한 정치현실의 인식에서 비롯되었다.

> 왕정이 폐지됨으로써 백성이 곤궁하게 되고, 백성이 곤궁함으로써 나라가 가난하게 되고, 나라가 가난함으로써 부세의 징수가 번거롭게 되고, 重稅에 시달림으로써 人心이 떠나가게 되고, 인심이 떠나면 天命이 가버리게 되니, 그런 까닭으로 급선무는 정치에 있는 것이다.139)

다산의 이러한 정치적 인식과 국가위기에 관한 실학적 담론은 다음과 같은 정치현실의 상황에서 살펴볼 수 있다.

> 곰곰이 생각해 보아 조금이라도 병통(病痛)이 아닌 것이 없으니 지금에라도 고치지 않으면 그 나라가 망한 다음에라야 그칠 것이다.140)

> 뜻을 이룰 수 없어 나라에 원한을 품은 무리들이 터무니없는 유언비어를 유포하고 임금을 모함하는 말로 선동하며 참위설과 삿된 말을 지어 인민을 유혹하니 한 사람이 듣고 떠들면, 이미 많은 사람이 전하고 있는 실정이다.141)

---

139) 『與猶堂全書』, 第1集,「原政」, 王政廢而百姓困 百姓困而國貧 國貧而賦歛煩 賦歛煩而人心離 人心離而 天命去 故所急在政也.
140) 『與猶堂全書』, 第5集,「經世遺表 邦禮艸本」, 竊嘗思之 盖一毛一髮無非病耳 及今不改 其必亡國而後己.
141) 『與猶堂全書』, 第1集,「與金公厚」, 失志怨國之徒 注張浮言 煽動危

라고 하여 당시의 정치적 현실의 부패와 민중들의 동요에 대해 깊은 우려를 표명하고 있다. 다산은 국가의 쇠퇴과정을 왕정의 폐지, 인민의 빈궁, 국가의 수탈강화, 민심의 이반현상, 국가의 역성혁명의 단계로 볼 때 다음과 같이 선해할 수 있을 것이다.

<표 3-3> 국가 쇠퇴과정

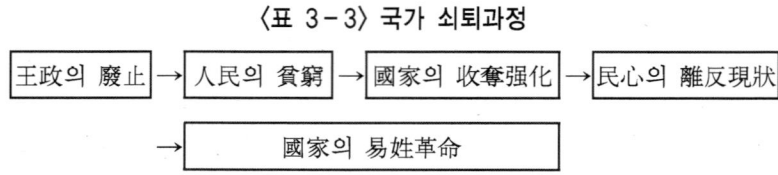

이러한 단계론의 측면에서 봤을 때, 조선 후기(19세기)의 상황은 역성혁명직전의 단계인 人心이 離反된 단계라 할 수 있다. 이러한 다산의 위기 인식에 나타나는 사상은 다음에 살펴볼 개혁사상과 인식을 같이한다고 볼 수 있다.

2. 애민사상과 목민사상

다산의 정치사상은 근본적으로 유교적 범주 내에서의 진보적 특색을 지진 사상이다. 정약용은 시종일관하게 유교적 윤리와 철학에 입각하여 그의 정치사상을 전개하였다. 관리의 수기치인과 같은 것이 바로 그것이다. 그러나 정약용은 그와 같은 전통적인 유교사상을 수용하면서도 유학자에서 볼 수 없는 진보적이며 근대적인 사상체계를 확립하였다. 그것은 정치의 이념이 단순한 治者 중심의 爲民이 아닌 依民思想에까지 이르고 있으며 신분의 차별을

詞 作爲讖緯 邪說 以惑民 聽一夫唱僞 萬口傳.

배제하는 평등사상을 주장하고 그것을 정치에 반영시키려고 한데서 볼 수 있다.

시대적 차원에서 볼 때 정약용의 정치사상은 周禮나 중국의 선례를 중요시하는 복고주의적인 일면이 보인다. 이것은 마치 공자가 춘추전국시대의 혼란을 극복하기 위하여 3대와 주공의 예치를 찬양하고 그것을 이상적인 Utopian의 질서로 받아들인 것과 같은 것이다.

정약용도 주대의 예치와 공맹사상과 중국의 선례를 이상적 모형으로 생각하고 있었던 것이다. 그러나 정약용은 적극적으로 새로운 제도와 질서를 창조하려는 의지와 동기를 그의 저술을 통하여 밝히고 있다.

이러한 사상에 근거하여 다산은 방대한 개혁론을 펼쳤는데, 관계론에 입각한 관직분류론, 限官論과 吏小多隷論에 입각한 定員管理論, 科擧制改革論에 입각한 官吏選拔試驗論에서 기회균등과 능력 본위의 선발 임용을 주장하였으며, 考績論에 입각한 勤務成績評定論, 郡縣分隷論과 군현분등론에 입각한 관리의 정신과 자세론에서 수기의 자율적 통제, 대민관계에 있어서 애민봉사·성실·공정·합리적인 직무수행 등을 강조하면서 그의 개혁 이론들을 피력하였다.

이러한 다산의 개혁의 기본적 지향은 "우리의 묵은 나라를 새롭게(新我)"라는 말에 함축되어 있다고 할 수 있다. 이 말이 지닌 뜻은 전술한 바 있는 기본적 정치사상을 우리나라에 꽃 피우게 하는 것이라고 생각된다. 즉 反民本, 反民生, 反平等, 反能力本爲의 역행적 방향으로 흐르는 묵은 나라의 질서를 본래의 방향으로 새롭게 正向케 하고자 한 것이 그의 개혁론의 기조를 이룬다고 할 수 있다. 어떤 면에서 보면, 다산사상은 실용적인 것을 찾는, 다시 말하면, 윤리와 주의와 정치는 민중에게 유익해야 한다는 주장이 그의 모든 작품 속을 마치 금속성의 섬유처럼 일관하고 있다고 하겠다. 이는 '민본'과 '민생'사상의 실현에 다산사상을 수렴하는 것이라고 할 수 있다.

모름지기 정약용의 사상구조는 이중적으로 이해되어야 할 것으로 본다. 그의 사상의 기층에서 원시유학의 수기치인 사상과 당시 역사적 상황에 적응하는 근대 지향적 의식이 통일적인 체계를 이루고 있다고 하겠다.

한 시대의 정치사상의 경향을 기존체제를 옹호하려는 보호주의와 기존체제의 원형을 보존하되 적극적으로 시대적 상황에 적응시켜 나가려는 체제적 개량주의와 기존체제 자체를 부정하는 급진혁명사상으로 대분하여 설명하는 방법에 무리가 없다고 한다면 정약용의 정치사상은 체제적 개량주의로 파악되어야 할 것으로 본다.

정약용은 봉건적인 압제 밑에서 신음하는 권리가 없는 농민에 한없는 동정을 표하고, 국가의 부강발전을 염원하는 입장에서 당시 탐관오리의 부패상, 재정 및 사법의 문란, 농민생활의 비참한 상태를 예리하게 분석하여 그것을 개혁하기 위한 일련의 선진적 개혁안을 제시하였다. 그의 개혁 사상의 기초를 이루는 것은 능력본위의 원리라고 할 수 있다.

朱子學을 정치이념으로 수용하여 一君萬民의 家産官僚制를 형성한 조선왕조는 양반, 중인, 상민, 천민으로 대별되는 전형적인 身分的 계층사회를 이루었다.

거기에는 무엇보다도 치자와 피치자 또는 양반과 상민이 철저히 區分되었다. 나아가서는 각각의 사회범주 내에서도 세밀한 계층적 분화가 있었다. 말하자면 서얼, 적서의 차별이 그것이다. 위와 같은 출신문벌 외에도 출신 지역에 의한 차별도 심하였다. 사람들은 출신신분이나 지역에 따라 권리의무에 있어서 차별적인 대우를 받았다. 말하자면, 土地所有, 官職登用의 機會, 軍役과 納稅, 刑罰 등의 모든 생활영역에 걸쳐서 철저한 차별이 이루어졌던 것이다.

이러한 출신사회의 확립은 집권적 관료국가의 질서를 유지하고 전통을 유지하며 사회의 안정을 확보하는 데 기여하였다. 그러나 그 정도가 심해짐에 따라 치자와 피치자 간의 사회, 경제적 간격이 심화되고 그로 인한 사회적 갈등과 모든 사회 구성원의 자유로운 자아실현을 통한 사회, 경제적 발전을 저해하는 요소로 작용하게 되었다.

이러한 불평등하고 차별적인 신분사회의 폐단을 시정하여야 한다는 여러 논의가 조선후기 실학자들에 의해서 나타났으며, 그중에서 다산의 사상은 특출한 것이라 할 수 있을 것이다. 다산의 능력 위주의 평등사상은 그의 저서인 『庶孼論』, 『人材策』, 『田論』에 나타나 있다.

다산은 「通塞議」에서 다음과 같이 말하였다. 세상은 인재를 얻기가 어렵게 된 지 이미 오래되었다. 온 나라의 인재를 다 뽑아 올려도 오히려 부족할까 염려인데, 열 가운데 여덟, 아홉은 버리고 있으니 잘못된 것이다.

서민과 중인은 신분적으로 버리고, 평안도, 함경도, 황해도 개성, 송도 사람들은 지역적 차별이 심하였다. 강원도, 전라도 사람은 半쯤 버렸고, 서자도 버렸으며, 북인과 남인은 버린 것은 아니나 버린 사람과 같다고 하였다. 버리지 않은 사람은 오직 문벌 좋은 수십 집뿐인데 이 중에서도 사건으로 인해서 버림을 받는 者가 많다고 하였다.

그는 어찌 天地가 精氣를 모으고 山川이 그 眞氣를 자라게 하여 수십 집의 사람에게만 내려주고 그의 더러운 氣運은 나머지 사람에게만 뿌리겠는가 하면서 비판하였다.

그리고 인재를 뽑는 데 제일 좋은 방법은 동서남북에 구애됨이 없게 하고 멀거나, 가깝거나, 귀하거나, 천하거나 상관없이 시행되어야 한다고 하였다. 그리고 서얼이라 하더라도 능력이 있으면 고위 관직에 등용시켜야 한다고 하였다.

또한 다산은 편협하고 지역적인 인재선발방법을 철저히 개혁하여 일국의 인재를 등용해야만 국가에 도움이 된다는 견해를 밝히고 있다.

그의 인재등용론은 기존 과거제도의 능력본위 인재선발의 사상을 확대 발전시킨 것이라 할 수 있다. 기존의 과거제도는 실제 운영에 있어서 그 적용 대상 범위가 특수신분층에 제한되어 있었던 것이다. 이에 대한 그의 개혁론의 구체적인 내용은 『經世遺表』의 과거개혁에 나타나 있다.

다산은 그의 「田論」에서 閭田制를 主張하고 있으며, 여기에서는 노동력에 상응하는 토지와 소득의 배분에 대하여 설명하고 있다.

이와 같은 다산의 능력 위주의 평등사상은 원시유학의 덕치주의 사상을 당시의 역사적 상황에 대응하여 확대 발전시킨 것이라고 할 수 있다.

유교 본래의 인간관은 사회적 신분으로 인간을 차별하는 것을 본질로 하고 있지는 않은 것이다. 孔子도 사람은 살기만을 위해서 사는 것이 아니라 사람 노릇하기 위하여 산다고 하였고, 孟子도

義를 위하여는 생명마저도 버릴 수도 있다는 것을 말하였다.

그는 또 선비들의 무위도식을 규탄하며 일하는 자만이 그 업적에 따라 대가를 지불받을 수가 있다고 주장한 것은, 양반지주의 수탈과 봉건적 수탈체제에 반대하여 농민의 이익을 대변한 선진적인 사상이며, 또한 유학자의 견해로는 그 선례를 찾아보기 어려운 진보적인 사상이라고 할 수 있다.

그리고 다산의 능력 위주의 평등사상은 그 내용에 있어서 인간의 본분은 평등한 것이지만 그들이 개발한 능력과 업적에 따라 지위, 책임, 혜택 및 권리를 부여해야 한다는 아리스토텔레스의 '配分的 正義'의 內容과 상통하는 것이라고 하여도 크게 어긋나지는 않을 것으로 본다.

3. 평등관념과 목민사상

다산은 위에서 언급한 바와 같이 태초의 인간사회를 자연 그대로의 귀천이 없는 사회로 보았다. 백성들은 모두 소박하여 자유롭게 집단을 형성하여 살고 있었고, 牧이라는 지도자도 본래는 백성의 의사를 반영하여 행동하였다고 한다. 천자는 백성의 추대에 의하여 생겨났기에 시행되던 법은 백성에게 편리하였다고 본다. 그러나 지도자들이 그 사회적 기능을 수행하는 가운데 후세에 와서 사회와 백성을 억압 착취하는 지배자로 변하였고, 조선시대에 이르러는 엄격한 신분제 사회가 되어 정치, 경제, 사회 등 다방면에 걸쳐 불평등이 만연된 것으로 인식하고 있다.

불평등한 사회구조는 결과적으로 국가를 병들게 하고 백성을 헐벗고 굶주리게 하는 망국의 병임을 지적한 다산은 의로운 유형지에서 대립과 갈등이 없는 새로운 세계를 추구하면서 그 해결책으로 신분제도의 격파를 주장한다.

내가 절실히 바라는 대로 실현된다면 차라리 우리나라의 전체 사람들을 모조리 양반으로 만들고 싶다. 즉 이렇게 되면 나라에는 한 명의 양반도 없어지고 말 것이다. 젊은 사람이 있기 때문에 늙은 사람이 있고, 천한 사람이 있기 때문에 귀족들이 있는 법이다. 만일 전체 사람이 모조리 존귀한 사람이 된다면 이는 곧 그러한 존귀한 사람이라는 것은 없어져 버리기 때문이다.

다산은 양반제도뿐만 아니라, 그 시대의 신분적 철칙으로 강요되고 있던 서얼에 대한 천대, 지방적 차별대우 등을 철폐할 것을 요구하였으며 오직 인재를 널리 양성하여 요직에 등용할 것을 역설하였다.

또한 다산은 당시 정치세력의 독점물로 되어 있던 과거제도와 관료제도를 대담하게 시정할 것을 강조하고 있다. 그가 「庶孼論」과 「通塞議」를 통하여 주장하고 있는 평등사상을 살펴보고자 한다.

"하늘이 지극히 높으나 일찍이 하늘이라 부르지 않은 적이 없으며, 임금이 지극히 높으나 일찍이 임금이라 일컫지 않은 적이 없는데, 서얼이 그 부모를 부모라 하지 못하는 것은 무슨 연고인가?"라고 한 英祖의 말을 인용하면서 다산은 "호적에 올릴 때 벌써 아비라 하였으며, 그 家系를 적어서 名紙에 봉하였은즉 벌써 아비라 하였는데 어찌 가정 안에서 말하는 사이에서만 아비라 하지 말도록 금하는 것인가?"라고 하여 서얼들의 부모 호칭을 금하는 것은 부당하다고 하였다.[142]

---

142) 『與猶堂全書』, 第1集, 「庶孼論」, 父稱父 母稱母 人子所同也 有敢庶子 而稱子者 九族議之 不旣相準乎 溪竝父母 而禁之乎 且父母不可

또한 서얼 출신들의 인재가 높이 등용되지 못하는 현실은 국가 발전을 위해서도 바람직하지 못하다는 것을 송나라 韓魏公과 苑文正公의 예를 들어 시정을 요구하고 있다.

관비의 아들인 韓魏公과 행실이 추잡한 어미의 소생인 苑文正公은 벼슬길에 나가 나라 발전에 큰 공을 세웠다. 따라서 다산은 서얼 출신의 인재들에게도 정승의 벼슬을 시켜도 옳다고 하였다.143)

당시의 조선시대는 반상과 적서의 차별뿐만 아니라, 지역과 당파 간의 차별도 심하여 벼슬길에 나가는 사람들은 불과 문벌 좋은 수십 집의 사람들이었다. 나라의 진흥을 위하여 온 나라의 인재를 다 뽑아 올려도 부족한 판국에 문벌 좋은 수십 집에서만 벼슬길에 나아가게 하는 폐쇄적 관리 등용 체제는 심히 잘못된 제도임을 지적하고 있다.

관리 등용의 제일 좋은 방법은 동서남북이 구애됨이 없게 하고, 멀거나 가깝거나, 귀하거나 천하거나, 이런 조건은 사람을 선택하는 데에 아무 상관이 없게 하기를 중국법과 같이하는 것이 옳다고 하면서 한 가지 대안을 제시한다.

> 10년마다 한 차례씩 武才異能科를 설치하는 것입니다. 서북지방과 兩都(개성, 강화)의 중인과 서족으로부터 천민까지 무릇 경전에 밝고, 행실을 닦아서 문학과 정사에 대한 才識이 무리 가운데서 뛰어난 자가 있으면 묘당·판각·대성의 신하에게 각자 본대로 들은 대로 천거하도록 하며, 또 方伯과 外方에 거류하는 신하에게는 각자 아는 대로 천거하도록 하는 것입니다. 대략 백 명이 천거되면 이들을 서울에 모아서 經學과 時賦와 論策을 시험

禁也.
143) 『與猶堂全書』, 第1集, 「庶孽論」, 臺諫其小者也 必相而后 可者也.

하여, 옛날 나라의 흥망의 사실을 묻고, 현 세대의 경제에 관한 일을 알아본 다음, 열 사람을 뽑아서 과거를 보게 하는 것입니다. 무릇, 이 科擧에 합격한 자는 아래로 대성·판각에서부터 위로는 議政府와 吏曹에 이르기까지 아무런 구애됨이 없이 소위 벌 열가들과 같게 하는 것입니다.[144]

다산은 이 법을 시행만 하면 인재가 성하게 일어나고 온 나라의 기상이 현저하게 변해질 것이라고 주장한다. 이렇게 천민에게조차 과거응시의 균등한 기회를 주고자 한 까닭은 모든 인간은 근본적으로 평등한 존재라고 생각하고 있기 때문이다.

그는 성인도 우리들과 똑같은 사람이라고 한다. 성인도 우리들과 같은 이목구비와 우리와 같은 天賦性命을 갖춘 한 인간으로 보았다. 그럼에도 불구하고 성인이라고 하면 마치 초인적인 神처럼 떠들기에 이르렀으니 그렇게 되면 성인이란 본래 존귀한 자이기는 하지만 우리들과는 아무런 관련이 없는 존재가 되고 마는 것이라고 다산은 지적하고 있다.

성인은 우리들 인간이 도달할 수 있는 聖이라야 그 聖은 우리에게 무한한 용기와 희망을 북돋아 줄 것이다. 그러나 후세 사람들은 聖을 인격화하지 않고 신격화했기 때문에 인간들은 聖의 영역에 담을 쌓고만 것이라고 하면서 성인을 흡모하고 지성된 노력을 하면 도달할 수 있는 경지라고 한다.

다산은 두 아들에게 보낸 편지에서 "폐족이라 할지라도 聖人이 되는 일이야 꺼릴 것이 없지 않느냐?"고 하면서 열심히 공부할 것

---

144) 『與猶堂全書』, 第1集, 「通塞議」, 設茂才異能科 西北兩都 中人庶流 以至凡民之賤 凡有經明行修 文學政事之拔類超群者 令廟堂館閣豪 省之臣 各薦所聞 又令方伯 居留之臣 各薦所知.

을 권하고 있다. 그는 성현과 금수와의 갈림길을 극기하는 지성된 노력 여하에 따라 달라지는 것이라고 말하고 있다.

이와 같이 다산은 인간은 누구에게나 평등하게 부여되어 있는 도덕적 윤리적 지향성을 통하여 성인이 될 수 있는 존재이기에 이런 점에서 인간은 평등한 존재라 보는 것이다. 이런 평등관에 입각하여 위에서 언급되었듯이 그는 존비귀천과 지역적 차별 없이 인재 등용의 기회를 제공해야 한다는 개혁안이 나올 수 있었던 것이다. 다산은 인간이 근본적인 면에서도 평등할 뿐만 아니라, 현실적 경제적인 면에서도 평등해야 함을 주장한다. 다산이 私塾한 星湖는 당시 대부분의 생산수단이 농토에 있으므로, 농토를 균등분할하여 똑같이 나누어 주는 것이 필요하다고 생각한다. 그런 다음에야 모든 백성이 고루 잘 살 수 있게 된다는 것이다. 성호가 여기서 주목하고 있는 점은 모든 백성은 각각 대등한 개체로서 그 형세가 서로 같아져야 한다고 생각한 점이다. 그래서 가장 이상적인 토지제도로서 均田制를 제안한다.

다산도 또한 백성들의 재산을 균등히 하여 다 함께 잘 살게 해야 한다고 하면서 이것은 하늘의 뜻이니 이 일에 힘쓰는 것이 君主나 목민관의 도리라고 한다.

하늘이 이 백성을 내릴 적에 먼저 田地를 마련하여 그들로 하여금 먹고 살게 하였고, 또한 백성을 위하여 군주와 목민관을 세워 그들의 부모가 되게 하였으며, 백성의 재산을 균등하게 하여 다 함께 잘 살도록 하였다.[145]

백성들의 경제적, 평등을 주장하는 다산이지만 무차별적인 평등

145) 『與猶堂全書』, 第1集, 「庶孼論」.

이라고는 할 수 없다. 그의 토지개혁안인 여전제에 나타난 바를 보면 勞役의 양에 따라 양곡분배를 하며, 정신노동을 하는 선비에게는 육체노동자보다 열 배로 보상해야 한다고 하였다. 그것은 현대적 의미에서의 기회균등에 의한 능력에 따른 사회를 지향하였다고 볼 수 있다.

다산의 평등사상은 이와 같이 신분적인 혹은 이념적인 차원에서만 이루어지는 것으로도 부족하다. 그것은 경제적인 균형을 통하여 평등의 실질적인 효과가 확보될 수 있다고 파악한 것이다. 그는 재산을 고르게 마련하여서 다함께 살린 자는 임금과 수령 노릇을 제대로 한 자이라고 하여 분배의 균형이 정치의 본질적인 조건이라 지적하였다. 조정의 역할을 부지런하게 급급히 서둘러서 부자의 것을 덜어내어 가난한 자에게 보태주어 그 살림을 고르게 하는 것을 강조한다.

사실상 李瀷이 언급하였던 것처럼 가난한 자는 송곳 꽂을 땅도 없는데 부자의 땅은 끝없이 이어져 있는 현실은 그 시대나 오늘날의 시대나 큰 차이가 없는 것이다. 또한 가난한 자의 재산을 부자들에게 모아 주는 역할을 하는 것이 정부라는 점에서 어제 오늘의 문제가 아니다.

경제적 평등의 추구를 통해 평등의 기반을 확보하는 문제는 곧 복지사회의 이념에 통할 수 있는 것이다.

이러한 재화의 균평한 분배를 추구하고 민중의 생존권을 보장하기 위하여 다산은 제도적 장치를 확보하고자 하였다. 그는 민생을 위해 토지제도의 개혁론을 추구하면서 재산을 고르게 하여 백성을 다함께 살려야 한다는 원칙 아래 농민이 농지를 소유하게 하며 협동으로 영농하게 하는 閭田制를 제시하였다. 그리고 조세와 부역이 균평하고 정당할 것을 강조하면서 조세의 균형이 이루어지지 않으면 정치라 할 수 없다고 지적하고 있다.

또한 그는 농업생산을 증대하기 위한 방법으로 '應旨論農政疏'에서 기술도입과 개량을 통한 便農, 행정이 농민을 보호하는 厚農, 농민의 사회적 대우를 높여주는 上農의 3원칙을 제시하였다. 농업을 넘어서 적용한다면 모든 생산활동을 향상시킬 수 있는 원리로써 확대시킬 수도 있다. 곧 생산기술의 도입과 계발을 통해 편리와 능률을 높이고, 생산활동과 그 이익을 보호하는 행정이나 생산자가 사회적으로 존중되는 의식개혁을 추구하는 경제원리의 구체적 제시이다. 사실상 그는 工匠의 우대와 수레 및 도로의 정비를 통한 유통시설에 이르기까지 경제활동의 증대를 국가의 부강과 민생을 위한 방법으로써 세심하고 진지하게 배려하였던 것이다.

다산은 인간의 본성 속에 보편적인 도덕적 실체가 이미 있기 때문에 내면적 성찰을 통해 인간적 가치를 실현할 수 있다는 성리학적 입장을 인정하지 않는다. 그는 인간의 내면에 도덕 실체가 선천적으로 부여되었다는 신념을 거부하고 행동으로 나타난 결과에서 도덕성이 이루어지는 것으로 파악하였다.

이와 같이 다산은 인성이 근본적으로 평등하다는 시각에서 당시 사회의 신분적 경제적 불평등 속에서 겪고 있는 백성들의 고통을 그냥 지나칠 수 없었다. 따라서 그는 양반·적서·지역·당파 간의 신분적 차별을 철폐하여 백성들의 평등한 삶이 보장되어야 함을 주장하였고, 아울러 현실적 경제적인 면에서도 평등을 이룩할 수 있는 제도적 장치를 마련하고자 했다. 맹자는 王道政治의 이상 실현을 위하여 민생의 안정을 중시하였듯이 다산의 평등사상 또한 민생사상으로 구체화되어 나타나는 것이다.

또한 다산은 인간이 타고난 신분에 의해서 차별받아서는 안 된
다는 민본사상을 바탕으로 당시의 과거제도의 여러 폐단을 지적하
면서 인재 선발과 임용에 있어서도 출신·문벌·지역에 차별을 두
지 말고 기회를 균등하게 부여할 것을 주장한다. 그래서 다산은
아래와 같이 주장했다.

　　온 나라의 英才들 가운데서 拔擢을 해도 오히려 부족함이 있
거늘, 하물며 영재의 8~9할을 버리고서야 어찌 인재를 얻겠는가,
온 나라의 生靈들은 育成시켜도 오히려 인재가 나타날 둥 말 둥
한데, 하물며 백성의 8~9할을 버리고서야 어찌 인재가 나타나겠
는가. 小民이라 하여 등용하지 아니하고, 中人이라 하여 등용하지
아니하고 關西·關北地方이라 하여 등용하지 아니하고, 사람이라
하여 등용하지 아니하고 關東 사람과 湖南 사람의 半을 등용하지
아니하고 서얼이라 하여 등용하지 아니하고 北人과 南人은 등용
하지 않음과 같다. 어찌 天地가 精神을 키우고 山川이 氣液을 기
를 적에 數十家의 사람들에게만 정신과 기액을 도와주고 다른 사
람에게는 더럽고 獨한 氣를 심어준다고 생각하여, 그 出生地에
따라 인재를 버릴 수가 있겠는가? 太上께서는 東·西·南·北의
四色에 구애되지 마시고, 親疎와 貴賤을 가리지 말고 人才를 등
용해야 합니다.146)

모든 인간은 평등하다는 그의 인간관에 기초하여 무릇 人才를
구하는데 어떠한 조건에 의해서도 차별을 받을 수 없다는 것을 언

___

146) 『與猶堂全書』, 第1集, 「通寒議」, 臣伏惟人才難得也 久矣 盡一國之
精靈 而拔擢不足 況棄其八九哉 盡一國之生靈 而培養之 猶懼不與
況廢其八九哉 小民 其棄者也 中人 其棄者也 我國醫譯律 曆書畵算
數者爲中人 關西關北 其棄者也 海西松京沁都 其棄者也 關東湖南
之半 其棄者也 庶孽 其棄者也 北人南人 其不棄 而猶棄者也 其不棄
之者 唯閥閱數十家己矣.

명한 것이다. 동시에 문벌·신분에 구애받지 않는 원칙 아래 관리 등용이 이루어지는 것은 궁극적으로 일반백성의 중앙진출인 것이 며 정치참여의 개념으로 파악되어 사회적 지위의 향상으로 받아들 여진다.

앞서 맹자의 民本主義를 논할 때 맹자가 "民은 물질적 조건이 충족되지 못했을 때 도덕심을 유지하기 어려운 것으로 보고, 士는 도덕적 수양이 되어 있으므로 물질적·경제적 상황에 관계없이 도 덕심을 유지할 수 있다"고 하여 士와 民을 도덕적 관점에서 구별 하였다.

그러나 다산은 士와 民이 태어날 때부터 인간이라는 관점에서 평등하다고 하여 孟子, 黃宗義에서 보다 근대민주주의 사상에 가 장 近接한 民權을 보여주고 있다. 이러한 士民이 정치적 측면보다 는 철학적 측면에서의 평등성을 강조한 다산의 민본사상은 경제적 측면에서의 평등만을 강조한 사회주의 사상은 물론, 법 앞에서의 평등만을 강조한 서구법치주의사상과도 구별된다고 할 수 있을 것 이다.

제4장 다산 목민사상의 논리적 전개와 담론

牧民心書의 編次는 赴任六條, 奉公六條, 二典六條, 戶典六條, 禮典六條, 兵典六條, 刑典六條, 工典六條, 賑荒六條, 解官六條의 12編, 各6條씩, 72條로 構成되어 있다.

다산은 『자찬명묘비』에서 자신의 『목민심서』에 관한 내용을 다음과 같은 담론으로 간략히 소개하고 있다.

> 목민심서는 어떤 내용인가. 현재의 법을 토대로 해서 우리 백성을 다스려 보자는 것이다. 律己 奉公 愛民의 세 가지를 紀로 삼았고, 吏 戶·禮 兵 刑 工을 여섯 가지 典으로 만들어 賑荒 한 단원으로 끝맺었으며 하나의 조목마다 6條를 포함케 하였다. 고금의 이론을 찾아냈고 奸僞를 열어젖혀 牧民官에게 주어 백성 한 사람이라도 그 혜택을 입을 수 있게 했으면 하는 것이 나의 마음 씀이었다.[147]

이는 포괄적으로 『목민심서』의 내용을 말해 주고 있으나 이를 실천할 수 있는 방법론에 관한 설명을 다음과 같이 담고 있다.

> 육경사서(六經四書)로써 자기 몸을 닦게 하고 일표이서(一表二

---

147) 『與猶堂全書』 第1集, 『自撰墓誌銘』, 「牧民者何也 因今之法而牧吾民也 律己奉公愛民爲三紀 吏戶禮兵刑工爲六典 終之以賑荒 一目各攝六條 搜羅古今剔發奸僞 以授民牧庶幾一民有被其澤者 鏞之心也.」

書)로써 천하 국가를 다스릴 수 있게 하고자 함이었으니, 본(本)과 말(末)이 구비되었다고 하겠다. 그러나 알아주는 사람은 적고, 꾸짖는 사람만 많다면 천명(天命)이 허락해 주지를 않는 것으로 여겨 한 무더기 불 속에 처넣어 태워버려도 괜찮다.[148]

이는 육경사서를 本으로 하고 一表二書로서 천하를 비하였다면 다산 자신이 정치담론화한 데로 어떤 본에 근원하였기 때문에 일표이서라는 말이 나올 수 있었던가 하는 점이 문제된다. 이러한 점은 목민심서의 본은 어떻게 밝혀질 수 있을 것인가 하는 것이 먼저 제시되어야 할 것이다. 이 문제의 접근은 넓은 의미에서는 육경사서에 대한 정치사상적 구조에 대한 해명이 앞서야 할 것이요 일표이서가 구조의 실천성을 갖는다는 점에서 본말이 일치하는 이유를 밝히는 일이라 하겠다. 그러나 육경사서와 일표이서의 근원이 모두 선진유학사상에 근거하고 있음은 사실이지만 이의 관계를 전체적으로 밝히기는 것은 다산의 목민사상을 다차원적으로 접근하고 정치적 담론을 분석 설명하는 데 중요한 사상적 연원이라고 볼 수 있겠다.

제1절 목민사상의 이론적 구조와 조건

다산은 『목민심서』의 이름에 대하여 그 서문에서 "心書라는 말은 목민하고 싶은 마음은 있으나 몸소 실천궁행할 수 없으므로 심

---

148) 『與猶堂全書』第1集, 『自撰墓誌銘』, 「六經四書 以之修己 一表二書 以之爲天下國家 所以備本末也 然知者旣寡 嗔者以衆 若天命不允 雖一炬以焚之 可也.」

서라 이름하였다" 하였고,[149] 牧民이란 개념을 멀리 中國의 요순 시절로부터 비롯된 것으로 파악하고 있다.

옛날 中國의 堯舜 時節에 12名의 牧이라는 地方官을 두어 그들로 하여금 百姓을 기르게 하였다. 周의 文王이 制度를 定할 때에는 司牧이라는 官吏를 두어 牧者를 삼았다. 孟子는 平陸에 가서 木草로 家畜을 먹이는 것으로써 百姓을 기르는 것에 비유하였다. 그러니 百姓을 기르는 것을 牧民이라고 한 것은 聖賢의 남긴 뜻이다.[150]

다산은 당시 자신이 처했던 시대적 상황을 백성들의 생활과 관련지어 매우 예리하게 관찰하고, 백성들의 비참한 생활상에 한없는 휼민의 정을 느꼈던 것이다. 그 당시의 백성들의 비참한 생활상을 개선하고 도탄에 빠진 백성들을 구출기 위해서는 진정한 의미의 「養民」의 책임을 느낄 줄 아는 진실한 목자가 필요하다고 다산은 생각하였다. 그가 생각한 이상적인 목자란 언제나 지성의 자덕으로 백성들을 어린 아이처럼 보호해야 되고 백성은 언제나 그들의 목자를 부모처럼 존경해야 된다는 것이다. 즉 親親의 가족적 논리를 정치적 목민자의 입장에서 구현해야 된다는 것이다.

다산은 牧者란 오직 백성을 위하여 존재해야 한다는 牧民思想에 기초하여 六經四書와 一表二書를 저술하였음을 알 수 있다. 그리고 이와 같은 그의 民本 위주의 牧民思想은 本質的 面에서 孟子와 별 차이가 없다고 볼 수 있겠으나, 牧者가 백성을 위하여

---

149) 『牧民心書 自序』, 其謂之心書者何 有牧民之心而不可以行於躬也 是以各之.

150) 『牧民心書 自序』, 昔舜紹堯 咨十有二牧 俾之牧民 文王立政 乃立司牧 以爲牧夫 孟子 之平陸以牧 喻牧民 養民之謂牧者 聖賢之遺義也.

존재하는 것이지 백성이 목자를 위하여 존재하는 것이 아니라는 다산의 생각은 孟子의 방벌론을 민본주의적 추천으로 합리화하였다고 할 수 있다. 통치자로서의 天子는 결코 하늘에서 떨어졌거나 땅에서 솟은 神人이 아니라 백성의 추대로 목자의 임무를 맡았다는 것이다.

그러나 이러한 牧民思想은 實로 儒敎思想의 오랜 傳統 속에서 이루어졌지만 그의 實施는 날로 새로운 터전 위에서 이룩되어야 한다는 것이다. 牧民에 있어서 律己·奉公·愛民을 三紀라고 하는데 율기·애민은 곧 수기치인이고 六典을 진황으로 끝맺었음을 恤民之道를 밝힌 것이니 애민과 휼민의 정신은 모두 백성을 본위로 삼는 목민사상의 기본이 아닐 수 없다.

다산 목민사상의 기본이 되는 민본사상은 당시의 목민관의 권력구조를 里正→黨正→州長→國君→皇王이라는 상향적 추대로 이루어졌다고 설명한다. 이와 같은 자연발생적인 권력 구조가 후일에 하향적으로 변모해버렸고, 법률은 권력을 가진 자들에게 편리하도록 제정, 시행되니 백성들은 상대적으로 신분이 낮아져 위정자들을 위해 존재하는 결과를 가져왔다는 것이다. 다산은 또한 中國에서의 漢代 이후 정치를 하향적 정치로 규정하여 이를 배격하고, 漢 以前의 정치를 상향적 정치로 규정하여 이를 찬성하였다. 그가 말하는 하향적 정치는 봉건적 전제정치를 뜻하고, 상향적 정치는 그와 대립되는 민본주의적 정치를 의미한다.

다산의 민권은 제왕학적 왕도정치 사상이 민본적 위민사상으로 윤색됨에 있어서 근대 민주주의 개념에로 접근하였다고 볼 수 있겠다. 다산은 그의 논문인 「湯論」에서 主權在民的 정치이념을 뚜렷이 밝히고 있다. 그는 주권 자체가 민중에게 있는 이상 민중에 의한 통치자의 교체는 정당한 것으로 보았으며, 天子란 존재도 천명의 代行者로서는 神聖한 존재가 아니라, 민중의 추대에 의해서 이루어진다고 보았다. 그러므로 만약 天子가 민중의 意思와 이익에 위반되는 행동을 할 때에는 그를 추대한 민중에 의해서 交替되는 것이 당연하다고 하였다.

이는 孟子가 放伐을 합리화하고 賢人政治 · 왕도정치를 주장하였지만 그가 민의 존재를 어떻게 보았는지에 유의할 필요가 있겠다. 이러한 측면에서 다산은 단순히 포악한 군주는 천명에 의하여 放伐하여도 된다는 孟子的 혁명론자가 아니라, 민이라는 개념을 새롭게 인식함으로써 이 民觀에 의하여 목민론리를 확립하였다고 볼 수 있다.

다산의 민본주의적 이념은 지배자와 피지배자 간의 主客 관계를 종전과는 달리 발전적으로 규정하고 있다. 다산은 마치 백성들이 통치자를 위해서 존재하는 것처럼 잘못 인식하고 있던 당시의 사회제도의 모순을 통렬하게 비판하면서 통치자는 어디까지나 백성을 위해 존재해야 한다는 것을 강조하였다.

다산은 당시의 '士 · 農 · 工 · 商'을 사회적인 신분에 의해서 구분할 것이 아니라 사회에서 인간이 달성할 수 있는 역할의 상위에 따라서 결정해야 된다는 소위 社會分業論을 주장하였다. 이처럼 다산은 '사 · 농 · 공 · 상'의 四民을 계급적 見地에서 본 것이 아니라 직업적 견지에서 논함으로써 인간적 측면에서 평등의 길을 열어놓았다. 즉 牧者(士)와 民(農 · 工 · 商)은 평등한 것이요 같은 계급이라는 것이다. 이와 같이 牧과 民이 평등하다는 생각을 바탕으로 하여 그는 『牧民心書』를 저술했다고 할 수 있겠다. 그렇다면 牧民思想의 내재적 논리는 어떤가?

1. 내연적 이론구조와 조건

다산의 목민사상은 인성을 性卽理說로 보는 것을 부정하고 대신 성을 천명과 연결하는 인성론적 천명관에 근거하고 있다. 이에 천명은 우주론에 속하지만 다산에서는 인간과 천명을 관련시키므로 천명은 기계론적으로 결정된 우주론을 넘어서 윤리적으로 인간에게 개방되어 있는 인성론에 가깝다.

다산은 인성이 우주의 '理'의 性으로서 다른 만물과 같이 인간에게도 내재되어 나타나는 것이 아니라 인간만의 특유한 것으로 보았다. 즉 인간은 道義의 性을 가졌기 때문에 기질의 性만을 가진 타물과 다르다고 하여 성리학자들의 인물동성의 논리를 비판하고 나섰다. 이러한 비판은 인물동성의 논리의 이론적 바탕인 본연지성의 허구성을 지적하는 데에 집중되고 있다.

먼저 인간의 형체나 성령이 부모와 하늘로부터 받은 것이라면 처음이 없다는 본연지성으로 설명할 수 없다는 것이다. 본연지성이 인간과 만물에 다 같이 있는 것이라면 사람만이 堯舜이 될 수 있는 것이 아니라 모든 만물 중에서 본연지성을 얻는 자는 모두 堯舜이 될 수 있다는 말이 되므로, 이는 이치에 맞지 않다는 것이다. 또한 본연지성이란 말이 원래 당시 이단시되던 불교에서 나왔다고 단정 지웠다.

이렇듯 다산은 인물동성의 논리적 근거인 본연지성을 그 근저부터 통박하여 그 논리가 잘못되었음을 지적한다. 나아가 인간이 타물과 구별되는 근거를 제시하기에 이르렀다.

즉 인간과 동물과 초목은 모두 생명을 가지고 있는 점에서는 같으나 그 性이 다르다고 하여 구별하고 있다. 초목은 지각이 없고 동물은 지각은 있되 신령이 없으나 인간은 지각과 靈明神妙한 활용을 가지고 있다는 것이다. 이 영명한 성은 인간을 타물과 구별하는 근거가 될 뿐 아니라, 인간이 타물을 지배할 수 있는 논리를 제시해 주고 있다.

인간의 물에 대한 명백한 우위는 정약용 자신의 독특한 해석으로 물리와 인도를 분리하기에 이른다. 이제 '理'는 인간적인 가치나 감정을 도려낸 물리의 의미밖에 남지 않게 된다. 이렇듯 인성으로부터 理가 배제됨으로써 그의 인간관도 이전의 도학적인 굴레로부터 벗어나 경험적인 감정의 자연성을 용인하는 독자적인 방향으로 발전하였다. 정약용의 경험론적 사고는 그의 '治心'論에서 명확히 드러나고 있다. 그는 주자학의 주관주의적 治心(修身)論이 중시하는 主靜 默을 배척하고 應事接物, 즉 인간이 구체적인 사상에 대응하고 사물에 접하는 실천과정에서 성취된다고[151] 했다.

2. 이론적 구조의 배경

다산은 인간의 정치적 사회적 가치는 내면적 도덕성이 아닌 정치적 사회적 실천을 통해서 이루어지는 객관적 가치로 파악하고 있었다. 동시에 율곡-반계-성호로 발전되어 왔던 객관주의적 규범론이 갖고 있던 한계인 인간론의 철학적 기초의 확립이라는 과제가 수행될 수 있도록 경험론적인 시각에서 인간론의 새로운 구축을 시도했다는 것은 중요하다.

원래 성리학에 있어서 性은 理에 지나지 않기 때문에 인간이

---

151) 박충석·유근호, 『조선조의 정치사상』, (서울: 평화출판사, 1980), p.87.

그것을 자주권으로 선택할 수 있는 대상이 아니었다. 즉 인간은 理에 의해 타율적으로 규정되는 존재이고 이에 능동적 인간주체적 결단을 갖지 못했다고 볼 수 있다. 정약용은 이러한 성리학적 性을 과감히 비판하고 '性이란 본심이 좋아하고 싫어하는 것이다'라고 했다.152) 즉 그는 성을 기호로 파악하며 구체적인 어떤 사상 또는 사물에 대한 경향성을 의미했다.

다산은 주관적 성찰에 의하여 자각되는 천명이 바로 인간의 본성이라 한다. 그리고 그 性論의 특색은 性嗜好說이다. 다산은 性則命에 기초하여 인간의 성은 "天命의 性이며, 嗜好이다. 그리고 인간이 태어날 때에 하늘이 이미 부여해 준 것이다"라 하였다.153) 성리학에서 말하는 理法的 성이 아니므로 인간의 성은 기호로 하늘이 부여해 주었기 때문에 이 인간의 성만은 선천적인 차별상이 있을 수 없고 모두가 태어날 때부터 인간이므로 함께 타고 났다.

다산은 "성이라는 글자는 마땅히 雉性, 鹿性, 草性, 木性과 같이 본래 기호로서 그 이름이 이루어진 것이요, 높고 까마득한 말로 이루어진 것이 아니다"154)라 하여, 인간의 성이란 어떤 사물이나 대상에 갖는 기호, 즉 傾向性이라 하였다.

맹자도 만약 성선만 말하였다면 맹자도 성에 대해 이해를 잘못하고 있는 것이다. 그리하여 경향성인 성에는 선과 악이 동시적으

---

152) 『與猶堂全書』, 第1集, 「論語古今註」, 補曰性者本心之好惡也. 宋錫球, "茶山의 人性論 硏究", 「茶山學報」, 제2집 (다산학보간행위원회, 1979), p.159에서 재인용.

153) 『與猶堂全書』, 第2集, 「中庸自箴」, 天命之性 亦可以嗜好言 蓋人之胚胎旣成 天則賦之.

154) 『與猶堂全書』, 第2集, 「心性總義」, 性則不可性之爲字 當讀之如 雉性草性木性 本以嗜好立名 不可作高遠廣大說也.

로 존재한다.155)

이처럼 性嗜好로 했을 때 기호에는 形軀의 嗜好와 靈知의 嗜好가 있다. 영지의 기호가 '선행을 좋아하고 악행을 부끄러워하는' 천명의 성으로 인간 본연의 성이라면 형구의 기호는 이목구체의 생리적인 금수의 성이라 할 수 있다.156) 즉 성의 양면성 때문에 성은 결정적인 것이 아닌 개방적인 것이며 선으로 갈 수도 있고 악으로 갈 수도 있는 경향성인 것이다. 결정되어 선천적으로 주어지는 것이 아니라, 후천적인 자신의 환경, 도덕에 따라 변하고 형성되는 가능한 대로 주어질 뿐이다.

> 하늘은 인간에게 自主之權을 예정해 주어 자신이 선을 하고자 하면 선을 행하고 자신이 악을 행하고자 하면 악을 행하게 하였으니 정해진 것이 아니며 옮겨질 수 있는 것이다. 그리고 그 선택권은 자신에게 있다.157)

다산의 性嗜好說은 다산 자신의 독자적인 것이라기보다는 洙泗學을 재천명하였다. 다산의 이러한 성기호설에 의한 인간의 자주성에 대한 주장은 인간 내면에 도덕적 실체가 선천적으로 부여되었다는 신념, 즉 이기론에 입각하여 성을 파악하여 인간의 성이 기질지성으로 선천적이라는 성리학적 인간관을 거부하고 가능태로

---

155) 『與猶堂全書』, 第1集, 「自撰墓誌銘」, 孟子論性并及耳目口體 無論理不論 氣之病也 …… 善惡在乎力行 不在乎氣質也.

156) 『與猶堂全書』. 第1集, 「自撰墓誌銘」, 性者嗜好也 有形軀之嗜好 有靈知之嗜好謂之性 …… 又以耳目口體之嗜好爲性 此形軀之嗜好也 天命之性與天道性善盡性之性 此靈知之嗜好也.

157) 『與猶堂全書』, 第1集, 「孟子要注」, 天之於人 予之以自主之權 使其欲善則爲善 欲惡則爲惡 游移不定 其權在己.

서 인간의 실천을 강조하는 인간관으로 변모시켰다.

인간의 성이 선이다, 惡이다의 차원이 아니고, 자신의 자주의 권능으로 자신이 순간순간 결정한다는 것이다. 요순이 성이 선하다는 것은 선한 성을 타고난 것이라면 본받을 이유가 없다. 노력의 결과, 즉 행동의 선택에서 신중하고 선을 지향하는 경향을 잘 키웠기 때문에 그것을 아름답다 찬미하고 길이 이어받을 가치를 부여하는 것이다. 다산은 성리학자들이 최고의 이상인격자로 간주하는 요순도 청명한 순수 기질만 偏受한 것이 아니라는 획기적인 입장을 제시하였다.

神性도 動物性도 아닌 인간의 성은 악으로 선으로 갈 수 있는 경향성이므로 도리를 실현하는 자주성을 성장시킬 수 있는 것이 곧 선이라 할 수 있다. 선악행위의 선택은 자신의 心이 결정하는 自主의 權에 달려 있다.

> 그런 까닭으로 선을 행한 결과는 진정 자신의 功 때문이며, 악을 행한 것은 사실 자신의 罪인 것이니, 이것은 자신의 心이 결정한 것이지 성이 있어서 안으로 저절로 나오는 것은 아니다.[158]

인간은 도심 때문에 善에로 나아갈 수도 있고 혈기의 심으로 惡으로 나아갈 수 있는 가능태이다. 인간 스스로 선택하는 활동의 주체는 심이며 가능태의 근거는 성이다. 인간의 성은 선천적으로 주어져 선이요 악이다 할 수 있는 것이 아니라, 결정된 것이 아니므로 결정을 해야 하는 가능태로 남아 있어 이 때문에 인간은 선택의 상황에서 자율적으로 판단해야 하는 존재가 된다. 주자학에

---

158) 『與猶堂全書』, 第2集, 「中庸自箴」, 故爲善則實爲己之功 爲惡則實爲己之罪 此心之權也 非所謂性也.

서처럼 理의 원리의 탐구에서 실천으로 강행해야 하는 윤리적인 실천의 강요가 아니라 누구나 태어날 때부터 도덕능력을 부여받았으므로 도덕적으로 평등하다는 다산의 인격적 인간평등론에서는 자신이 도덕적인 행동을 실천할 수 있고 만약에 자신이 악을 행했더라도 그것이 자신의 책임이 된다. 性卽理에서 인간의 성은 끊임없이 탐구한 후에 알 수 있는 것이다. 앎의 실천도 현실적인 인간 상황과 거리가 있었으므로 실천이 강요된 형태였다. 고상하게 여겨지던 성리학적 인간이해를 쉽게 세속화하여 실제적인 인간으로서 적극적인 실행을 강화할 수 있게 되었다. 타고난 인간이 선한 것이 아니라 도심으로 천명을 순종하며 인심을 극복할 수 있으리라 바랄 수 있기에 즉 선할 수 있는 점에 진정한 인간의 모습이 있다. 인간이 자율적으로 선택하여 道義之性에 따라 행동하려는 이 경향 때문에 인간은 성은 선하다. 인간은 금수의 성도 있지만 도의의 성이 있기 때문에 선악이 문제될 수 있는 것이지 어느 한 쪽만을 갖추고 있다면 신이 아니면 동물이다.

다산은 성을 경향성인 기호로 본 결과 인간의 지위에 많은 결과를 초래하였다. 모두 자주지권을 가졌다고 전제할 경우에 선천적인 차별을 정당화할 수 없고 그 자주지권을 갖는 인간에 대한 이해를 받아들일 경우에는 정치사회구조는 능력에 기초하는 사회가 더 바람직한 것으로 인식될 수 있다. 목민사상의 기초는 목민관에 대한 이러한 인성적 자주성과 결부하여 가장 중요한 내연적 사상으로 修己論理와 治人論理를 꼽고 이를 실천하는 데 초점을 두고 있다.

다산의 목민사상의 기저는 이러한 정치사상의 내연적인 측면과 현실적인 목민관의 치세가 결합된 수기치인의 정치사상으로 볼 수 있다.

3. 이론적 구조의 특징

다산은 올바른 학문을 공부함으로써 완전한 덕을 추구하는 君子되는 것을 외연적인 인간의 존재의의로 여겼다.

군자란 유학경전을 통하여 지식과 덕행의 기본을 쌓고, 지나간 역사를 섭렵하여 정의의 소재를 이해하며 일반 백성에게 혜택을 줄 수 있는 실용의 학문에 뜻을 가져야 한다. 유학은 그 특징으로서 목적론적 인성관을 강하게 지니거니와 다산도 이 입장에서 예외일 수 없다.

『목민심서』 자서에서 "군자의 학문은 수신을 반으로 하고, 나머지 반은 목민하는 것"이라고 함으로써 유학을 이른바 수신과 목민의 二範疇的 개념으로 파악한다. 그리고 그가 손수 집필한 저서들을 가리켜 그의 自撰墓誌銘에서 "六經四書에 관한 것은 修己를 하자는 것이고 一表二書는 천하국가를 위하자는 것으로 本과 末을 갖추었다"[159]고 언급하였다.

사람이란 모름지기 내연적으로 도덕적 정신을 함양하고 외연적으로 국가와 백성을 위하여 그 지식과 실천을 수행해야 하는 것으로 밝히고 있는바 이것은 유학의 원칙론에 대한 그 자신의 해석인 것이다.

유학은 일반적으로 '修己治人의 學問'이라 이해하고 있다. 그러나 이는 엄밀히 말해서 유학에 대한 주자의 해석이다. 주자는 유학을 修己治人의 학문이라고 표방하였음에도 불구하고 그의 초점은 수기의 심층을 해명하는 데 치우쳤다. 그의 정력적인 노력은

---

159) 『與猶堂全書』, 第1集, 「自撰墓誌銘」, 六經四書以之修己, 一表二書以之爲天下國家, 所以備本末也.

수기의 밑바탕에서 '格物窮理'를 파악하고 이해했던 것이다. 이 같은 주자의 편향은 급기야 후대에 이르러 주지주의 학문이라고 규정지어지기에 이른다.

다산은 유학의 정의를 주자의 그것에 따르는 면이 있다. 그러나 유학의 의미내용을 규정함에는 주자와 크게 달라진다. 수기의 측면에서 格物窮理 같은 觀念的 思辯을 축출하고, 치인의 측면에서 흔히 권위적으로 자행하려는 지배행위를 배제한다. '유학을 빙자하여 진부하고 새롭지 못한 이야기나, 지루하고 쓸데없는 이론으로 공연히 지묵을 낭비하는 것은 오히려 직접 농산물을 재배하여 생전에 잘 살아갈 궁리를 넓혀 가니 만 못하다'고 하여 유학이란 미명 아래 修己牧民을 외면하고 한갓 글자나 글귀만을 주석하고 예론만을 일삼는 당시의 풍조를 신랄하게 비판하고 있다.

이는 성리학 위주의 유학자들이 유학의 본질을 망각하고 인의, 이기 등의 주자학설에 맴돌면서 그 외의 발언은 단지 '雜學'이라고 물리쳐 버리는 당시의 세태를 개탄하고, 유학의 본말을 修身과 牧民으로 정립하여 스스로 선하고자 노력하고 나아가 타인을 사랑하는 구체적이고 실천적인 학문임을 강조하는 것이라 하겠다.

이와 같이 다산은 당시 권위적인 성리학풍에 대하여 묵인도 외면도 하지 않고, 비판의식으로 유학의 본질을 재검토하여 급기야 참신한 사상체계를 확립함으로써 외연적인 사상적 측면과 결부된 현실적 諸矛盾을 바로잡고자 한 것이다.

이러한 외연적 구조적 모순이 반이기론이며, 이는 목민사상의 정립에 있어서 내면적인 수양도 중요하지만 이러한 수양과 수기의 실천을 요하는 치인의 관점에서 구체적인 사상을 정립해 나갔다고 볼 수 있다.

이러한 정치사상적 출발이 다산의 反理氣論이라고 볼 수 있다. 우선 당시의 이기설에 대한 다산의 태도는 다음의 담론을 통하여 그의 목민사상을 정립했던 기본적 이론구조를 조명해 볼 수 있다.

　　오늘날의 성리학자는 理, 氣, 性, 情, 體, 用, 本然, 氣質, 已發, 單指, 兼指, 理同氣異, 氣同理異, 心善無惡, 心善有惡을 말하며 세 줄기 다섯 가지에 천 가지 만 잎사귀로 털같이 분간하고 실같이 쪼개어 서로 성내고 헐뜯는다. 마침내 들어오자는 자는 주인이 되고 나가는 자는 종으로 여기며, 뜻이 같은 자는 추대하고 뜻이 다른 자는 공격하되 자기 스스로 의거하는 바가 극히 바르다고 주장하니 어찌 소원하지 않은가?160)

　　이기설은 세상을 마치도록 서로 다투다가 자손에게 물려주어도 끝이 나지 않으니, 인생의 일이 허구 많으니 귀하와 나는 그런 일을 할 겨를이 없습니다.161)

이와 같은 다산의 반이기론적 태도는 조선조 주자학이 허구적 관념에 빠져 공리공론만을 일삼는 것을 비판하고, 외연적이고, 실천적인 정책을 요구하고 있는 것이라 볼 수 있다. 이 외연적인 사상적 구조는 다산에 있어서 기존의 '理'와 '氣'를 보는 관점을 달리하였다. 다산은 이를 다음과 같이 축약하고 있다.

　　理는 애증도 희비도 없고 텅 비고 막막하여 이름도 형체도 없다. 따라서 理는 인간적 가치라든가 감정을 도려내 버린 '物理'의 의미밖에 없다고 본다.162)

---

160) 『與猶堂全書』, 제1집, 「五學論」, 今之性理之學書 日理 日氣 日性 日情 日體 日用 日本然氣質 理發氣發 氣發未發 …… 心善無惡 心善有惡 三五椏 千條萬葉 …… 豈不疎哉.

161) 『與猶堂全書』, 제1집, 「五學論」, 答 李汝弘.

성리학에서는 理를 시공을 초월하여 만물에 부여되어 있는 내재적 존재로 보며 태극으로부터 연역되는 음양오행설로서 인간의 성이 된다고 한다. 다산은 이를 外延的 治人論으로 해석함으로써 목민사상의 치인론에 많은 영향을 주고 있다.

> 理란 본래 옥석의 理이다. 옥을 다루는 사람이 그 脈理를 관찰하므로 治로서 假借하여 理를 삼는다는 것으로, 理의 자의를 해석함으로써 이치를 미루어 治理로서의 理가 되고 더 나아가서는 法理로서의 理가 된다고 喝破하고 있는 것이다.163)

이러한 理는 하나의 理致, 條理에 불과할 뿐 太極도 性도 아니다. 그러므로 理는 氣의 현상 속에 종속되며 따라서 心, 性, 天이 모두 하나의 理에 환원될 수 없고 태극은 만물의 시초일 뿐 무형의 理는 아니라고 하여 '太極=理'라는 유학의 기본명제를 부정하고 있다.

이와 같이 성으로부터 理를 外延的 實踐論으로 승화시켜 버린 그에 의하면 "개는 개의 理가 있고 소는 소의 理가 있을 뿐 이것들이 모두 나에게 내재해 있다는 논리는 부당하다는 것이다."164) 이러한 점에서 만물은 하나의 理를 받아서 오행으로 생겨난 것이 아니며, 이러한 논리는 경험적이고 객관적인 개체성의 논리인 것이다. 이 외연적인 정치사상의 중요한 요소로 작용하고 있는 다산

---

162) 『與猶堂全書』, 제2집, 「孟子要義」, 夫理者何物, 理無愛憎, 理無喜怒, 空空模模, 無名無體.

163) 『與猶堂全書』, 제2집, 「孟子要義」, 理者本是 玉石之脈理 治玉者 察基脈理 故遂復假借以治爲理.

164) 李楠永, "茶山의 反理氣論과 그의 形而上學", 『茶産學 學術會議 發題要旨』, 1982, p.74.

의 氣에 대한 인식을 살펴보자. 그는 氣를 이기설로 설명할 수 없다고 강조한다.

　氣란 覈實하지 않을 수 없다. 만약 이기설로서 혼합시켜서 말한다면 이는 매우 옳지 않은 일이다.165)

　우리 인간이 生養하고 動覺할 수 있는 것은 오직 血, 氣의 2物이 있을 뿐이요. 그 형질을 말한다면 血은 粗하고 氣는 精하며, 血은 둔하고 氣는 예리한 것이다. 맹자는 부동심의 이치를 말하면서 다만 기를 말했으니 기의 물이란 혈액을 驅駕하고 그 힘은 지의 다음에 가는 것이므로 그의 自注에 氣는 體之充者라고 하였으니 육체에 충만한 것은 어떤 것인가. 다름 아닌 氣다. 이 氣가 육체에 존재함은 마치 遊氣가 천지에 있음과 같다. 그러므로 여기서도 氣라 하고 저기서도 또한 氣라고 하니 이를 종합해 보면 理氣의 氣와는 다른 것이다.166)

　다산은 위와 같이 설명함으로써, 그가 생각하는 氣는 사람의 몸속에 들어있는 기운이니 그것은 곧 맹자의 ‘我善養活然之氣’의 氣일 뿐이다.

　오늘에 하나의 義를 행하고 다음날 하나의 義를 행하면 義가 쌓여 氣가 함양됨으로써 그 체력이 확대되어 비록 천지에 가득 차도 그 거처한 곳은 끝내 形軀의 안에 있을 수밖에 없다. 이것을 氣라고 한다.167)

---

165) 『與猶堂全書』, 제2집, 「孟子要義」, 氣之爲物 不可不覈 苦以後世理氣之說渾合之則 大可也.

166) 『與猶堂全書』, 제2집, 「孟子要義」, 夫吾人之所以生養動覺 惟有血氣二物 論其形質血粗而氣情血鈍 …… 始渤氣在天地之中 故彼日氣此日氣 總與理氣之不同.

이렇듯 다산은 반이기론적 태도를 명백히 하지만 때로 율곡의
주기적 경향에 긍정하고 있다.[168]

다산의 이러한 주기적 경향은 정치사상적 관점에서 볼 때, 보편
성에 대하여 특수성, 개별성을 강조함으로써 외연적인 치인론과
상황주의적 구조를 지향에 나아간다.[169]

이와 같은 논리는 목민사상의 형성에 있어서 수기론과 치인론의
적절한 조화 속에서 세세적인 법치론까지 열거하는 실천적인 담론
으로 이어지고 있다.

제2절 목민사상의 논리적 전개와 문제

1. 修己의 사상적 근거와 특징

목민사상은 牧民官이 지켜야 할 政治思想的 論理와 牧者로서
갖추고 있어야 할 政治的 談論을 提示하였다. 그는 『牧民心書』
自序에서 다음과 같이 말하고 있다.

　　이 책은 첫머리와 맨 끝의 두 편을 제외한 나머지 10편에 들어
　　있는 것만 해도 60조나 되니, 진실로 어진 수령이 있어서 자기

---

167) 『與猶堂全書』, 제2집, 「孟子要義」, 今日行一義 明日行一義 …… 寓
　　終不離於 形軀之內斯其所 以名氣也.

168) 吳鍾逸, "茶山의 理氣觀", 「茶山學報」, 제6집 (광주: 茶山學연구원,
　　1984) p.47.

169) 김만규, "理氣論의 政治的 照明", 「제4차 합동학술대회논문집」 (한국
　　정치학회, 1981), 참조.

직분을 다 할 것을 생각한다면 아마 미혹하지는 않을 것이다.[170]

이는 牧者는 스스로 修己를 쌓은 후에 治人의 자세에 임해야 한다는 정치사상적 담론이 담겨져 있다. 牧者의 도리는 자기 자신으로부터 출발한다. 修身이 되지 않은 牧者는 목자로서 직무를 제대로 수행할 수 없다. 왜냐하면 목자의 수신 여하에 따라 백성들이 고통받는 삶을 사느냐 아니면 행복한 삶이 되느냐의 문제가 달려 있기 때문이다. 守令이 지녀야 할 태도를 부임의 절차 다음에 두고, 牧者는 그 자신을 바르게 하도록 강조하고 있다. 다산이 수기의 정치사상적 논리의 담론으로 提示한 부임론리, 율기론리, 퇴임론리의 順으로 수기의 사상적 논리와 문제를 살펴보겠다.

(1) 赴任의 問題

守令으로 임명받고 任地에 가서 집무하기까지 명심해야 할 논리를 여섯 가지 조항으로 설명한 것이다. 대체로 벼슬을 중앙관청에서 봉직하는 京官과 지방관청에서 봉직하는 外官으로 나누는데 守令이란 지방 고을을 맡아 다스리는 外官, 즉 牧民官인 것이다. 京官의 임무는 임금이나 上官의 補佐, 地方官廳의 감독 등을 수행하므로 대체로 단순하게 보았으나 守令인 牧民官의 직책은 단순하게 볼 수가 없었다. 왜냐하면 수많은 백성을 맡아서 다스리는 것이 그의 직책이기 때문이다.

---

170) 『牧民心書 自序』, 是書也 首尾二篇之外 其十篇所列 尚爲六十 誠有良牧 思盡其識 庶乎其不迷矣.

　　다른 벼슬은 구해도 好으나 목민관만은 구할 것이 못된다. 제
배된 처음에 재물을 함부로 써서는 안 된다. 저보(邸報)를 '처음
내려 보낼 때에 그 폐단을 덜 수 있는 것은 덜도록 해야 한다.
신임(新任) 여비를 국비로 받고서도 또 민부(民賦)를 거둔다면 이
는 임금의 은혜를 감추고 백성의 재물을 약탈하는 것이므로 해서
는 안 된다.171)

　牧民官이란 백성을 기른다는 말로서 목민관은 스스로 구하여
얻어서는 안 된다고 하여 守令이라는 직책이 백성들의 이해득실에
지대한 영향을 미치기 때문에 아무나 함부로 守令되기를 나서서는
안 된다는 것이다. 또한 한 집안의 奉養을 위하여 守令자리를 구
하는 것도 理致에 맞지 않는다고 하였으니 다산의 爲民思想이 어
떠했는지를 짐작할 수 있겠다.
　赴任하기도 前에 財物을 함부로 뿌려서는 안 된다고 하여 節儉
精神을 강조하고 있으며, 赴任 때의 行裝과 衣服, 鞍馬 等은 옛
것을 그대로 쓰고 同行하는 사람을 많이 데리고 가서는 안 된다고
다음과 같은 표현하고 있다.

　　치장에 있어서 그 의복이나 鞍馬는 옛것을 그대로 쓰되 새로
장만하지 말아야 한다. 수행하는 사람이 많아서는 안 된다. 이부
자리와 속옷 외에 책 한 수레를 싣는다면 청렴한 선비의 행장이
라 할 것이다.172)

171) 『牧民心書』,「赴任」, 他官可求 牧民之官 不可求也. 除拜之初 財不
　　可濫施也. 邸報下送之初 其可省弊者 省之. 新迎刷馬之錢 旣受公賜
　　又收民賦 是匿君之惠 而掠民財 不可爲也.
172) 『牧民心書』,「赴任」, 治裝 其衣服鞍馬 幷因其舊 不可新也. 同行者
　　不可多. 衾枕袍견之外 能載書一車 淸士之裝也.

이것은 百姓을 사랑하는 근본을 재물을 절약하는 정신에 있다고 보면서 검소해야만 청렴할 수 있고 청렴하여야 백성을 사랑한다고 보았다.

그러므로 牧民官 第一의 德目은 검소라는 것이다. 또한 守令 측근에 많은 사람이 있으면 그만큼 官廳 費用이 많이 들고 부정·부패가 침투할 틈이 많다는 것이다. 또한 守令이 부임할 때 부임경비를 백성에게서 거두는 일은 백성의 재산을 약탈하는 행위이므로 절대로 해서는 안 된다고 말하고 있다.

또한 수령으로 임명된 이후 사조라 하여 조정에 부임인사를 하는 절차가 있는데 여기서 겸손과 절제가 수령의 중요한 덕목이며, 君에 대한 충성을 담음과 같은 정치적 담론으로 말하고 있다.

　이미 兩司의 署經이 끝난 후에는 조정에 부임 인사를 드려야 한다. 公卿과 臺諫에게 두루 부임 인사를 드릴 때에는 마땅히 스스로 材器의 부족함을 말할 것이며 祿俸의 후박을 말해서는 안 된다. 신영하기 위해 아전들이 당도하거든 그들의 대함에 있어 마땅히 장중하고 온화하며 간결하고 과묵하게 한다. 임금을 하직하고 대궐 문을 나서게 되면 개연히 民望에 수응하며 군은에 보답할 것을 마음속으로 다짐한다. 이웃 고을로 벼슬이 옮겨져서 지름길로 부임하게 되면 辭朝하는 예는 갖추지 않는다.[173]

이러한 사조의 禮를 갖추고 任命한 임금을 하직하고 나와서 대궐문 밖에 이르러서는 대궐을 向하여 다음과 같이 다짐한다.

<hr>

173) 『牧民心書』, 「辭朝」, 旣署兩司 乃辭朝也. 歷辭公卿臺諫 宜自引材器 不稱 俸之厚. 薄不可言也. 歷辭銓官 不可作感謝語. 新迎吏隷至 其接之也. 宜莊和簡黙. 辭陛出門 慨然以酬民望 報君恩 設于乃心. 移官隣州 便道赴任 則無辭朝之禮.

임금이 아들처럼 사랑하는 千名, 萬名의 百姓들을 나같이 작은 臣下에게 맡기시고 牧民官을 삼아주셨으니 小臣이 그 뜻을 공경히 받들지 못한다면 죽어도 罪가 남을 것입니다.[174)

이는 自身의 生命을 다해 民을 사랑하겠다는 自身에 對한 다짐이며 一種의 취임 宣誓인 것이다. 또한 길을 떠나 여행 도중에 있을 때에는 장중하고 簡潔하고 침묵하여 말 못하는 사람처럼 하여야 한다고 하여 상대방의 말을 경청하고 자신의 판단을 바탕으로 하여 올바른 행동으로 실천해야 함을 집중하여 百姓을 편하게 하는 방법을 생각해야 할 것이라고 하여 牧民官은 언제 어디서나 百姓들의 福利만을 爲하여 努力해야 한다는 정치적 담론을 강조하고 있다.

부임길에 올라서도 또한 장중하고 화평하며, 간결하고 과묵하여 마치 말을 못하는 사람처럼 해야 한다. 길을 갈 때에 미신으로 꺼리는 곳이라 하여 바른 길을 버리고 딴 길로 돌아서 가려고 하거든 마땅히 바른 길로 가서 사괴(邪怪)한 말을 깨뜨리도록 해야 한다. 청사에 요괴가 있다고 해서 아전이 기피할 것을 고하거든 조금도 구애됨이 없이 선동하는 습속을 진정시키도록 해야 한다. 관부를 두루 찾아가 마땅히 먼저 임관된 자의 말을 귀담아 들을 것이며 해학으로 밤을 보내서는 안 된다. 도임하는 전날 하룻밤을 마땅히 이웃 고을에서 묵어야 한다.[175)

---

174) 『牧民心書』,「辭朝」, 主上以千萬口赤子 全付我小臣 俾字以牧 小臣 其不欽承 死有餘罪.

175) 『牧民心書』,「啓行」,「啓行在路 亦唯莊和簡默 似不能言者. 道路所由 其有忌諱 舍 正趨迂者 宜由正路 以破邪怪之設. 骸有鬼怪 吏告拘忌 宜甁勿拘 以剗煽動之俗. 歷入官府 宜從先至者 熟講治理 不可諧謔竟夕. 上官前一夕 宜宿隣縣.」

이는 매양 보면 가장 어리석은 사람일수록 일을 잘 아는 체 하고, 아랫사람에게 묻기를 부끄러워하여 두루뭉술하게 의심스러운 것을 그냥 삼킨 채 다만 文書 끝에 署名하는 것만 착실히 하다가 아전들의 술수에 빠지는 사람이 많다고 하면서 자신이 修養을 쌓고 修身할 것을 強調하고 있다.

또한 부임하는 첫날의 위정자로서 갖추어야 할 실천적인 덕목을 논의하면서 기후의 변화 및 지방의 여러 가지 여론을 파악하여 그 지방의 특수성을 처방하고 진단할 수 있는 정치적 담론을 제시하고 있다.

> 도임하는 데에는 날을 가리지 않는다. 우천 시에는 날이 맑아지기를 기다린다. 도임하면 관속들의 參謁을 받아야 한다. 참알하고 물러가면 화평하게 단정히 앉아서 백성을 다스리는 방법을 생각하되 너그럽고 엄정하고 간결하고 치밀하게 계획해서 時宜에 알맞도록 하고 스스로 이를 굳게 지켜 나가야 한다. 그 이튿날 향교에 나아가 謁聖하고 이어 사직단에 가서 奉審하되 오르지 삼가야 한다.[176)

> 그 이튿날 새벽에 자리를 펴고 관사에 임한다. 이날 선비와 백성들에게 영을 내려서 병폐에 대한 것을 묻고 여론을 조사하도록 한다. 이날에 백성들의 訴狀이 있으면 그 판결은 마땅히 간결하게 한다. 이날 몇 가지 일을 발령해서 백성들과 약속하되 바깥 문 설주 위에 특히 북 하나를 걸어 놓도록 하라. 관사에는 기한이 있는데 이 기한이 미덥지 않으면 백성들이 법령을 가볍게 여길 것이므로 기한이란 믿음이 없어서는 안 된다. 이날 책력에 맞는 소

---

176)『牧民心書』,「上官」,「不須擇日 雨則侍晴可也 乃上官 受官屬參謁 參謁既退 穆然端坐 思所以出治之方 寬嚴簡密 豫定規模唯適時宜 確然 以自守. 厥明 謁聖于鄕校 遂適社稷壇 奉審唯謹.」

책자를 만들고 모든 일의 정해진 기한을 기록하여 遺忘에 대비토
록 하라. 그 이튿날 늙은 아전을 불러 畵工을 모집케 하여 本縣
의 사정도를 그려서 벽 위에 게시토록 하라. 印文은 마멸되어선
안 되고 花押이 草率해서도 안 된다. 이날 木印 몇 개를 파서 여
러 마을에 나누어주도록 한다.177)

이러한 담론은 수기도 정치에 중요한 요소이지만 여론을 파악하
고 민생을 진단하는 것이 위정자의 전제임을 말해 주고 있다.

(2) 律己의 問題

律己란 몸을 단속한다는 뜻으로 자신을 바르게 관리하여 올바른
정신자세 및 몸가짐을 갖는 것이다. 왜냐하면 자기의 몸을 바르게
하지 않고서는 남을 다스릴 수가 없기 때문에 목민관은 우선 자기
자신부터 관리를 하지 않으면 안 되었다.

다산은 律己를 飭躬, 淸心, 齊家, 屛客, 節用의 여섯 條項으로 나
누어 說明하고 있다. 요컨대 修己함에 있어서 어떤 것 하나라도 소
홀히 해서는 안 되고 또 치자는 당연히 그러해야만 한다는 것이다.

기거에 정도가 있으며 冠帶를 정제하고 백성을 대할 때에 장중
한 태도를 취하는 것은 옛날의 도이다. 공사에 틈이 있거든 정신
을 모아 생각을 고요히 해서 백성을 편안케 할 방책을 연구하며

---

177) 『牧民心書』, 「事」, 「厥明開坐 乃理官事 是日 發令於士民 詢莫求言
是日有民訴之狀 其題批宜簡 是日發令以數件事 興民約束 遂於門外
之楔 特懸一鼓 官事有期 期之不信 民乃玩令 期不可不信也 是日作
適曆小冊 開錄諸當之定限 以補遺忘 厥明日 召老吏 令募畵工 作本
縣四境圖 揭之壁上 印文不可漫滅 花押不可 草率 是日 刻木印幾顆
頒于諸鄕.」

지성으로 선을 구하라. 말을 많이 하지 말며 사납게 성내지 말라.

아랫사람을 어거할 때 너그럽게 하면 따르지 않을 백성이 없을 것이다. 그러므로 공자가 이르기를 '위에 있으면서 너그럽지 아니하고 예를 행할 때 있어서 공정함이 없으면 내가 무엇을 보랴' 하였으며, 또한 이르기를 '너그러우면 많은 사람을 얻는다'고 하였다. 관부의 체모를 지키기 위해 엄숙함에 힘써야 하므로 수령의 곁에 다른 사람이 있어서는 안 된다.

군자가 무겁지 않으면 위엄이 없으니 백성의 윗사람이 된 자는 무거운 태도를 취하지 않으면 안 된다. 술을 끊고 색을 끊으며 소리와 풍류를 물리치고 공손하고 단정하며 엄숙하여 큰제사를 받들 듯하며 감히 유흥에 빠져 정사를 어지럽히며 시간을 헛되이 보내는 일이 없도록 하라.

한가하게 놀이를 즐기는 것은 백성들의 기뻐하는 바가 아니니 몸가짐을 단정히 해서 움직이지 않느니만 같지 못하다. 다스리는 일도 이미 이루어지고 사람들의 마음도 이미 즐겁다면 풍류를 마련해서 백성들과 함께 즐기는 것 또한 선배들의 성대한 일이었다.

따르는 하인을 간략하게 하고 그 얼굴빛을 부드럽게 해서 찾기도 하고 묻기도 한다면 기뻐하지 않을 백성이 없을 것이다. 政堂에 글 읽는 소리가 있다면 곧 淸士라고 말할 수 있을 것이다. 만약 시를 읊고 바둑을 두면서 정사는 下吏에게 맡긴다면 크게 그릇된 것이다.

전례에 따라 일을 살피고 대체를 지키는 것도 또 한 가지 방법이긴 하지만 이는 오직 시대가 맑고 풍속이 순후하여 지위와 명망이 아울러 높은 사람만이 할 수 있는 것이다.[178]

---

178) 『牧民心書』, 「律己」, 「興居有節 冠帶整飭 離民以莊 古之道也. 公事有暇 必凝神靜慮 思量安民之策 至誠求善. 毋多言毋暴怒 御下以寬 民罔不順 故 公子曰 居上不寬 爲禮不敬 吾何以觀之 又曰寬則得.官府體貌 務在嚴肅 坐側不可有他人 君子不重 則不威 爲民上者 不可不持重 斷酒絶色 屛去聲樂 齊卒端嚴 如承大祭 罔敢遊像 以荒以逸. 燕遊般樂 匪民攸悅 莫如端居而不動也 治理旣成 衆心旣樂 風流賁飾 與民偕樂 亦前輩之盛事也 簡其騶率 溫其顔色 以詢以訪 則民無

그러므로 일거수일투족이 백성과 함께할 수 있는 자세를 논하고 애민정치를 통해서만 목민관의 위상과 자세가 정립됨을 강조하여, 세세하게 일어나고 앉는 것도 절도가 있어야 하고 의관이 단정해야 하고 백성을 대할 때 의젓하고 정중해야 한다고 강조하였다.

그리고 정신과 기운을 함양하여 오늘 할 일을 찾아내고 일의 선후를 결정한 뒤 그 최선의 처리방법을 생각해야 한다. 이때는 힘써서 私慾을 버리고 한결같이 天理만을 따라야 한다[179]고 하여 하루 日課를 미리 計劃을 세워 理致에 맞게 處理해야 한다는 것이다.

그리고 公事에 여가가 있으면 정신을 모아 고요히 생각하며 백성을 편안히 할 방책을 헤아려 내어 지성으로 잘되기를 강구해야 할 것이다[180]고 하면서 일은 반드시 전례에 따라 처리하되 법도에 맞는가를 살펴보아야 한다는 것이다.

그리고 청렴은 守令의 本然의 의무이며 선정의 원천이 되고 덕행의 근본이라고 하면서 牧民官 노릇을 하려면 청렴해야만 한다고 하여 청렴을 강조하고 있다.

> 염결(廉潔)이란 목민관의 本務이며 모든 善의 원천이요. 모든 덕德의 근본이다. 염결하지 않고서 능히 목민을 할 수 있었던 자는 지금까지 한 사람도 없었다. 염결이란 천하의 큰 장사이다. 그러므로 크게 탐하는 자는 반드시 염결한 것이니 사람이 염결하지 못한 것은 그 지혜가 짧기 때문이다.

不悅矣 政堂有讀書聲 斯可謂之淸士也 若夫阿詩賭棋 委政下吏者 大不可也 循例省事 務持大體 亦或一道 唯時淸俗淳 位高名重者 乃 可爲也.」

179) 『牧民心書』, 「律己」, 思其善處務絶私欲一循天理.

180) 『牧民心書』, 「律己」, 公事有暇 必凝神靜慮 思量安民之策 至誠求善.

옛날부터 무릇 지혜가 깊은 자는 염결로써 교훈을 삼고 탐욕으로써 경계를 삼지 않은 자가 없었다. 목민관이 염결하지 않으면 백성들이 도둑으로 지독하여 마을을 지날 때에 더러운 욕설이 비등할 것이므로 또한 부끄러운 일이다. 뇌물을 주고받음에 있어서 누가 비밀을 지키지 않으랴만 한밤중에 한 일이 아침이면 드러난다. 보내는 물건이 비록 사소하다 하더라도 은정(恩情)이 이미 맺어졌으니 사사로움이 이미 오고간 것이다. 염결한 벼슬아치를 귀히 여기는 것은 그가 지나가는 곳의 산림이나 泉石도 모두 그 맑은 빛을 받게 되기 때문이다. 무릇 진기한 물건이 본 읍에서 산출되면 반드시 고을의 폐단이 되는 것이다. 하나라도 가지고 돌아오지 않아야만 염결한다고 말할 수 있다.

무릇 矯激한 행동이나 각박한 정사 같은 것은 인정에 가깝지 않아서 군자의 물리치는 바이니 취할 바가 아니다. 청렴하나 치밀하지 못하며 재물을 쓰면서도 실상이 없는 것 또한 칭찬할 것이 못된다. 무릇 민단의 물건을 사들임에 있어서 그 官式이 너무 헐한 것은 마땅히 시가대로 사들어야 한다. 무릇 그릇된 관례가 전해 내려오는 것은 굳은 결의로 이를 고치도록 하되 고치기 어려운 것은 범하지 말라. 무릇 布帛을 사들일 때는 印帖이 있어야한다. 무릇 날마다 쓰는 장부는 주목할 것이 아니니 끝에 서명하되 물 흐르듯 하라. 목민관의 생일날 아침에는 吏校諸廳에서 혹 성찬을 바치더라도 받아서는 안 된다. 무릇 희사하는 일이 있더라도 소리 내어 말하지 말며 생색내지 말며 남에게 이야기하지도 말고 前人의 허물을 말하지 말라. 염결한 자는 은혜로운 일이 적으니 사람들은 이를 병통으로 여긴다. 모든 책임은 자기에게로 돌리고 남을 책하는 일이 적으면 된다. 청탁이 행하여지지 않는다면 염결하다고 말할 수 있을 것이다. 청렴한 소리가 사방에 이르고 아름다운 이름이 날로 빛나면 또한 인생 일세의 지극한 영광인 것이다.181)

181) 『牧民心書』, 「律己」, 「廉者 牧之本務 萬善之源 諸德之根 不廉而能
    牧者 未之有也 廉者 天下之大賈也 故大貪必廉 人之所以不廉者 其

　清廉한 사람은 언제 어디서나 떳떳할 것이다. 清廉의 상대적 개념이 탐욕인바 마음에서 이 탐욕을 제거하면 청렴해지는 것이다. 따라서 청렴을 좇아 清白吏가 될 것인가, 아니면 탐욕을 좇아서 탐관오리가 될 것인지는 全的으로 인간의 자의에 따른 선택에 달려 있는 것이다. 그는 清廉한 관리를 귀하게 여기는 까닭은, 그가 지나간 곳은 산림도 천석도 다 맑은 빛을 받게 되기 때문이라고 지적하고 있다.

　다산은 이러한 정치적 논리를 바탕으로 하여 자기 몸을 바르게 가진 뒤에라야 집안을 바르게 이끌 수 있고 집안을 바르게 이끈 뒤에라야 나라를 다스릴 수 있다고 주장하면서 한 고을을 다스리고자 하는 자는 먼저 그 집안을 바르게 이끌어야 한다는 것이다.

　　몸을 닦은 뒤에야 집을 정제하고 집을 정제한 뒤에야 나라를 다스린다는 것은 천하의 공통된 이치이니 그 고을을 다스리려는 자는 먼저 그 집을 정제하여야 한다. 국법에 어머니가 따라가서 봉양을 받을 때에는 나라에서 비용을 지급하고 아버지가 따라가서 봉양을 받을 때에는 그 비용을 지급하지 않는데 그것은 뜻이 있는 것이다. 맑은 선비가 관직에 부임할 때 가족을 데리고 가지

　　　智短也. 故 自古以來 凡智深之士 無不以廉爲訓以貪爲戒 牧之不淸. 民指爲盜 閭里所過 醜罵以騰 亦足羞也 貨賂之行 誰不秘密 中夜所 行 朝己昌矣 饋遺之物 雖若微小 恩情旣結 私己行矣. 所貴乎廉吏者 其所過山林泉石 悉被淸光 凡珍物 産本邑者 必爲邑弊 不以一杖歸 斯可曰廉者也 若夫矯激之行 刻迫之政 不近人情 君子所 黜非所取 也 淸而不密 損而無實 亦不足稱也 凡買民物 其官式太輕者 宜以時 直取之 凡謬例之沿襲者 刻意矯革 或其難革者 我則勿犯 凡布帛貿 入者 宜有印帖 凡日用之簿 不宜注目 署尾如流 牧之生朝 吏校諸廳 或進殷饌 不可受也 凡有所捨 毋聲言毋德色 毋以語人 毋說前人過 失. 廉者寡恩 人則病之 躬自厚而薄責於人 斯可矣. 干囑不行焉 可 謂廉矣 淸聲四達 令聞日彰 亦人世之至榮也.」

않는데 가족은 妻子를 이르는 것이다. 형제 사이에 서로 생각이
날 때는 가끔 왕래할 것이나 오래 머물러선 안 된다. 內行이 내
려오는 날에는 그 치장은 마땅히 십분 검약해야 한다. 의복의 사
치스러움은 사람들의 싫어하는 바이고 귀신의 시기하는 바이니
복을 꺾는 길인 것이다.

　음식의 사치스러움은 재정을 소모시키는 것이요, 물자를 탕진
하는 것이니 재앙을 부르는 방법인 것이다. 閨門이 엄하지 못하
면 家道가 어지러워진다. 한 집안에 있어서도 오히려 그와 같거
든 하물며 관서에 있어서 어떠하랴. 법을 세워서 신칙하고 금하기
를 마땅히 우뢰와 같이하고 서리와 같이할 것이다. 청탁이 행하여
지지 않고 뇌물이 들어오지 않는다면 이는 바른 집안이라고 말할
수 있다. 물건을 사되 그 값을 묻지 않고, 사람을 부리되 위엄으
로써 하지 않으면 그 규문은 곧 존경을 받을 것이다. 곁방에 첩을
두면 부인은 이를 질투한다. 행동을 한 번 그르치면 소문이 널리
퍼져 나가게 되는 것이니 일찍이 끊어서 후회함이 없도록 하라.

　인자한 어머니의 가르침이 있고 처자가 그 훈계를 지킨다면 이것
을 법도 있는 집안이라 이르나니 백성이 이것을 본받을 것이다.182)

　善한 守令이 되려면 반드시 자애스러워야 하고, 자애스러우려
면 청렴해야 하고, 청렴하고자 하는 자는 반드시 절약해야 한다.

---

182) 『牧民心書』, 「律己」, 「修身而後齊家 齊家而後治國 天下之通義也
　　欲治其邑者 先齊其家 國法 母之就養 則有公賜 父之就養 不會其費
　　意有在也 淸士赴官 不以家累自隨 妻子之謂也 昆弟相憶 以時往來
　　不可以久居也 貧從雖多 溫言留別 臧獲雖多 良順是選 不可以牽纏
　　也. 內行下來之日 其治裝 宜十分儉約. 衣服之奢 衆之所忌 鬼之所
　　嫉 折福之道也 飮食之侈 財之所尾 物之所殄 招災之術也 閨門不嚴
　　家道亂矣 在家猶然 況於官署乎 立法申禁 宜如雷如霜 干謁不行 苞
　　沮不入 斯可謂正家矣. 貿販不問其價 役使不以其威 則閨門尊矣 房
　　之有嬖 閨則嫉之 擧措一誤 聲聞四達 早絕邪慾 斯可謂正家矣 貿販
　　不問其價 役使不以其威 則閨門尊矣. 房之有嬖 閨則嫉之 擧措一誤
　　聲聞四達 早絕邪慾 非毋有悔. 慈母有敎 妻子守戒 斯之謂法家 而民
　　法之矣.

목민을 잘하는 자는 반드시 인자하다. 인자하게 하려는 자는
반드시 염결해야 하며 염결하게 하려는 자는 반드시 검약하나니
절용이란 곧 목민관이 먼저 힘써야 하는 것이다. 節이란 한도로
제약하는 것이다. 한도로써 제약하는 데에는 법식이 있으니 법식
이란 곧 절용의 근본인 것이다.

의복이나 음식은 반드시 검약으로 법식을 삼는다. 가볍게 그
법식을 넘는다면 그 쓰는 것이 절도가 없는 것이다. 제사나 빈객
이 비록 사사로운 일에 속하는 것이나 마땅히 일정한 법식이 있
어야 한다. 쇠잔하고 조그만 고을에서는 법식을 보아서 마땅히 줄
여야 한다. 內舍에 보내는 물건은 모두 법식을 정하되 한 달 쓸
것을 모두 초하룻날 바치도록 하라. 공빈을 대접하는 것도 또한
미리 법식을 정하되 기일 전에 물건을 마련하여 예리에게 보내주
며 비록 남는 것이 생기더라도 돌려보내지 말라.

무릇 아전이나 관노들이 바치는 것으로서 회계 속에 들지 않는
것은 더욱 아껴 써야 한다.

私用을 절약하는 것은 사람마다 능히 할 수 있으나 公庫를 절
약하는 일은 능히 하는 사람이 없다. 공사 보기를 사사처럼 한다
면 그는 곧 어진 목민관이다. 체임되어 돌아가는 날에는 반드시
記付가 있어야 하나니, 기부의 수는 미리 준비하여야 한다. 천지
가 만물을 낳아서 사람으로 하여금 누리고 쓰게 하였는데 한 물
건이라도 버림이 없게 한다면 재화를 잘 쓴다고 말할 수 있을 것
이다.183)

---

183) 『牧民心書』, 「律己」, 「善爲牧者必慈 欲慈者必廉 欲廉者必約 節用
者 牧之首務也 節者限制也 限以制之 必有式焉 式也者 節用之本也
衣服飮食 以儉爲式 輕逾其式 斯用無節矣 祭祀賓客 雖係私事 宜有
恒式 殘小之邑 視式宜減 凡內饋之物 咸定厥式 一月之用 咸以朔納
公賓之稀 亦先定厥式 先期辦物 以授禮吏 雖有餘 勿還追也. 凡吏奴
所供 其無會計者 尤宜節用 私用之節 夫人能之 公庫之節 民鮮能之
視公如私 斯賢牧也. 遞歸之日 必有記付 記付之數 宜豫備也. 天地
生物 令人亨用 能使一物無棄 斯可曰善用財也.」

때문에 節用은 수령된 자가 제일 먼저 해야 할 임무라고 하면
서 목자의 제일의 논리로 절용을 꼽고 있다. 이러한 절용의 수기
논리에 전제되는 정치적 담론으로 '屛客'이라는 말을 쓰고 있다.
병객이란 이의 중요성에 대해서 다음과 같이 설명하고 있다.

> 무릇 관부에는 손이 있어선 안 된다. 오직 서기 한 사람이 안
> 일까지 겸해서 살펴야 한다. 무릇 고을 사람이나 이웃 고을 사람
> 들을 인접해선 안 된다. 무릇 관부 안은 마땅히 엄숙하고 맑아야
> 한다. 친척이나 친구들이 管內에 만이 살면 마땅히 거듭 엄중하
> 게 약속해서 의심과 비방을 끊고 좋은 정의(情誼)를 보전하도록
> 해야 한다. 무릇 조정의 權貴가 사사로이 글을 보내서 간절하게
> 청탁을 하더라도 이를 들어주어서는 안 된다. 먼 곳으로부터 貧
> 交나 窮族이 오면 마땅히 받아들여서 후하게 대접하여 보내야 한
> 다. 혼금은 엄하게 하지 않을 수 없다.[184]

이러한 다산의 政治的 修己論理의 담론의 귀결은 백성을 위한
善政의 정치로의 방향으로 귀속되는 동시에 당시의 시대의 위정자
의 실천적 논리를 강조하기 위하여 세태비난의 논리로 결론짓고
있다. 그 결론의 정치담론이 '權門勢家를 厚하게 섬겨서는 안 된
다'라고 하는 시대적 모순을 극복해 보고자 하는 강한 정치개혁적
의지를 담고 있다.

---

184) 『牧民心書』, 「律己」, 凡官府 不宜有客 唯書記一人 兼察內事 凡邑
人及隣邑之人 不可引接 大凡官府之中 宜肅肅淸淸 親戚故舊 多居
部內 宜申嚴約束 以絕疑謗 以保情好. 凡朝貴私書 以關節相託者
不可聽施. 貧交窮族 自遠方來者 宜卽延接 厚遇以遣之 婚禁不得
不嚴.

절약만 하고 흩어 주지 않으면 친척들이 배반한다. 베풀기를
즐겨 하는 것은 덕을 심는 근본이다. 가난한 친구나 곤궁한 친척
은 힘을 헤아려서 구제하여야 한다. 내 곳집에 남은 것이 있다면
남들에게 베풀어도 좋으나 나라의 재화를 훔쳐서 사사로이 사람
을 구제하는 것은 예가 아니다. 官俸을 절약하며 지방 백성들에
게 돌려주고 제집의 농사지은 것을 흩어서 친척들을 넉넉하게 해
준다면 원망하는 사람이 없을 것이다. 귀양살이하는 사람의 격지
살림이 곤궁하다면 불쌍히 생각해서 돌보아 주는 것도 또한 어진
사람의 힘쓸 바이다. 전란을 당하여 떠돌아다니는 사람이 의지하
려 하면 친절하게 받아들이는 것이 의로운 사람의 행실이 것이다.
권문세가를 후하게 섬겨서는 안 된다.[185]

이는 오늘날의 공직사회에도 하나의 경종이 되고 있다. 자신의
개인적 영달이나 출세를 위하여 상급자나 최고경영자에게 분수에
맞지 않는 값비싼 선물을 하는 세태는 다산이 생존했던 당시의 부
패한 사회와 다를 바가 없다 하겠다.

지금까지 살펴본 수기논리는 목자가 스스로 수신하여 자신의 몸
가짐을 바르게 하고, 청렴한 마음으로 제가하여 공사를 분별하면
서 민원을 사지 않도록 사람을 대하고 물품을 절용하여 베푸는 것
으로 요약할 수 있다.

(3) 退任의 問題

다산의 수기에 있어 중요하게 다루어져야 할 부분은 퇴임의 문

---

185) 『牧民心書』,「律己」, 節而不散 親戚畔之 樂施者 樹德之本也. 貧交
   窮族 量力以周之 我凜有餘 方可施人 竊公貨 以住私人 非禮也. 節
   其官俸 以還土民 散其家穡 以贍親戚 則無怨矣. 謫徒之人 旅刷因窮
   憐而贍之 亦仁人之務也 干戈搶攘流離寄萬 撫而存之 斯義人之行
   也. 權門勢家 不可以厚事也.

제이다. 어느 벼슬을 하던 반드시 퇴임을 전제로 하기 때문에 이에 관한 수기의 문제는 그의 정치적 이념을 이해하는 데 필수적인 요소로 볼 수 있을 것이다.

> 벼슬은 반드시 遞任되게 마련이니, 갈려도 놀라지 않고 잃어도 연연하지 않으면 백성이 공경할 것이다. 벼슬을 헌신짝같이 버리는 것이 옛사람의 의리이다. 교체되었다 해서 슬퍼한다면 부끄러운 일다. 평소에 문서와 장부를 잘 정리해 두어서 그 이튿날 떠나가는 것은 맑은 선비의 풍채와 태도이다. 문서와 장부를 마감한 것이 청렴하고 분명해서 후환이 없게 하는 것은 지혜 있는 선비의 행실이다. 나이가 많은 노인들이 모여 교외에서 연회를 베풀어 전송하는데 어린아이가 어머니를 잃은 것같이 하여 정(情)으로 인사하는 것은 또한 인간 세상의 지극한 영광인 것이다. 돌아가는 길에 頑惡한 백성을 만나 꾸짖음과 욕을 당하며 악한 소리가 멀리 퍼지는 것은 또한 인간 세상의 지극한 치욕인 것이다.[186]

退任이란 守令이 解免된 때의 태도와 지켜야 할 규범을 뜻한다. 벼슬이란 반드시 遞任되는 것이다. 재임되어도 놀라지 않으며, 벼슬을 잃고도 못내 아쉬워하지 않으면 백성들은 그를 존경하게 될 것이다. 또한 평소부터 문서를 정리하였다가 해임 발령이 있으면 그 이튿날 드디어 떠날 수 있으면 맑은 선비의 태도이고, 장부를 청렴 명백하게 마감하여 뒷걱정이 없도록 한다면 지혜로운 선비의 행동인 것이다. 그러므로 언젠가는 벼슬에서 물러날 것을 각오하

---

186) 『牧民心書』,「解官」, 官必有遞 遞而不驚 失而不戀 民斯敬之矣. 棄官如使 古之義也 旣遞而悲 不亦羞乎 治簿有素 明日수行 淸士之風也 勘簿廉明 勘簿廉明 非無後患 智士之行也 父老相送 飮餞于郊 如迎失母 情見于辭 亦人世之至樂也 歸路具頑 受其叱罵 此人世之至辱也.

고 늘 淸廉한 자세로 임할 것을 강조하면서, 끝내 벼슬자리에 매
달려 사욕을 채우려다가 자신을 망치는 것을 보게 됨을 가련하다
고 개탄하였다. 守令으로서의 청렴하고 명백한 자세로 公職을 마
무리하여 牧民官으로서의 有終의 美를 거둘 것을 당부하였다. 이
러한 마무리의 행장에 대한 다산의 주장은 오늘의 위정자에게도
크나큰 교훈을 주고 있다.

> 청렴한 선비의 퇴임 행장은 깨끗하여 낡은 수레와 여윈 말일지
> 언정 맑은 바람이 사람을 엄습한다. 상자와 채롱에 새로 만든 그
> 릇이 없고 구슬과 비단 등 토산물이 없다면 맑은 선비의 행장이
> 라 할 수 있다. 물건을 연못에 던지고 불에 집어넣어서 하늘이 준
> 물건을 학대하고 없애 버려서 스스로 그 염결을 드러내려고 하는
> 자는 도리어 天理에 맞지 않는 것이다. 집에 돌아온 후에도 새로
> 운 물건이 없고 청빈한 것이 옛날과 같은 것은 으뜸이요. 方便을
> 베풀어서 일가들을 넉넉하게 하는 것은 다음이다.187)

이는 상자와 농에는 새로 만든 그릇이 없고 구슬과 비단은 그
고을의 土産物이 없으면 淸廉한 선비의 行裝이라 할 것이라고 하
여 官職에서 물러날 때의 깨끗한 行裝에 대해서 말하고 있다. 그
리고 집에 돌아왔을 때 家産이 守令으로 나갈 때와 變함이 없을
때 淸廉한 牧者라고 하였으니 茶山은 公職과 관련하여 재물에 대
해 언제나 청렴할 것을 매우 强調하였다.

이러한 청렴으로 무장된 목민관의 다음은 '願留'의 문제가 제기

---

187) 『牧民心書』, 「解官」, 淸士歸裝 脫然瀟灑 弊車羸馬 其淸飚襲人 使籠
    無新造之器 珠帛無土産之物 淸士之裝也. 若夫投淵擲火 暴殄天物
    以 自鳴其廉潔者 斯又不合於天理也 歸而無物 淸素如昔 上也 設爲
    方便 以贍宗族 次也.

된다. 원류는 목민관의 누구에게나 주어지는 특권은 아니고 민의
의 수렴에 의한 정치제도의 하나로 생겨난 중요한 정치적 담론으
로 볼 수 있다. 다산이 표현하는 願留에 대한 정치적 담론은 다음
과 같다.

　　떠나가는 것이 못내 아쉬워 길을 막고 유임하기를 원하며 그
　빛을 역사책에 남김으로써 後世에 전하는 것은 말과 형식으로 되
　는 바가 아니다. 달려가 闕下에 다다라 유임하기를 빌면 그 뜻을
　존중하여 이를 허락하여서 민정을 따르는 것은 곧 옛날에 선을 권
　장하는 큰 權柄이다. 명성이 널리 미쳐서 혹 이웃 고을에서 빌리
　기를 원하거나 혹 두 고을이 서로 다툰다면 이것은 어진 목민관의
　빛나는 가치 때문이다. 혹 오래 재임하여 서로 편안케 하였거나
　이미 늙었어도 강임해서 유임시켜 오직 民意를 따르며 법에 구애
　되지 않는 것도 세상을 다스리는 일이다. 백성들이 그 명성과 행
　적을 아끼고 사모하여 그 고을에 재임하게 하는 것도 또한 史册
　에 빛날 일이 될 것이다. 그 親喪을 당해서 돌아간 자를 백성들이
　놓지 않으려 하면 起復해서 還任되는 자도 있고, 喪期를 끝내고
　다시 제수되는 자도 있다. 아전과 더불어 모의하여 간사한 백성을
　유혹하고 움직여서 대궐에 나아가서 유임을 빌게 하는 자는 임금
　을 속이고 윗사람을 속이는 것이니 그 죄가 매우 큰 것이다.188)

　守令으로서의 명성이 높아서 혹은 이웃 고을에서 그를 守令으

---

188) 『牧民心書』, 「解官」, 惜去之切 遮道願留 流輝史册 以照後世 非聲貌
　　之所能爲也 奔赴闕下 乞其借留 因而許之 以順民情 此古勸善之大
　　柄也 各聲所達 或隣郡乞借 或二邑相爭 此賢牧之光價也 或久任 以
　　相安 或旣老而勉留 唯民是循 不爲法拘治世之事也 因民愛慕 以其
　　聲績 得再이斯邦 亦史册之光也 其遭喪而歸者 猶有因民不舍 或起
　　復而還任 或畢喪而復除 陰與吏謀 誘動奸民 使之詣闕而乞留者 欺
　　君罔上 厥罪甚大.

로 임명하여 주기를 빌고, 혹은 두 고을이 서로 다투는 일이 생기면 이것은 牧民官의 빛나는 가치인 것이다. 어진 牧者는 재임 기간에 백성들을 위한 일에 앞장서야 하고 그로 인하여 백성들과는 따뜻한 정으로 맺어져서 이별할 때에는 못내 서글퍼해야만 한다는 것이다. 이는 정치의 이상적인 담론으로 유가정치의 바람직한 정치형태의 구현이라고 볼 수 있다.

  그러나 이러한 이상적인 정치모델을 구현하기 위해 부득이하게 현 임지에서 죽어나간 목민관을 위한 '隱卒'을 다산은 말하고 있다. 그럼 隱卒은 무엇인가? 이에 대해 다산은 다음과 같이 말하고 있다.

> 任所에서 죽어 맑은 덕행이 더욱 강렬하며 아전과 백성이 슬퍼하고 상여를 붙잡고 號哭하며 오래되어도 잊지 못하는 것은 어진 목민관의 최후이다. 오랜 병으로 누워 있게 되면 마땅히 곧 거처를 옮겨야 하며 政堂에서 운명하여 다른 사람들이 싫어하게 되어서는 안 된다. 喪事에 소용되는 쌀은 이미 나라에서 주는 것이 있으니 백성이 부의하는 돈을 또 받아서 무엇하랴. 유언으로 못하도록 명령하는 것이 옳은 일이다. 백성을 잘 다스렸다는 명성이 널리 퍼져 언제나 특이한 소문이 있으면 사람들은 그를 칭송할 것이다.[189]

  이상에서 다산이 修己論理로 제시한 赴任, 律己, 退任에 관한 牧民官의 문제를 살펴보았는데 다산이 생각한 이상적인 목자관은

---

[189] 『牧民心書』, 「解官」, 在官身沒 而淸芬盆烈 吏民愛悼 攀以號挑 旣久而不能忘者 賢牧之有終也 寢疾旣病 宜卽遷居 不可考終于政堂 以爲人厭惡 喪需之米 旣有公賜 民賻之錢 何必再受 遺令可矣 治聲旣轟 常有異聞 爲人所誦.

매사에 위민을 대전제로 하여 수기의 논리를 정치담론으로 승화시
켜 이상적인 사회를 구현하는 데 있다고 볼 수 있겠다.

2. 治人의 사상적 조건과 실천

다산은 자신의 경학 사상의 중심을 一表二書에 두고서, 그 정치
사상의 기본논리을 수기로 보았으며, 이것을 치인으로 확충하여
천하를 다스리는 목민사상으로 발전시켰다. 이렇게 볼 때 다산의
치인 논리는 수기논리를 기반으로 한 목민정치의 실천적 담론이라
고 할 수 있겠다. 이와 같은 修己에 바탕을 둔 현장 지향적인 봉
공의 논리, 애민의 논리, 賑荒의 論理를 살펴보겠다.

(1) 奉公의 論理

봉공이란 공무를 수행한다는 뜻이니 오늘날의 봉사라고 할 수
있겠다. 이는 國法을 준수하고 施策을 널리 펴나가는 것이며 百姓
들로부터 稅金과 貢物을 거두는 일 따위로 볼 수 있겠다. 百姓들
의 風俗을 고르게 하며 朝庭의 指示나 消息을 卽時 百姓에게 알
려주고 禮를 가르쳐 風俗을 순후하게 하고 法을 遵守하여 臣下의
道理를 다하는 것이 奉公의 論理라는 것이다. 다산은 군주에게 충
성을 다하고 신하로서의 도리를 다하는 것은 '宣化'라고 다음과
같이 논하고 있다.

군수나 현령은 본래 承流와 宣化를 하는 것인데 오늘날에는
오직 감사만이 이 책임이 있다고 말하는 것은 잘못이다. 綸音이
고을에 이르게 되면 마땅히 백성들을 모아놓고 친히 宣諭하여 임

금님의 어진 뜻을 알게 하여야 한다. 教文이나 赦文이 고을에 이르게 되면 또한 사실의 요점을 따서 백성들에게 선유하여 각각 알게 하여야 한다. 무릇 望賀의 예는 마땅히 숙목하고 공경을 다하며 백성들로 하여금 조정의 존엄함을 알게 하여야 한다. 望慰의 예는 오르지 儀注를 따라야 하는데 古禮는 강론하지 않을 수 없는 것이다. 國忌日에는 일을 폐하고 刑도 쓰지 아니하며 樂도 쓰지 아니해서 모두 법례와 같이 하여야 한다. 조정의 명령이 내려온 것을 민심이 기뻐하지 아니해서 봉행할 수 없는 것은 마땅히 병을 핑계하고 벼슬을 버려야 한다. 璽書가 멀리 내려오게 되면 수령의 영광이며 責諭가 가끔 이르는 것은 수령의 두려움인 것이다.[190]

이는 국가가 무엇보다도 우위임을 자각하는 治人論理로 國忌에는 事務 處理를 中止하며, 刑罰을 執行하지 아니하고, 음악을 중지하는 것을 다 법리대로 하여야 한다고 하여 국가에 대한 국민의 도리를 強調하고 있다. 또한 詔書나 命令이 내리면 마땅히 조정의 은덕스러운 趣旨를 널리 宣布하여서 백성들로 하여금 나라의 은혜를 充分히 알게 해야 한다고 하여서 牧民官은 國家의 政策이나 명령 따위를 국민에게 널리 알려야 한다고 하였다.

법이라는 것은 임금의 명령이니 법을 지키지 않는다면 임금의 명령을 따르지 않는 자라 할 수 있다. 人臣된 자가 어찌 감히 그렇게 할 수 있겠는가.

---

190) 『牧民心書』,「奉公」, 郡守縣令 本所以承流宣化 今唯監可謂有是責非也. 綸音 到縣 宜聚集黎民 親口宣諭 批知德意 教文赦文到縣 亦宜撮其事實 宣諭下民 批各知悉 凡望賀之禮 宜肅穆致敬 使百姓知朝廷之尊. 望慰之禮 一遵儀注 面古禮不可以不講也. 國忌廢事 不用刑 不用樂 皆如法例 朝令所降民心弗悅 不可以奉行者 宜移疾去官 璽書遠降牧之榮也 責諭時至 牧之懼也.

굳게 지켜서 흔들리지도 말고 빼앗기지도 말며 무릇 인욕이거든 물러가 天理의 流行에 귀를 기울일 것이다.

무릇 국법의 금하는 바와 형틀에 실려 있는 것은 마땅히 두려워해서 감히 범하는 일이 없도록 하라.

이로움에 유혹되지 아니하고 위세에 굽히지 않는 것이 법을 지키는 길이다. 비록 상사가 독촉하더라도 받아들이지 않아야 한다.

해가 없는 법은 지켜서 변경하지 말아야 하며 관례의 이치에 맞는 것은 준수하여 잃지 말라. 邑例라는 것은 한 고을의 법이니 그 이치에 맞지 않는 것은 고쳐서 지켜야 한다.[191]

이는 남의 臣下된 者가 그 어찌 敢히 할 수 있겠는가. 또한 邑例는 그 고을의 法이라고 할 수 있는 것이니, 事理에 맞지 않는 것은 고쳐서 지켜야 한다고 하여 官吏는 솔선수범하여 遵法을 實踐해야 한다는 것이다. 그리고 法의 執行을 반드시 法條文에 依據해야 한다고 主張하였으니 오늘날의 立憲政治의 實現을 爲해 茶山이 努力하였음을 알 수 있다.

모든 國法에서 禁止한 것, 刑律에 실려 있는 것은 마땅히 벌벌 떨며 두려워하여 敢히 冒犯해서는 안 된다고 하여 한 가지 일을 處理할 때 반드시 나라의 法典에 의거해야 하며 또한 조금이라도 법에 어긋나는 일이면 絶對로 해서는 안 된다고 强調하였다.

이는 當時 農民들의 착취 手段으로 利用된 三政의 紊亂을 꼬집어 가리킨 듯하다. 茶山은 流配地 康津당에서 直接 목격한 三政의 紊亂을 改革하여 農民들의 苦痛을 덜어주고자 一表二書를

191) 『牧民心書』, 「奉公」, 「法者君命也 不守法 是不遵君命者也 爲人臣者 其敢爲是乎 確然持守 不撓不奪 便是人慾 退聽天理之流行 凡國法所禁. 刑律所載 宜慄慄危懼 母敢冒犯 不爲利誘 不爲威屈 守之道也 雖上司督之 有所不受 法之無害者 守而無變 例之合理者 遵而勿失 邑例者 一邑之法也 其不中理者 修而守之.」

남겼다. 그는 權力層으로부터 疎外 당한 채 人間의 基本的 權利
마져 無視 당하고 비참한 生活을 해온 當時의 百姓들에게 限없는
同情을 느끼고 社會의 不條理, 病弊에 對해서 분노를 抑制하지
못하고 절규에 가까운 告發詩를 수없이 많이 지었다. 茶山은 百
姓을 救하고 世上을 바로잡는 것을 自身의 使命으로 생각하였다.
그는 自身이 당하는 괴로움을 昇化하여 民衆의 괴로움과 같은 次
元에서 생각하였다. 그리하여 茶山이 主張한 政治, 社會의 改革
은 根本的인 解決을 講究하는 쪽으로 그 論理를 展開하고 있다.

　百姓들은 土地를 밭으로 삼는데 吏屬들은 百姓을 밭으로 삼아
骨血을 빠는 것을 가을철 收穫인 양 여겨서 이런 것이 習性이 되
어 있다192)고 하여 官吏들의 非理를 꼬집었다. 茶山은 理想的인
牧者란 언제나 國法을 遵守하고 爲民政治를 하여 百姓들이 윤택
한 삶을 이룩해야 한다고 생각했다. 또한 治道를 하는 데 필수적
인 禮를 뽑았으며, 그의 목민관의 원만한 대인관계를 위한 禮에
관한 정치적 담론은 다분히 유가적인 특색을 포함하고 있다.

　　禮際는 군자가 신중히 다루어야 한다. 공손하고 가까우면 치욕
　을 멀리할 수 있을 것이다. 外官과 使官이 서로 만날 때에는 모
　두 예의가 있으니 이는 나라 법전에 나와 있다.
　　延命의 예를 監營으로 달려가서 행하는 것은 옛날의 예가 아
　니다. 감사란 법을 바로잡는 관원이니 비록 옛 정의(情誼)가 있더
　라도 이를 믿어서는 안 된다.
　　營下判官이 上營에 대하여는 마땅히 삼가고 공손하게 예를 극
　진히 할 것이며 소홀히 해서는 안 된다.
　　상사가 아전이나 군교를 잡아다 다스릴 때에는 비록 일이 비리

---

192) 「牧民心書」, 「奉公」, 「民以土爲田 吏以民爲田 剝槌體以爲耕 柂頭
　　會箕 以刻積」.

에 속하더라도 순종함이 있을 뿐 어기지 않는 것이 好을 것이다.

과실은 수령에게 있는데 상사가 수령에게 그 吏校를 治罪하라고 하면 마땅히 移囚시켜야 한다. 상사의 명령하는 것이 公法에 어긋나고 민생을 해치는 것이라면 마땅히 꿋꿋하게 굴하지 말아야 하며 확연히 스스로 지켜야 한다.

예는 공손하지 않으면 안 되고 의는 염결하지 않으면 안 되나니 예와 의 두 가지가 아울러 온전하고 온화한 태도로 道에 맞는다면 뉘우침이 적을 것이요. 이웃 수령과의 형제의 의가 있으니 그에게 비록 잘못이 있더라도 나는 그와 같아서는 안 될 것이다.

교대할 때에는 동료의 우의가 있으니 뒷사람에게 미움받을 일을 앞사람이 하지 않아야 원망이 적을 것이다.

前官에게 잘못이 있다면 이를 가려서 드러내지 말고 전관에게 죄가 있거든 도와서 죄가 되지 말도록 하라.

무릇 정사의 寬猛이나 명령의 득실 같은 것은 서로 이어받고 서로 변통하여 그 허물을 없애도록 하라.[193]

禮를 바르게 하여 남가 接觸하는 것은 君子가 조심하여 지켜야 할 일이다. 공손하게 하여 禮에 가깝게 되면 恥辱을 멀리할 수 있다고 하여 牧者는 禮를 重視해야 한다는 것이다. 禮를 지키면 공손하지 않을 수 없고 바른 道理를 지키면 결백하지 않을 수 없다.

---

193) 『牧民心書』, 「奉公」, 「禮際者 君子之所愼也 恭近於禮 遠恥辱也. 外官之與 使臣相見 具有禮儀 見於邦典 延命之赴營行禮 非古也 監司者 執法之官 雖有舊好 不可恃也 營下判官 於上營宜恪恭盡禮 不 可忽也 上司推治吏校 雖事係非理 有順無違焉 可也 所失在 牧 而上司令牧自治其吏校者 宜請移因 唯上司所令 違於公 法 害於民生 當毅然不屈 確然自守 禮不可不恭 義不可不潔 禮義兩全 雍容中道 斯之謂君子也 隣邑上睦 接之以禮 則寡 悔矣 隣官有兄弟之誼 彼雖有失 無相猶矣 交承有僚友之誼 所惡於後 無以從前 斯寡怒矣 前官有疵 掩之勿彰 前官有罪 補之勿成 若夫政之寬猛 令之得失 相承相變 以濟其過.」

그러므로 禮와 義가 다 完全하면 溫和하고 道에 맞을 것이니 이런 것을 君子라고 한다. 그리하여 眞正한 君子는 禮나 義를 다같이 重視해야 한다고 주장하였다. 茶山이 생각했던 이러한 牧民官의 姿勢는 오늘날 公職社會에 그대로 적용될 수 있는 것이 大部分이다.

　정치를 하는데 어떠한 수단으로서의 주요한 매개체가 되고 있는 공문을 작성하는 요령과 거기에 대한 상세한 담론은 上官에게 올리는 報告 文書는 마땅히 정밀하게 守令 自身이 直接 作成해야지 결코 아전의 손에 맡겨서는 안 된다는 전제를 피력하고, 구체적인 사안들을 꼬집어 治人에 관한 정치적 담론은 다음과 같이 말하고 있다.

　　공용문서의 문안은 마땅히 정밀하게 생각하여 자신이 지을 것이며 아전의 손에 맡겨서는 안 된다. 그 격식과 문구가 經史와 달라서 書生이 처음 오게 되면 당혹해하는 수가 많다.
　　상납의 書狀, 起送의 서장, 知會의 서장, 到付의 서장은 아전이 例에 따라 付送하여도 좋다.
　　폐단을 말하는 서장, 청구하는 서장, 防塞하는 서장, 辨訟하는 서장 등은 반드시 그 文詞가 사리에 맞고 정성스러우며 간절해야만 비로소 사람의 마음을 움직일 수 있는 것이다.
　　人命에 관한 서장은 마땅히 글자를 문질러 고칠 것을 염려해야 하고, 盜獄의 서장은 마땅히 그 봉함을 비밀하게 해야 한다.
　　農形에 관한 서장, 雨澤에 관한 서장은 緩急이 있는데 그 기한을 지켜야만 탈이 없을 것이다.
　　마감하는 서장은 마땅히 그 謬例를 바로잡아야 하며 年分의 서장은 마땅히 농간을 부리는 구멍을 살펴야 한다.
　　조목의 수가 많은 것은 마땅히 색인을 만들어 붙어야 하고 조목이 적은 것은 後錄에 정리해 두면 될 것이다.

월말의 서장은 깎아 버려도 좋은 것은 상사와 의논해서 없애 버리도록 한다.

諸營에 대한 서장, 亞營에 대한 서장, 京司에 대한 서장, 사관에 대한 서장 등은 모두 관례를 따를 것이며 마음을 쓸 것이 없다.

이웃 고을에 대한 移文은 마땅히 그 辭令을 잘함으로써 틈이 생기는 일이 없게 하라.

文牒이 기한을 넘겨서 늦어지게 되면 상사의 독촉과 문책을 받게 되는데 이것은 奉公하는 길이 아니다.

무릇 상하문첩은 마땅히 수록하여 책으로 만들어 고증과 검열에 대비할 것이며 그 기한이 설정되어 있는 것은 따로 작은 책을 만들도록 하여야 한다.

변문의 자물쇠를 맡은 자가 곧장 장계를 올릴 때에는 마땅히 더욱 격식과 관례를 밝게 익혀서 두려운 태도로 삼가야 할 것이다.[194]

慣例에 따르면 形式的인 文牒의 경우에는 吏屬을 시켜도 無妨할 것이나 百姓에게 폐단이 되는 것, 是正할 것, 建議할 內容 等은 國家 政策에 關한 重要한 公文書이니 末職의 吏屬에게 맡겨선 안 되고 守令이 直接 起案, 發議해야 한다는 것이다. 또한 모든 百姓을 爲하여 恩惠를 求하거나 百姓을 爲하여 病弊를 除去

194) 『牧民心書』, 「奉公」, 「公移文牒 宜精思自撰 不可委於吏手 其格例文句 異乎經史 書生始到 多以爲惑 上納之狀 起送之狀 知會之狀 到付之狀 吏自循例 付之可也 說弊之狀 請求之狀 防塞之狀 辨訟之狀 必其文 詞條彰 誠意惻達 方可以動人 人命之狀 宜慮其擦改 盜獄之狀 宜秘其封緘 農形之狀 雨澤之狀 有緩有急 要皆及期乃無事也. 磨勘之狀 宜正謬例 年分之狀 宜察奸竇 數目多者 開列于成冊 條段少者 疏理于後錄 月終之狀其可刪者 議於上司 圖所以去之 諸營之狀 亞營之狀 京司之狀 史館之狀 炳皆循例 不足致意 隣邑移文 宜善其辭令 比無生欣 文牒稽滯 必遭上司督責 非所以奉公之道也 凡上下文牒 宜錄之爲冊 以備考檢 其說期限者 別爲小冊 若邊門掌若 直達狀啓者 尤宜明習格例 兢然致愼.」

하기 爲한 公文書에는 반드시 지극한 精誠이 들어나도록 作成하
여야 남을 感動시킬 수 있을 것이다. 여기에서도 茶山의 爲民政
治思想이 나타나 있는 것이다.

또한 報告 文書를 지체하여서 上司의 독촉과 問責을 받는 것은
公務를 執行하는 者의 道理가 아니라고 하여 有期文書의 報告
지체를 경고하고 있다.

貢納은 나라에 物件을 바치는 것을 뜻한다. 財物은 百姓에게서
나오고, 이를 받아서 바치는 者는 守令이다. 아전의 농간을 잘 살
피면 백성에게서 받아들이는 것을 비록 너그럽게 하여도 無妨하지
만, 아전의 농간을 살필 줄 모르면 비록 急하게 督促하여도 無益
할 것이다. 이는 牧民官이 納稅者인 百姓을 다루기 以前에 自己
部下 職員의 농간을 먼저 團束해야 한다는 뜻이다.

　　재물은 백성에게서 나오며 이것을 받아들이는 것은 수령이다.
　아전의 농간을 살핀다면 비록 관대해도 해가 될 것이 없지만 아
　전의 농간을 살피지 않으면 비록 급하게 굴어도 이익 됨이 없을
　것이다. 田租나 田布는 국가의 긴급 수용에 충당하자는 것이다.
　먼저 넉넉한 집부터 집행을 하고 아전들이 빼돌리지 않도록 하여
　야만 기한에 미칠 수 있을 것이다.
　　軍錢과 軍布는 京營에서 항상 독촉하는 것이다. 그 중첩되는
　징수를 살피고 퇴박하는 것을 금해야만 원망을 없앨 수 있을 것
　이다. 공물이나 토산물은 상사가 배정한다. 그 예전부터 있던 것
　을 정성스럽게 닦아서 새로 구하는 것을 막아야만 폐단을 없앨
　수 있을 것이다.
　　잡세나 잡물을 백성들은 심히 괴로워한다. 쉽게 얻을 수 있는
　것은 보내 주고 구하기 어려운 것을 사절한다면 허물이 없을 것
　이다.

상사가 이치에 맞지 않는 일을 강제로 군현에 배정한다면 수령
은 마땅히 利害를 따져 봉행하지 않도록 해야 한다. 內司諸宮에
상납하는 것이 기한을 어기면 또한 事端이 생길 것이니 소홀히
해서는 안 된다.[195]

특히 다산은 교활한 지방관과 아전들은 단지 농민만을 수탈하였
을 뿐 세력 있는 토호들에게는 세금을 부과하지 않는다고 당시의
불평등한 사회구조를 비판하였다. 상사가 사리에 맞지 않는 일을
강제로 군현에 배정하여 시키는 일이 있을 때에는 守令은 반드시
利와 害가 되는 點을 상세히 진술해야 한다. 이처럼 세법에도 없
는 것을 상사가 강요하였을 때, 이를 거절하는 것이 목민관의 도
리라는 것이다.

往役이란 守令의 固有한 業務 以外의 일에 差出되어 實行하여
야 할 兼務가 있다는 뜻이다. 즉 出張을 간다는 뜻으로 解釋된다.
上司가 出張을 보낼 때에는 마땅히 정성껏 順從하여야 한다. 事
故를 핑계하거나 病을 칭탁하여 自身의 便安만을 꾀함은 君子의
道理가 아니다. 즉 어려운 일을 賦與 받았을 때 自身을 희생하면
서 義務를 遂行하면 남을 眞心으로 위하는 것이라 하였다.

상사가 差遣하면 마땅히 承順(승순)하여야 한다. 일이 있다거
나 병을 칭탁해서 스스로 편한 것을 꾀하는 것은 군자의 의가 아

---

195) 『牧民心書』, 「奉公」, 「財出於民 受而納之者 牧也. 察吏奸 則雖寬無
害 不察吏奸 則雖急無益. 田租田布 國用之所急須也 先執饒戶無爲
吏攘 斯可以及期矣. 軍錢軍布 京營之所恒督也 察其疊徵 禁其斥退
斯可以無怨矣 貢物土物上司之所配定也 恪修其故 漢其新求 期可以
無弊矣 雜稅雜物 下民之所甚苦也 輸其易獲 辭其難辦 斯可以无咎
矣 上司以非理之事 强配郡縣 牧宜敷陳利害 期不奉行 內司諸宮 其
上納愆期 亦且生事 不可忽也.」

니다. 상사가 封箋을 보내서 서울로 가라 할 때에는 사양해서는
안 된다. 宮廟의 제사에 享官으로 파견되면 마땅히 齊宿하여 행
사할 것이다. 試院에서 함께 考試를 하기 위하여 差官으로 科場
에 나가게 되면 오로지 공정한 마음을 가지며, 만일 京官이 私를
행하려 한다면 마땅히 옳지 않음을 고집해야 한다.

　인명의 옥사에 檢官이 되기를 기피한다면 나라에 恒律이 있으
므로 이를 용서하지 않을 것이다. 推官이 편리한 길을 택하여 문
서를 거짓으로 꾸며서 상사에게 보고하는 것은 도리가 아니다. 漕
運의 출발을 감독하며 差員을 조창으로 보내어 그 잡비를 덜어
주고 橫侵을 구한다면 칭송하는 소리가 길에 가득할 것이다. 漕
船이 자기 경내에서 침몰되면 그 중미나 쇄미를 마땅히 불을 구
하는 것처럼 해야 한다.

　칙사의 영송에 파견되어 護行하게 되면 마땅히 정성을 다하고
공손히 해서 사단이 생기지 않도록 해야 한다. 漂船에 대해서는
정상을 물어서 기민하게 행동을 취하며 어려움이 있더라도 지체
하지 말고 시각을 다투어 달려가야 한다. 제방을 수리하고 성을
쌓는 일에 파견되어 가서 감독하되 기꺼이 백성들을 위로하여 인
심을 얻기에 힘쓴다면 그 일의 공이 이루어질 것이다.[196]

　이러한 업무 이외의 어려운 일을 자진하여 감당해 내는 奉仕精神
이 必要하며 이러한 奉仕精神을 發揮하여 스스로 즐거움과 滿足을
느낄 줄 아는 者만이 眞正한 牧者像이라고 茶山은 주장하였다.

---

196) 『牧民心書』, 「奉公」, 「上司差遣 秉宜承順 託故稱病 以圖自便 非君
　　子之義也 上司封箋 差員赴京 不可辭也 宮廟之祭差爲亨官 宜齊宿
　　以行事也 試院同考 差官赴場 宜一心秉公 若京官行私 宜執不可 人
　　命之獄 謀避檢官 國有恒律 不可犯也 推官取便 僞飾文書 以報上司
　　非古也 漕運督發 差員赴倉 能遣其雜費 禁其橫侵 頌聲載路矣 漕船
　　臭載 在於吾境 其拯米刷米 宜如救焚 勅使途迎 差員護行 宜亦恪恭
　　非母生事 漂船問情 機急而行艱 勿庸遲滯 爭時刻以赴 修提築城差
　　員往督 悅以勞民 務得衆心 事功其集矣.」

(2) 愛民의 論理

다산은 부친의 任地를 따라다니면서 當時의 病弊한 社會 矛盾과 窮乏한 百姓들의 生活相을 똑바로 보았기에 「목민심서」를 저술하게 된 것이다. 그는 「牧民心書」 全篇을 通하여 百姓들의 어려움을 救出해야 한다고 力說했으며 아전들의 간계와 수령들의 橫暴를 신랄하게 批判하였다. 이 「목민심서」 자체가 爲民·治民의 內容을 다루고 있지만 全 12편 가운데 愛民精神을 具體的으로 表現한 것이 愛民六條이다. 愛民六條는 全部 百姓들을 따뜻이 어루만지는 사랑의 愛情으로 이루어져 있다. 애민에 관한 다산의 정치담론은 노인을 공경하는 養老에서 출발하고 있다.

養老는 敬老思想의 발현이며 孝의 실천을 뜻한다고 하겠다. 늙은이를 받들어 기르는 예절이 폐지되면 百姓들은 孝心을 일으키지 않게 될 것이다. 百姓의 牧者가 된 者는 양로의 예를 거행하려면 많은 비용이 들기 때문에 80歲 以上의 老人만을 양로연에 모시고 남녀의 차별, 地位, 身分 등도 區別하지 말자고 提示하였다. 그야말로 전근대적인 사회풍토 아래에서는 획기적인 제안이 아닐수 없었다. 이러한 경로와 함께 생각해야 할 것이 자유인 것이다. 옛날의 어진 牧民官들은 어린이를 사랑하고 救恤할 政策에 마음을 다하지 않은 이가 없었다. 또 世上이 凶年을 만나서 어린이를 버린다면 거두어 길러 백성의 父母가 되어 주고 흉년이 아닌데도 버린다면 養父母를 맺어 기르게 하되 官에서 그 식량을 보조해야 한다고 어린이 대책을 다음과 같이 말하고 있다.

어린이를 사랑하는 것은 先王들의 큰 정치이니 역대로 이를 행하여 아름다운 법으로 삼았다. 백성이 곤궁하면 자식을 낳아도 거두지 못하니 가르치고 길러서 내 자식처럼 보호하라. 흉년이 들면 棄兒를 물건 버리듯 하니 거두고 길러서 그들의 부모가 되라. 우리나라에서는 법으로 그 收養을 인정하였으니 자식으로 삼거나 종을 만드는 조례가 상세하고도 치밀하다. 饑歲가 아닌데도 아이를 버리는 자가 있다면 수양해 줄 사람을 골라서 그 양식을 官에서 보조하여야 한다.197)

이렇듯 牧民官이란 오직 仁愛와 樂善의 정신을 바탕으로 사회복지정책을 스스로 강구하여 실천해야 한다는 것이다.

'振窮'이란 정치적 담론을 만들어 내어 환과고독에 對한 救恤策으로서 홀아비, 寡婦, 孤兒, 子息 없는 외로운 老人들을 거두어 奉養하는 것이 牧民官의 역할이라는 것이다.

홀아비, 과부, 고아, 늙어 의지할 곳 없는 사람을 四窮이라 하는데 이들은 궁하여 스스로 일어날 수 없고, 다른 사람의 힘을 빌려야만 일어설 수 있다. 과년하도록 혼인을 못한 사람은 관에서 성혼시키도록 서둘러 주어야만 한다. 혼인을 권장하는 정사는 역대 임금님이 남긴 법도이니 수령은 마땅히 힘써 따라야 한다. 해마다 음력 정월이면 과년하여도 혼인하지 못한 자를 가려내어 음력 2월에는 성혼시키도록 한다. 合獨하는 정사도 또한 행하여야 할 것이다.198)

그리고 鰥寡孤獨의 四窮에 해당하는 사람들, 즉 나이로 보아

197) 『牧民心書』, 「愛民」, 慈幼者 先王之大政也 歷代修之以爲令典 民旣因窮 生子不擧 誘之育之 保我男女 歲値荒儉 棄兒如遺 收之養之 作民父母 我朝立法 許其收養 爲子爲奴 條例詳密. 若非饑歲 而有遺棄者 募民收養 官助其糧.
198) 『牧民心書』, 「愛民」, 鰥寡孤獨 謂之四窮 窮不自振 待人以起 振者擧也 過歲不聚 官宜成之 勸婚之政 是我列聖遺 法令長之 所宜恪遵也 每歲孟春 選過時未婚者 病於仲春成之. 合獨之政 亦可行也.

스스로 일어설 수 없고, 친척이 없어서 의지할 곳이 없으며, 스스
로 扶養할 能力이 없는 사람은 官에서 扶養해야 한다고 하여서
오늘날의 社會保障制度의 基盤을 주장하였다.

또한 혼인을 권장하는 정책을 守令의 마땅한 도리로 보았으며
독신으로 있는 사람들을 짝지어 주는 것도 수령으로서의 선정이라
고 말하고 있다.

홀아비와 寡婦를 골라서 婚姻을 권장하는 합독을 주장한 것은,
과부의 재혼을 금지시켰던 당시의 풍습으로 볼 때, 매우 진보적이
면서도 인도적인 主張이라 할 수 있겠다.

哀喪에 對해서는 喪事에 哀悼의 禮를 表하는 것은 百姓의 守令
된 者가 마땅히 해야 할 일이라고 하여서 守令은 고들의 아전을
爲하여 哀悼 및 弔問의 禮가 있어야 한다고 强調하였다.

> 喪事가 있으면 부역을 면해 주는 것이 옛날의 도이다. 스스로 專
> 決할 수 있는 것은 모두 면제해 주어도 좋다. 지극히 궁색하고 가난
> 한 백성이 죽어 염하지 못하고 구덩이에 버리는 자가 있을 때에는
> 관에서 돈을 주어 장사 지내도록 해야 한다. 기근과 전염병의 유행으
> 로 사망자가 속출하면 거두어 묻는 정책과 흉년에 곤궁한 백성을 구
> 원하여 도와주는 일을 병행하여야 한다. 혹 눈에 들어와 마음을 슬프
> 게 하여 측은함을 견딜 수 없거든 곧 마땅히 구휼할 것이며 더 이상
> 뒷일을 생각하지 말라. 혹시 먼 객지에서 벼슬살이를 하던 사람의 널
> 이 고을을 자나게 되면 그 운구를 돕고 비용을 돕는 것을 忠厚하게
> 하도록 힘써야 한다. 鄕承이나 吏校가 상을 당했거나 본인이 죽었을
> 때에는 부의를 주고 조문하여 恩情을 남기도록 하여야 한다.199)

---

199) 『牧民心書』,「愛民」,「有喪遺搖 古之道也 其可自擅者 皆可遺也 民
有至窮極貧 死不能斂 委之溝壑者 官出錢葬之 其或饑饉余疫 死亡
相續 收禮之政 與賑恤偕作 或有 解觸目生悲 不堪悽惻 卽宜施恤 勿
復商度 惑有客宦遠方 其旅친過色 其助運助費 務要忠厚 鄕承 吏校

喪을 당한 사람에게 役뿐 아니라 守令이 自身의 能力으로 할
수 있는 모든 것을 免除해 주는 것이 좋다고 主張하여 가난하기
때문에 治喪할 힘이 없으면 官에서 돈을 내어 葬禮까지 치러줄
것을 주장하였다. 또한 寬疾이란 말을 사용하여 百姓들이 病들고
苦生하면 賦役을 免除해 주고 疾病이 流行했을 때에는 이를 치료
해 주고 의지할 곳과 살아갈 곳을 마련해 주어야 한다는 것이다.

　　불치 중병 환자에게는 부역을 면제해 주는데 이것을 寬疾이라
　고 한다. 병신이거나 잔약해서 자력으로 생활할 수 없는 자는 의
　지할 곳과 살아갈 길을 마련해 주어야 한다. 군졸들 중에 병들고
　굶주림과 추위로 배고픈 것을 이기지 못하는 자에게는 입을 것과
　먹을 것을 주어서 죽지 않도록 해야 한다. 瘟疫이 유행하면 어리
　석은 풍토에 꺼리는 것이 많다. 이를 어루만지고 치료해 주어서
　두려워하지 말도록 해야 한다. 瘟疫, 麻疹 및 모든 백성들의 질병
　으로 死亡, 天札하는 天災가 유행할 때에는 관에서 구제하여야
　한다. 병의 유행으로 사망자가 아주 많을 때는 구호하고 매장해
　준 사람에게 賞典을 주도록 청하여야 한다. 근래 유행되는 마각
　온의 치료에는 연경으로부터 들어온 새로운 처방이 있다.[200]

그리고 救災란 水災, 火災 또는 天災地變을 당했을 경우에 마
땅히 守令이 救濟를 해야 한다는 것이다. 모든 百姓에게 災厄이
있을 때에는 불에 타는 것을 救出하고 물에 빠진 것을 건지기를

　　有喪有死 宜致賻問 以存恩意」.
200) 『牧民心書』, 「愛民」, 「廢疾篤疾者 免其征役 此之謂寬疾也 廢隆殘
　　疾 力不能自食 有寄有養 軍卒羸病 因於凍餒者 贍其衣飯 裨無死也.
　　瘟疫流行 蚩俗多忌 撫之療之 裨無畏也 瘟疫痲疹 及諸民病 死亡夭
　　札 天災流行 宜自官救助 流行之病死亡過多 救療埋葬者 宜請賞典
　　近所行痲脚之瘟 亦有新方自燕京來.」

마땅히 自身이 불에 타고 물에 빠진 것처럼 해야 하고 救濟를 늦
추어서는 안 된다.

　　수재나 화재의 재해에 대해서는 국가에서 구제하는 법이 있으니
　삼가 행할 것이며 정해진 법 외에도 목민관이 마땅히 스스로 구제
　해야 한다. 무릇 災厄이 있으면 물, 불에서 구해 내고 한다. 마치
　내가 불에 타고 물에 빠진 것같이 하여 서둘러야 하며 미루거나 늦
　추어서는 안 된다. 환란이 있을 것을 생각하고 미리 예방하는 것은
　이미 재앙을 당하여 은혜를 베푸는 것보다 낫다. 제방을 쌓고 언덕
　을 만들어서 수재도 방지하고 水利도 일으키는 것은 두 가지로 이
　익을 얻는 방법이 된다. 그 재해가 지난 후에 백성을 어루만져 주
　고 안정시켜 주어야 하니 이것 또한 民牧의 어진 정사이다. 飛蝗이
　하늘을 뒤덮으면 물러가도록 빌고 잡아 없애서 백성들의 재해를
　덜어 주어야 어진 목민관이라고 할 수 있을 것이다.[201]

　　그리고 將來의 환난을 미리 생각하여 사전에 예방하는 것은 재
난이 일어난 뒤에 恩典을 베푸는 것보다 낫다고 하여 재난의 예방
에 힘쓸 것을 부탁하고 있다. 그리고 모든 재난을 당하였을 때에
는 마땅히 이재민과 함께 근심하여 어질고 측은하게 여기는 마음
을 발휘해야 한다고 하여 百姓들과 함께 근심하고 걱정하는 것이
목자의 당연한 治人任務라는 것이다.

---

201) 『牧民心書』, 「愛民」, 「水火之災 國有恤典 行之惟謹 宜於恒典之外
　　牧自恤之 凡災厄 其救焚拯溺 宜如自焚自溺 不可緩也. 思患而豫防
　　又愈 於旣 災而施恩. 若夫築堤設堰 以寒水災 以興水自 兩利之術也.
　　其害旣去 撫綏安集 是又民牧之仁政也. 飛蝗蔽天 禳之捕之 以省民
　　災 亦可謂仁聞矣.」

(3) 賑荒의 論理

이 진황육조에는 다산이 추구하는 애민사상과 휼민정신이 듬뿍 깃들어 있다. 진황이란 흉년에 빈민을 구제하는 行政으로서 비자, 勸分, 규모, 設始, 보력, 준사의 여섯 가지로 기술하고 있다.

황정은 옛날 착한 임금들이 마음을 다한 것으로 牧民官의 才能이 여기에 드러난다. 이 황정을 다하면 牧民官의 일을 다 하였다고 할 수 있다.[202] 이처럼 凶年에 貧民을 구제하는 행정을 荒政이라고 칭하면서 이를 매우 중요시하였다.

備資란 效果的 荒政을 위하여 빈민들에게 나누어 줄 곡식을 마련하는 것이며, 勸分은 守令이 管內의 富家에 勸誘하여 굶주린 자를 구하는 것이다. 規模란 賑荒에 必要한 양곡의 量과 구제해야 할 사람의 數를 미리 파악하여 대비하자는 것이며, 設施란 구호양곡을 백성들에게 제공하는 절차를 意味한다. 補力은 밭곡식 등의 代用作物을 播種하고 山野의 救荒植物을 選別하여 모자라는 곡식의 代用으로 보태는 것이고, 竣事는 賑恤의 荒政 施行에서 是非를 가리고 功이 있는 사람에게 賞을 주는 등 마무리를 하는 일이다.

다산은 賑荒六條에서 관리들의 부정·부패에 對해서 많은 경고를 하고 있다. 牧者가 오로지 民生을 위한 牧者에 지나지 않은 까닭은 모든 主權이 民生에게 있지 牧者에게 있지 않기 때문에 茶山이 추구한 愛民과 恤民의 정신은 모두 백성을 본위로 삼는 牧民慈의 基本이라 할 수 있겠다.

---

202) 『牧民心書』,「賑荒」, 荒政 先王之所盡心 牧民之才 於斯可見 荒政善而牧民之能事 畢矣.

3. 法治의 사상적 실천과 목표

다산의 법치에 관한 주요 담론은 1817년에 『경세유표』, 1818년
에 『목민심서』 그리고 1819년에 『흠흠신서』가 이루어지는데 『경세
유표』만은 미완성이지만 나머지는 두 권은 완결된다. 1년 사이에
저작들이 완성되는데 『흠흠신서』나 『목민심서』의 그 많은 양들이
1년 사이에 완성될 수 없다고 생각할 때 또한 『목민심서』 재교본
에는 아직 출간되지 않은 『흠흠신서』를 언급하는 내용이 여러 차
례 나오므로[203] 정법삼집은 동시에 집필되었다고 할 수 있다. 그
러니까 다산은 경세에 관한 후기 삼부작을 마치 하나의 책으로 처
음부터 구상하고 집필하고 있었다고 할 수 있다.

『목민심서』와 『경세유표』의 내용이 충돌하는 부분에 대해서 『경
세유표』는 다산의 정치개혁사상을 주요한 담론으로 저술하였고
'목민심서'는 기존 체제에서의 목민관을 위한 법치를 위한 정치담
론의 지침서라고 할 수 있다.[204] 그러므로 현실의 개개의 구체적
인 문제에서는 『경세유표』보다는 『목민심서』, 『목민심서』보다는 『
흠흠신서』를 따르는 것이 그의 궁극적 이상과는 거리가 있을지라
도 다산의 현실적인 모습을 볼 수 있을 것이다. 다산의 정치담론
중 법치주의를 체계화시킨 『흠흠신서』의 집필동기에 대해서는 『牧
民心書』 刑典의 '斷獄: 죄를 결단하여 처리함'에서 다음과 같이
말하고 있다.

---

203) 유재복, 앞의 글, p.33.
204) 김영호, "茶山의 신분제 개혁론", 「한국사론」 제10호, (서울: 정신문화
　　　연구원, 1989), p.172.

옥사를 처단하는 요령은 밝고 삼가는 데 있을 따름이다. 사람의 죽고 사는 것이 나 한 사람의 살핌에 달려 있으니 어찌 밝지 않을 수 있을 것인가. 또 사람의 죽고 사는 것이 나 한 사람의 생각에 달려 있으니 어찌 삼가지 않을 수 있을 것인가. 큰 옥사가 만연하게 되면 원통한 자가 열이면 아홉은 된다. 내 힘이 미치는 대로 남몰래 구해 준다면 덕을 심어서 복을 구하는 일이니 이보다 큰 것이 없다. 그 괴수는 죽이고 이에 연루된 자들은 용서해 준다면 원통한 일이 없을 것이다. 疑獄은 밝히기가 어려우니 平反을 힘쓰는 것이 천하의 착한 일이며 덕의 터전이 될 것이다. 오래 옥에 가두고 놓아주지 않아서 세월만 지연시키는 것보다는 그 채무를 면제해 주고 옥문을 열어 내보내는 것이 또한 천하의 통쾌한 일일 것이다.205)

이는 다산의 법치주의 정치담론의 정수라고 할 수 있는 『흠흠신서』는 『목민심서』의 各論인 동시에 『목민심서』의 형전에서 나타난 사상을, 그중에서 가장 중요한 문제인 殺獄으로, 구체화한 것이라고 할 수 있다.

요약하면 다산의 정법삼집은 거의 동시에 집필되었고 『경세유표』를 정점으로 해서 그 밑에 『목민심서』 그 밑에 『흠흠신서』 이러한 편제로 구성이 되었다고 할 수 있다. 맨 위에 위치한다고 볼 수 있는 『경세유표』에서는 그의 정치개혁사상이 유감없이 나타나 있고 밑으로 내려올수록 사회적 여건을 고려하면서 구체적 타당성으로 인해 보수적인 색채 역시 나타날 수밖에 없다고 하겠다. 당시의 사

---

205) 『牧民心書』, 「刑典」, 斷獄之要 明愼而已 人之死生 係我一察 可不明乎 人之死生 係我一念 可不愼乎 大獄蔓延 冤者什九 已力所及 陰爲救拔 種德激福 未有大於足者也 誅其首魁 宥厥株連 期可以無冤矣 疑獄難明 平反爲務 天下之善事也 德之基也 久囚不釋. 淹延歲月 除免其債 開門放送 亦天下之快事也.

회현실을 더 고려하였기에『경세유표』보다는『목민심서』나『흠흠신
서』가 당시에는 더 많이 읽혀졌다고 볼 수 있다. 『흠흠신서』는 다
산의 저서 중에서 유일하게 '新'이라는 한자가 들어가는 저서이다.
후술하겠지만 유자들은 책을 저술할 때 '新'이라는 글자를 쓰지 않
는 것이 관례임에도 불구하고 다산은『흠형전서』에서『欽欽新書』
로 개명했다.

　『欽欽新書』라는 서명이 뜻하는 바는 크게 두 가지로 나눌 수
있다. '欽欽'이 뜻하는 의미는 유가적 欽恤思想이고 신이 뜻하는
의미는 法家的 改革 또는 變法思想이라고 할 수 있다.

　復讐의 문제에서 후술하겠지만 다산은 유가와 법가 사이에서 갈
등한다. '欽'이라는 글자가 '新'이라는 글자보다 하나 더 많듯이
'禮主法從'을 나타낸다. 즉 구체적 타당성으로 인해서, 절충적인
모습을 보일 수밖에 없지만 어디까지나 유가의 바탕 위에 법가를
보완하는 식이다.

　앞에 살펴본 바와 같이 다산은『목민심서』刑典에서 '斷獄'편에
서 斷獄이라는 제목 밑에 원주로 경전에서 논한 바의 형벌의 의미
와 고금의 인명에 관계되는 獄事는 그 글들을 수집하여『흠흠신서
』를 만들었으므로 여기서는 그것들을 다시 논하지 않는다고 해서
『흠흠신서』와『목민심서』의 관계에 대해서 언급했고, 그 집필동기
에 대해서는 인명에 관한 옥사는 그 다스리는 방법이 옛날에는 소
홀했으나 오늘날에는 치밀하니 專門의 學으로서 마땅히 힘써야 할
것이다.206) 이는 목민사상에 있어 법치주의 중요성과 전문성 및
법에 의한 정치담론의 출발이라고 볼 수 있겠다.

　다산도『목민심서』를 편찬하고 나서 人命에 대해서는 "이는 마

---

206) 茶山연구회 역주, 앞의 책, p.25.

땅히 전문적으로 다루는 것이 있어야겠다"고 생각하고, 드디어 이
『흠흠신서』를 별도로 편찬했다.207) 다산은 專門之學이라는 언급하
고 그 동기를 다음과 같이 설명하고 있다.

> 오직 하늘만이 사람을 살리기도 하고 또 죽이기도 하니 사람의
> 생명은 하늘에 매여 있는 것이다. 그런데 목민관이 또 그 중간에
> 서 선량한 사람은 편안히 해 주고, 죄지은 사람은 잡아다 죽이는
> 것이니, 이는 하늘의 권한을 드러내 보이는 것일 뿐이다. 사람이
> 하늘의 권한을 대신 쥐고서 삼가고 두려워할 줄 몰라 털끝만 한
> 일도 세밀히 분별해서 처리하지 않고서 소홀하게 하고 흐릿하게
> 하여, 살려야 되는 사람을 죽이기도 하고, 또는 죽여야 할 사람을
> 살리기도 한다. 그러면서도 오히려 태연히 편안하게 지낸다. 더구
> 나 부정한 방법으로 재물을 얻고 여자에게 미혹되기도 하면서, 백
> 성들의 비참하게 울부짖는 소리를 듣고도 그것을 구휼할 줄 모르
> 니, 이는 매우 큰 죄악이 된다.208) 사람의 생명에 관한 옥사는 군
> 현에서 항상 일어나는 것이고 목민관이 항상 마주치는 일인데도,
> 실상을 조사하는 것이 언제나 엉성하고 죄를 결정하는 것이 언제
> 나 잘못된다. 옛날 우리 정조시대에 감사와 수령 등이 항상 이것
> 때문에 관직에서 물러났으므로, 차차 경계하고 삼가게 되었다. 그
> 런데 근년에 와서는 다시 제대로 다스리지 않아서 억울한 옥사가
> 많아졌다.209)

『목민심서』의 대상은 살옥과 단옥이라는 한정된 소재를 다루었
지만 이 살옥을 다스리기 위해서는 법 해석은 물론이고 수사학 법

---

207) 『欽欽新書』의 서문.
208) 그래서 茶山은 『欽欽新書』에서 수사학적인 방법만을 설명하는 것이
아니라 목민관의 마음가짐을 강조한다. 그리고 객관적인 증거보다도
주관적인 현명한 목민관의 판단을 더 신뢰한다.
209) 『欽欽新書』의 서문.

의학 유교적인 목민관의 마음가짐 이 모든 것이 내포되어 있다. 이러한 목민사상은 직접적이고 구체적인 담론으로 『목민심서』에 다음과 같이 말하고 있다. 그 구체적인 담론은 다음과 같은 언어를 통하여 表現하고 있다.

그 첫 번째 愼刑의 개념으로 '목민관이 형법을 집행할 때 신중을 기하라'는 담론으로 다산은 그 당시의 시대적 상황과 연관시켜 이에 대한 구체적 담론을 제시하고 있다.

> 목민관이 형벌을 쓰는 것은 세 등급으로 나눠야 한다. 민사는 상형을 쓰고, 공사는 중형을 쓰고, 관사는 하형을 쓰며 私事는 형벌하지 않는 것이 좋다. 執杖한 군사를 그 자리에서 노하여 꾸짖어서는 안 된다. 평소에 약속을 엄하게 신칙하고 일이 끝난 후에 懲治하는 것이 반드시 믿음이 있으면 聲色을 움직이지 않더라도 杖刑이 너그럽고 사나운 것이 뜻대로 될 것이다. 수령이 집행할 수 있는 형벌은 笞刑 50대로 스스로 처단할 수 있으며 그 이상은 모두 함부로 마구 처형하는 것이다. 오늘날의 군자는 큰 곤장을 사용하기를 좋아하니 二笞와 三杖으로는 만족시키기에 여기지 않는 것이다. 형벌로써 백성을 바로잡는 것은 최하의 수단이다. 자신을 단속하고 법을 받들어서 엄정하게 임한다면 백성이 법을 범하지 않을 것이니 형벌은 없애 버려도 좋을 것이다. 옛날의 어진 목민관은 반드시 형벌을 완화시켰으니 그 아름다운 이름이 史策에 실려서 길이 빛나고 있다. 한때의 분한 것으로 형장을 남용하는 것은 큰 죄악이다. 열성조의 遼戒가 簡冊에 빛나고 있다. 부녀자는 큰 죄가 있는 것이 아니면 형벌을 결행하지 않는다. 訊杖은 오히려 가하나 볼기 치는 것은 매우 좋지 않다. 늙은이와 어린이를 고문해서는 안 된다고 律文에 기록되어 있다. 惡刑이란 도적을 다스리는 것이니 평민에게 경솔히 시행해서는 안 되는 것이다.210)

　惡刑과 殺獄에는 실체법인 형법만 들어가는 것이 아니고 절차법인 형사소송법의 규정도 포함되어 있다. 이러한 살옥과 악형의 주대상이 되는 사람은 檢驗 때를 제외하고는 피의자가 된다. 그러므로 피의자를 잘 다루고 피의자가 납득할 수 있는 공정한 판결을 내려야 하는 것이다. 즉 피의자를 살릴 궁리를 해야 하는 것이다.

　다산은 그 피의자 중에서도 재범의 위험성이 없는 부주의나 태만에서 실수로 범죄를 저지른 과실범에 대해서 관대한 특별예방주의를 보인다.

　그래서 『목민심서』에서도 恤囚(죄수를 불쌍히 여김)편을 두고 있다. 다음과 같은 목민사상의 애민정신을 담론화하고 있다.

　　감옥은 사람이 살고 있는 밝은 세상의 지옥이다. 옥에 갇힌 죄수의 고통과 괴로움을 어진 사람은 마땅히 살펴 주어야 한다. 목에 칼을 씌우는 것은 후세에 나온 것이니 先王의 법이 아니다. 옥중에서 討索질을 당하는 것은 남모르게 당하는 원통한 일이다. 이 원통함을 살필 수 있다면 밝다고 말할 수 있을 것이다. 질병의 고통이란 비록 좋은 집에 편안히 살아도 오히려 견디기가 어려운 일이거늘 하물며 옥중에서야 어떻겠는가. 옥은 이웃도 없는 집이며 죄수란 다닐 수 없는 사람이다. 한번 추위와 굶주림이 있으면 죽음이 있을 따름이다. 옥에 갇힌 죄수가 나가기를 기다리는 것은

---

210) 『牧民心書』, 「刑典」, 牧之用刑 宜分三等 民事用上刑 公事用中刑 官事用下刑 私 事無刑焉 可也 執杖之卒 不可當場怒叱 平時約束申嚴 事過 懲治必信 不動聲色 而杖之寬猛 唯意也 守令所用之刑 不過笞五十自斷 自此以往 皆濫刑也 今之君子 嗜用大棍 以二笞三杖 不足以快意也 刑罰之於以正民 末也 律己奉法 臨之以莊 則民不犯 刑罰雖廢 之可也 古之仁牧 心緩刑罰 載之史策 芳徽馥然 一時之忿 濫施刑杖 大罪也 列祖遺戒 光于簡冊 婦女 非有大罪 不宜決罰 訊杖猶可 笞臀尤褻. 老幼之不拷訊 載於律文 惡刑 所以治盜 不可輕施於平民也.

긴 밤에 새벽을 기다리는 것과 같다. 옥중의 다섯 가지 고통 중에
서 오래 머물러 지체하는 것이 가장 큰 것이다. 감옥의 장벽이 허
술하여 중죄수가 도망하면 상사가 문책을 하게 되니 또한 봉공하
는 사람의 근심거리인 것이다. 歲時나 명절 때에 죄수들에게 집
으로 돌아갈 것을 허락하여 은혜와 신의로 서로 믿는다면 도망하
는 자가 없을 것이다. 집을 떠나 오래 옥에 갇혀 있어서 자녀의
생산이 끊기게 된 자는 그 정상과 소원을 참작하여 잘 살펴서 인
자한 은혜를 베풀어야 한다. 늙고 약한 자를 대신 가두는 것도 오
히려 불쌍한 노릇인데 부녀자를 대신 가두는 일은 더욱 어렵게
생각하고 삼가야 할 것이다. 유배되어 있는 사람은 집을 떠나 멀
리 귀양살이를 하는 것이므로 그 정상이 슬프고 측은하니 집과
곡식을 주어 편안히 살게 하는 것도 또한 목민관의 직책이다.211)

다산의 애민사상은 법치사상과 연결되어 폭력을 엄격히 단속하
는 '禁暴'라는 말을 목민관에게 주지시키는 동시에 실현할 수 있
도록 법제화에 힘쓴다. 금포에 관한 다산의 담론은 다음과 같다.

횡포와 난동을 금지하는 것은 백성을 편안하게 하는 것이니,
재산이 많고 세도를 부리는 자를 단속하여 귀족이나 近侍를 꺼리
지 않는 것은 목민관으로서 마땅히 힘써야 할 일이다. 권문세가에
서 종을 풀어놓아 횡포를 부려서 백성들에게 해가 될 때에는 이
를 금해야 한다. 禁軍이 임금의 은총을 믿고 내관이 횡행 방자해

---

211) 『牧民心書』,「刑典」, 獄者 陽界之鬼府也 獄囚之苦 仁人之所宜察也
柳之施項 出 於後世 非先王之法也 獄中討索 覆盆之冤也 能察此冤
可謂明矣 疾痛之苦 雖安居燕寢 猶云不堪 況於安陸之中乎 獄者 無
隣之家也 囚者 不行之人也 一有凍腦 有死而已 獄囚之持出 如長夜
之待晨 五苦之中 留滯 其最也. 牆壁疎豁 重囚以逸 上司督過 亦奉
公者之憂也 歲時 佳節 許其還家 恩信旣孚 其無逃矣 久囚離家 生理
遂絶者 體其情願 以施慈惠. 老弱代囚 尙在矜恤 婦女代囚 尤宜難愼
流配之人 離家遠謫 其情悲惻 館穀安挿 狀之責也.

서 여러 가지 구실로 백성을 괴롭히는 것은 모두 금해야 한다. 지
방의 호족이 권력을 부려서 횡포를 일삼는 것은 약한 백성에게는
豺狼이며 호랑이인 것이다. 해독를 제거하고 羊같이 순한 백성을
보호하는 것이야말로 참된 목민관이라고 말할 수 있다. 악한 소년
들이 협기를 부려서 물건을 약탈하면 포악하게 행동할 때에는 마
땅히 이를 조속히 금지해야 한다. 이를 금지하지 않으면 장차 난
동을 부리게 될 것이다. 호족들의 횡포가 약한 백성들을 병들게
하고 해독을 끼치는데 그 방법이 너무도 많아서 일일이 들어 말
할 수 없다. 邪를 끼고 간음하며 기생을 데리고 다니며 창녀 집
에서 유숙한 자는 이를 금해야 한다. 시장에서 술주정하며 장사하
는 물건을 약탈하거나 거리나 골목에서 술주정하여 尊長을 욕하
는 자는 이를 금해야 한다. 도박을 직업으로 삼고 노름판을 벌이
고 무리를 지어 모이는 것을 금해야 한다. 광대의 놀이, 꼭두각시
의 제주, 굿이나 경을 읽는 음악으로 사람을 모으고 요사스런 말
로 술법을 파는 자는 다 같이 이를 금해야 한다. 사사로이 소나
말을 도살하는 것을 금해야 한다. 돈을 바쳐 속죄하게 하는 것은
옳은 일이 아니다. 도장을 위조한 자는 그 범죄의 정상을 살펴서
경중을 판단하여 처단한다. 족보를 위조한 자는 그 주모자에게만
벌을 주고 이에 따른 자는 용서한다.[212]

앞에서 언급했듯이 법치에 의한 斷獄의 要諦는 밝게 살피고 신중
히 생각하는 데 있을 뿐이다. 사람의 생사가 나 한 사람의 생각함에

---

212) 『牧民心書』,「刑典」, 禁暴止亂 所以安民 搏擊豪强 毋憚貴近 亦民牧
之攸勉也 權門勢家 縱奴豪橫 以爲民害者 禁之 禁軍護寵 內官橫恣
種種憑藉 皆可禁也 土豪武斷 小民之豺虎也 去害存羊 斯謂之牧 惡
少任俠 剽奪爲虐者 棘宜汰之 不汰將爲亂矣 豪强之虐毒 下民 其寶
尙多 不可枚擧 狹邪奸淫 攜妓宿娼者 禁之 市場厚酒 掠取商貨 街巷
厚酒 罵吏尊長 禁之 賭博爲業 開場群聚者 禁之 俳優之戲 傀儡之技
儺樂募緣 妖言賣術者 病禁之 私屠牛馬者 禁之懲贖 則不可 印信僞
造者 察其情犯 斷其輕重 族譜僞造者. 罪其首謀 宥其從者.

달려 있으니 밝게 살피지 않을 수 있겠으며, 사람의 생사가 나 한 사람의 생각함에 달려 있으니 신중하지 않을 수 있겠는가.[213]

그러나 다산의 이상론과 현실론의 갈등은 여기서도 드러난다. 그의 현실론이 '남을 죽인 자는 모두 죽어야 한다'라는 법가적 응보형이라면 그의 이상론은 목민사상을 통한 欽恤思想의 구현이라는 인도주의라고 할 수 있다. 이러한 갈등의 해결점을 올바른 목민관의 수기와 치인을 통한 법의 집행에서 찾으려 했다.

제3절 목민사상의 정치적 담론

1. 정치체제와 군의 권력문제

다산의 경우는 정치체제의 정치사상적 논리를 전개함에 있어서 宰相이 차지하는 위상이야말로 매우 중요한 것이라고 말하고 있다.[214] 가령 그는 三代의 湯과 武王의 재상인 伊尹과 尙父처럼

---

213) 茶山연구회 譯註, 『牧民心書 V』, 창작과 비평사, p.6.
214) 이러한 다산의 정치체제에 견주어 율곡 이이는 다음과 같이 재상위임 통치론을 주장하고 있다. "自古로 밝고 훌륭한 임금이라 하더라도 홀로 통치를 할 수 없고 반드시 賢者를 얻어 나라를 함께하는 것입니다. 그러므로 위대한 堯임금도 오히려 舜을 얻지 못할까 근심하였으며, 군주다운 舜임금도 오히려 禹와 皐陶를 얻지 못할까봐 근심하였습니다. 임금이 신하에게 위임하는 것이 天地의 道인 것입니다"(『율곡전서』, 7, 陳時弊疏 壬午). 또한 남명 조식은 이러한 통치체제론의 전개과정에서 군주의 현명함과 더불어 훌륭한 신하의 조건을 다음과 같은 담론으로 설명하고 있다. "인재를 얻는 것은 임금 자신에 달려 있습니다. 그런데 임금 자신이 몸을 닦지 않으면 자신에게 사람을 저울질하고 보

'上帝의 命', 즉 '帝命'을 깨달아 알게 된 경우와 같은 구체적인 사례까지 들어가면서, "帝王이 되려는 자가 이 사람을 얻지 못하면 감히 나라를 다스릴 수 없고, 祖考의 統緖를 이어받는 자도 이 사람을 얻은 연후에야 능히 통치를 이룩하여 중흥을 도모할 수 있으며, 혁명의 때를 만난 자도 이 사람을 얻은 연후에야 능히 天命을 받아 창업할 수가 있었다"는 새로운 해석까지 내려두고 있었다.215) 훌륭한 大臣의 보필이야말로 王位를 얻고 善治를 실현할 수 있는 절요한 관건인 것으로 인식하고 있었던 것이다. 뿐만 아

는 능력이 갖추어 있지 않아 선악을 모르고, 그러한 昏盲한 눈으로 사람을 取하고 버리면 그는 모두 正을 잃을 것이며, 또한 임금이 직접 인사를 관장하지 않고 남에게 맡긴다면 누가 임금과 더불어 治道를 이룩하려 하겠습니까? 그러므로 임금이 몸을 닦는다는 것은 그가 바로 정치를 하는 근본이며 어진 이를 얻어 쓴다는 것은 그 정치를 성공시키는 근본이며, 修身은 또한 사람을 취하는 근본이 되나니, 사람을 잘못 쓰면 君子가 野에 있고, 小人이 조정을 독점하고 군사를 멋대로 처리하게 됩니다. 전하께서 하늘이 굽어보듯 크게 노하시어 왕권의 위엄을 떨치시고 친히 재상과 집사들을 조사하여 그 까닭을 규명하시고 직접 처단하시기를 舜이 四凶을 물리치고, 공자가 소정묘를 죽인 것처럼 한, 즉 이는 능히 임금이 악을 미워함이 극에 다다라 있음을 알아서 백성들이 크게 죄악을 범하는 것을 두려워할 것입니다. 만일 言官이 論執하여 마지않다가 부득이한 데 핍박된 뒤 구차스럽게 따른, 즉 善惡의 소재와 시비의 분별을 알 수 없게 될 것이니 이는 임금의 길을 잃는 것이 됩니다. 임금의 心德이 밝아 있다면 이는 모든 것을 비추는 거울이 나에게 있음과 같아서 비추어지지 않는 일이 없을 것이고, 왕의 심덕과 위엄이 초목에까지도 미칠 것이니 하물며 백성에게 미치지 않음이 있겠습니까? 그런데 지금 조정에 서 있는 자 중에는 세상을 밝힐 만한 王佐之才와 자기 직무에 충실한 어진이가 아주 없는 것도 아니나, 이들은 명철하지도 못하고 그렇다고 우매하지도 않으면서 그저 즐거움으로 걱정스러운 세상을 살아가는 데 안일하고 있으니 이 어찌 사람의 某事함이 굳세지 못하다 하지 않을 수 있겠습니까? 아니면 하늘의 명이라 사람으로서 어찌 할 수 없어서 그런 것이지요?"

215)『梅氏書平』4-8, 逸周書克殷篇辨.

니라, 대신의 훌륭한 말에는 군주가 '절'까지 하면서 그것을 받아들이는 자세야말로 至治를 이룩할 수 있는 간절한 정성이라고도 하였다.

살피건대 舜임금이 '절하였다[拜]'는 이 글자는 후세에는 볼 수 없는 것이다.

太甲의 伊尹에 대한 경우와 成王의 周公에대한 경우는 그래도 그럴만하다. 皐陶는 舜에 대해서 太師 太保의 명분이 있다든가 혹은 先王의 顧託을 받은 일이 있다든가 해서 특별히 존중되어야 할 일이 없는데도 舜이 皐陶의 아름다운 말에 대해서는 절하고 받아들이면서 임금으로서의 존귀함을 생각지 않았다. 聖스러운 제왕이 겸손과 공경으로써 더 나은 도리를 강구함이 이와 같았던 것이다. 秦나라 이래로는 오로지 임금을 높이고 신하는 낮추는 것으로 세상 다스리는 長策을 삼게 되었으므로, 盜賊들은 날로 무리지어 날뛰고 士의 趨勢는 날로 낮아지게 되었다. 그래서 二帝 三王의 至治를 다시는 볼 수가 없게 되었다[216]

참다운 제왕은 자신의 존귀함을 생각지 않고 오히려 '절'까지 하면서 '겸손과 공경'으로 신하의 훌륭한 말을 받아들임으로써 至治의 도리를 무한하게 이끌어 내고 있었다는 해석이다. 임금만을 높이고 신하를 낮추는 일은 결코 至治를 실현할 장책이 될 수가 없다는 것이었다.

그런데 그러면서도 다산의 경우, 비록 제왕이 '겸손과 공경'으로 훌륭한 신하를 대함으로써 至治를 실현할 수는 있지만, 정작 국가의 통치 그 자체를 宰相에게 委任함으로써 그것을 실현할 수 있다고는 생각지 않았다. 至治라는 것은 어디까지나 제왕 자신이 직

---

216) 상서고훈 2-52 皐陶謨.

접 통치로 실현되고 있었던 것으로 이해하였다. 바로 여기에서 다산은 주자학의 宰相 위임 통치론과는 극히 대조적인 왕권론을 견지하게 되었던 것이다. 그것이 다산의 독특한 통치체제론이었다.

그렇다면 다산은 국가 통치, 나아가서는 至治의 실현에 있어서 임금으로서의 堯와 大臣으로서의 稷·契·皐陶 등과의 관계를 다산은 어떻게 이해하고 있었는가.

> 『주역』에 "天의 운행은 굳건하다"고 하였다. 밝고 밝은 堯·舜이 天으로 더불어 굳건하여 일찍이 잠깐의 휴식도 갖지 못하였고, 禹·稷·契·益·皐陶 등도 맹렬하게 분발하여 왕의 팔 다리와 눈 귀 노릇을 다하였다. 그런데 지금 大臣의 직위에 있는 자들은 바야흐로 '대체를 유지한다.' [持大體]는 세 글자를 지키는 일로써 천하만사를 다하는 것처럼 여긴다. …… 저 堯·舜시대에 군은살이 박이도록 분주하게 힘쓰던 이들과 비교한다면 참으로 어떻다 할 것인가.217)

삼대의 왕정에서는 君·臣이 모두 굳건하고도 맹렬하게 분발하여 至治의 실현에 온 힘을 다하고 있었다. 그 가운데서 나중에 제왕이 되는 禹는 물론이요 稷 이하 皐陶에 이르기까지의 모든 大臣은 역시 현재의 임금인 堯·舜의 '팔 다리와 눈 귀'로서의 역할을 다하였다. 그런데 堯·舜은 어떻게 賢能한 대신들에게 국정을 委任하여 다스리면서 至治를 이룩하게 되었는가. 그들 현능한 대신들을 모두 동원하여 왕정을 실현한 주체는 역시 堯·舜 자신이었다. 임금 스스로가 "天으로 더불어 굳건하여 일찍이 잠깐의 휴식도 갖지 못"하는 상태로 분발하면서 동시에 현능한 大臣들을 적

217) 『경세유표』 引.

극적으로 독려함으로써 왕정을 이룩할 수가 있었던 것이라는 것이
다산의 정치적 인식이었다.

　三代의 왕정은 어디까지나 堯 舜 禹 湯 文 武가 직접 주체가
되어 성취한 것이요 가령 아무리 '帝命'을 깨쳐 알게 된 皐陶와
같은 현능한 大臣이 있다 하더라도 결코 그런 대신에게 정권을 委
任하여 왕정을 실현한 것은 아니었다.

　그런데 삼대가 지난 뒤로는 그와 같은 聖王이 다시는 일어나지
않았다는 것 또한 명백한 사실이었다. 그러니 이제 왕정의 실현은
현능한 大臣에게 의존하는 도리 없는 것이 아닌가. 결국 재상 위
임통치론이야말로 그래도 가장 적의한 통치체제인 것이라고 할 수
밖에 없지는 않은가.

　그런데 삼대의 聖王 이후로는 가령 孔子와 같은 聖人이 일어나
서도 왕정은 끝내 실현할 수가 없었음이 또한 엄연한 사실이었다.
聖人이 일어나도 실현할 수가 없는 왕정이라면, 여타 어떤 현능한
大臣이 일어나 그것을 실현할 수가 있단 말인가. 여기에 다시금
왕정을 실현할 수 있는 법제의 개혁과 그것을 추진할 통치체제의
정립이야말로 가장 절실한 현실적 과제로 등장하고 있었던 것이다.

　그런데 "지금 大臣의 직위에 있는 자들은 바야흐로 '대체를 유
지한다.' [持大體]는 세 글자를 지키는 일로써 천하만사를 다하는
것처럼 여긴다."고 하는 오래고도 낡은 행태는 어떻게 정립된 것
인가. 다산은 그것이 곧 經傳의 해석이 잘못된 데에서 기인한 것
이라고 이해하였다. 그는 소위 '古文尚書'는 전체가 僞書인 것이
라고 검증하였다. 만년에 이르러서 다산은 주로 尚書의 연찬에 힘
을 기울이고 있었는데, 그럴수록 그 '古文'이 僞書인 것임을 더욱
확신하게 되었다. 그 가운데 三公 이하 직관의 직사를 서술해둔

[周官]편 또한 다산은 물론 僞書라고 단안하였다. 가령 그 [周官]
에 실려 있는바 太師 太傅 太保 3公의 주된 직무가 "道를 논하여
나라를 경영하고 陰陽을 조화롭게 다스린다(論道經邦 燮理陰陽)"
라고 서술해둔 문자를 두고 다산은 다음과 같이 비판하였다.

　　陰陽을 다스리며 四時를 순조로이 함을 3公의 직무로 삼는다
는 것은 古典에 근거가 없다. 漢나라 초기에 周勃이 丞相으로 있
으면서 決獄과 錢穀의 數를 (황제가 물음에) 대답할 수가 없자
땀이 나 등을 적시었는데, 陳平이 權道의 말로 구원하여 말하기
를, "宰相은 위로 天子를 보좌하며 陰陽을 다스려 四時를 순조로
이 하고 아래로는 萬物이 알맞게 펴 나가도록 하는 자입니다"라
고 대답하였다.
　　이는 老奸이 동료 宰相을 調護하는 말이었다. …… 舜이 堯를
輔相하고 禹가 舜을 보상하며 益 稷이 舜 禹를 보상하고 伊尹이
湯을 보상하며 周公 召公이 武王을 輔相하였으나 결코 이런 말
은 없었다. 오직 3년마다 功績을 고과하되 3번 고과하여 공적 없
는 자는 내치며 공적 있는 자는 승진시킨다 하였다.
　　비록 大臣이라 하더라도 寬容하지 않았다. 그러므로 堯가 舜에
게 이르기를 "그대의 말을 들어보니 공적을 이룩하는 데에 이르
렀다"라 하였고, 禹 稷이 스스로 자기의 功績을 上奏하면서도 혐
의스럽다거나 부끄럽다 하여 피하지 않았다. 그 누가 '陰陽을 조
화롭게 다스린다'는 것을 가히 직무로 삼는다 하였는가. …… 後
世의 3公의 직위에 앉는 자들은 걸핏하면 음양을 조화롭게 다스
린다는 이 뜻을 내세우면서 功績 이룩할 일은 담당하지 않는다.
그래서 百官이 소홀하고 게을러져 萬事가 무너지게 되어도 오히
려 거만하게 自重하는 척하면서 자신의 용렬하고 무능한 자질을
감추고 있다.218)

218) 『梅氏書平』 3 - 39 40, 『周官』, 「立太師太傅太保.」

삼대 이래 3公으로 대표되는 大臣(宰 宰相)의 원래의 직사는
"음양을 조화롭게 다스린다."는 따위로 마치 '天地의 化育'에 참
여하는 듯한 허황된 일이 아니라, 국가 통치의 실제 직사에 힘써
서 구체적으로 공적을 이룩하는 일이라고 다산은 명백히 인식하고
있었다. 가령 舜이 堯임금의 재상으로 있으면서도 직접 그 같은
구체적 功績을 상주하여 堯임금으로부터 考科를 받고 있었다는
사례가 그것이다. 그러므로 "음양을 다스려 四時를 순조로이" 한
다든가 '大體'를 지킨다든가 하는 따위는 모두가 후세의 재상으로
서 "자신의 무능하고 용렬한 자질을 감추고자" 하는 자들의 행태
라는 것이 다산의 이해였다. 더 나아가 " 宰는 나라 다스림을 장
악하여 백관을 통솔하고 온 세상을 균등하게 한다."[219]고 서술해
둔 '周官'의 문자를 두고서도 다산은 그것이 '僞文'임을 구체적
사례를 들어 반박하였다. 宰, 즉 宰相의 직무는 결코 백관을 통솔
하는 것이 아니라고 하는 비판이다.

　　周禮의 大宰條에, "三曰禮典 以統百官"이라 한 것은 禮儀로써
　百官을 통솔한다 함을 이른 것이다. 僞文을 지은 자는 禮가 무너
　지고 난 후에 태어났으므로 이 뜻을 알지 못하고 '統百官' 세 글
　자를 宰에다 옮겨 붙였으니, 뒷날의 안목에서 그리한 것이다.
　　百揆라는 것은 周나라의 大 宰이다. 모든 臣僚를 통솔하고 모든
　일을 헤아려 처리하는데, 八法으로써 官府를 다스리며 八柄으로써
　群臣을 거느리고 八統으로써 萬民을 통솔한다. 무릇 賢者를 존중하
　고 能者를 기용하며 爵秩을 높이고 관직을 맡기도록 주선하는 일이
　모두 大宰의 직임이다. 반드시 적임자를 채택하는 방도에 훤히 밝아
　야 하고 偏黨스런 일을 뿌리째 없애야만 이에 百僚의 마음을 순하
　게 할 수 있다. 帝舜이 구하고자 한 것은 이런 사람이었다.[220]

---

219) 梅氏書平 3－39 40, [周官], 「宰掌邦治 統百官 均四海.」

지금까지 주자학에서와 같은 宰相 委任통치론은 尙書 [周官]편의 '僞古文'을 거짓이 아닌 참經文인 것으로 해석한 데에서 말미암은 것이므로 漢代 이후로 등장한 權道라고 하였다. "道를 논하여 나라를 경영하며 음양을 조화롭게 다스린다"는 방만한 직사가 아니라, 王이 제정해둔 8法 8柄 8統 등의 구체적 규범에 따라 官府와 群臣과 萬民을 이끌어 가는 것이 곧 재상의 직사라 하였다. 다산의 宰論에 의하면 백관을 통솔하는 것은 어디까지나 國王 자신인 것이요, 총재가 통솔한다는 것은 곧 백관의 '禮儀'를 단속하여 통솔하는 데 불과하다는 뜻이라는 것이었다. 결국 王權이 宰, 즉 宰相 이하 백관을 직접 통솔하고서 국정을 직접 운용해야 한다는 이론이야말로 다산의 통치체제론이었던 것이다.

그런데 다산 또한 현능한 大臣을 얻는 경우 그로 하여금 통치의 직사를 맡아 행하게 할 것이며, 군주는 거기 간여해서는 안 된다는 이론을 간직하고도 있었다. 가령 尙書 [立政]편은 周公이 나이 어린 成王에게 경계의 말씀을 드린 내용이다. 그런데 그 가운데에서, 현능한 大臣에게 職事를 맡기고 王은 결코 거기 간여하지 않아야 한다는 명제[221]를 두고서 그는 다음과 같이 해설하였다.

---

220) 위 자료의 '統百官'이란 내용이 실상 '禮儀로써 백관을 통솔함'이라 하였으니, 茶山 자신이 서술해둔 아래 자료의 '統率百僚'라는 내용 역시 그와 같은 뜻인 것으로 이해된다. 또 8법은 周代의 官府를 管理하는 관직 등 8가지 統法, 8柄은 신료를 統馭하는 爵祿 등 8가지 수단, 8統은 만민을 통치하는 親親 등 8가지 방법을 이름이다(周禮 天官 大宰): 상서고훈 2-16 咨四岳有能奮用.

221) 王은 政事를 세우심에 立事와 準人과 牧夫 등(公卿 任事者와 牧民官)을 임용하시되 天命을 따르는 자인 줄로 王께서 분명히 아시는 자들에게 맡도록 하고 그들로 하여금 각기 직사를 다스리도록 하여 王께서 (天으로부터) 받은 신 백성을 돕도록 하시며, 庶獄과 庶愼을 조화롭게 하시고, 이에는 王이 간여하지 마소서. 한 가지 대화와 한 가지

　　현능한 사람을 얻어 맡기고 王은 거기에 간여하지 않는다는 것
은 君道의 本然이다. 그런데 周公이 국가를 유지하고 정권을 잡
아 나라를 일으키고 統緖를 드리운 지가 수십 년이 되었으니, 관
직에 포열해 있는 이라면 모두가 誠信하며 中和스럽고 戒愼하는
현능한 자들이었다. 成王은 그들에게 직사를 委任하고 책임 지워
서 功績이 이룩되도록 기대하면 모든 政績이 이루어질 것이었다.
만약 어린 소견을 가지고 그 사이에서 견제하고 교란시킨다면 세
가지 직사를 맡은 신하들이 장차 四體를 펴고 운용할 수가 없게
되었을 것이다. 周公의 이 警戒는 또한 때맞추어 드린 말씀이었
던 것이다. 만약 뽑혀서 세 가지 직사를 맡게 된 자들이 九德을
갖춘 사람이 아니라면, 한 가지 대화 한 가지 말씀에도 어찌 可
타 否타 함이 없어서야 되었겠는가.222)

　　그야말로 周公과 같은 聖人이 수십 년 동안이나 걸려서 나라를
일으키고 경영하여 王政을 실현해 놓은 상태라면, 그래서 '誠信'·
'中和'·'戒愼'으로 가득 찬 '현능'한 臣僚로 가득 찬 조정이라면,
王은 모든 정무를 그들에게 위임하고 간여하지 않음이 '君道의 本

　　말씀부터 王께서는 직접 하지 마시고 오직 成德한 아름다운 선비로
하여금 王이 받으신 백성을 다스리게 하소서: 상서立政편 嗚呼孺子王
矣章라고 한 내용이다. 단 이 해석은 다산의 立論을 참조하였다.
222) 九德이란, "너그러우면서도 장엄함, 유순하면서도 꼿꼿함, 삼가면서도
공손함, 다스리면서도 공경함, 익숙하면서도 굳셈, 곧으면서도 온화함,
간략하면서도 방정함, 굳세면서도 독실함, 강하면서도 義로움"의 9 항
목이다: 尙書 [虞書] 皐陶謨.
　　그런데 다산은, "九德이란 다른 것이 아니라 곧 中庸의 德이다. 中庸
의 德은 堯 舜 이래로 太學에서 가르쳐 온 것이다. …… 喜怒哀樂을
발하되 모두 和의 절도에 맞도록 함이 九德의 中和이다. 戒愼하고
恐懼하되 아무도 보고 듣지 않는 가운데서도 힘써서 잠시도 떠나지 않
고 강하고 꼿꼿하게 공력을 들여 항구히 지켜 나가는 것이 祗庸의 옛
뜻이다"라고 하였다: 상서고훈 6-40 [立政] 迪知 恂于九德之行.

然'을 지키는 일이었다.

그러나 그렇지 않은 경우에는 "한 가지 대화, 한 가지 말씀"에
도 왕이 직접 '可·否'를 말하고 裁決을 내리지 않으면 안 되는
일이라고 다산은 주장하고 있었다.

그는 어디까지나 강력한 王權 위주의, 王權 중심의 통치체제를
주창하고 있었다. 이는 주자학 통치체제론과는 결정적 차이를 보
이는 것으로서, 조선후기 현실에서의 다산의 大臣論을 집약적으로
드러내 보이는 이론이었다. 그러므로 앞서 살펴보았듯이, 호강한
벌열들이 大臣으로 들어앉아 소위 '조종의 법제'라는 것에 의탁하
여 이끌어 가는 현실의 통치방식이라고 다산은 비판하고 있었던
것이다.

> 옛날 우리 왕조가 번성하던 때에는 公卿大臣으로부터 館閣의
> 近臣에 이르기까지 먼 시골 지방 출신이 많았다. 그런데 지금 인
> 재를 쓰는 것은 서울지역을 벗어나지 않으니, 이들이 偏黨으로
> 합심하고 功績을 거짓으로 奏達함을 어떻게 면할 수 있겠는가.
> 詩經에 나오는 '明哲保身' 네 글자는 오늘날 세상을 어지럽히는
> 元符가 되어 있다. 詩의 뜻풀이가 잘못되었음을 명백히 알게 되
> 고 매양 글자의 뜻이 그렇지 않다고 여겨왔지만, 이 말을 어디에다
> 발설할 곳이 없었다. …… 善惡을 辨別함을 일러 明이라 하고 是
> 非를 辨別함을 두고 哲이라 하며 柔弱한 이를 扶持함을 일러 保
> 라 하는 것이다. …… 大臣의 도리는 人臣으로서 임금을 섬기는 것
> 이므로 선악을 명백하게 변별하여 賢士를 나아오도록 해야 하며
> 是非를 명백하게 변별하여 俊傑을 발탁해야 하는 것이다. 이에 이
> 賢俊들을 데리고서 내 몸을 扶持하며, 내 몸을 부지함으로써 임금
> 한 사람을 섬기는 것이다. 이것이 大臣의 직사이다.
> 오늘날의 습속에서는 이 詩를 해석하되, 利害를 변별함을 明이
> 라 하며 말하고 말하지 아니할 곳을 아는 것을 哲이라 하고 자기

한 몸이 온전히 禍를 면하는 것을 保라고 한다.

鄭玄이나 朱子의 註釋도 이러하지는 않았는데, 모든 사람이 여기에 附和하여 깨뜨릴 수 없는 해석이 되었다. 이 해석을 가지고서 자기 한 몸을 온전히 하고 一門을 보전하니, 기막힌 要訣인 것이다. 이 뜻풀이가 이미 확고히 되었으니, 人主는 장차 누구와 더불어 나라를 다스릴 것인가. …… 지금의 君子란 자들로 말하자면, 그 아래 곁에 있는 자는 권세를 즐겨 탐하다가 스스로 멸망의 길을 걷는데, 이는 거론할 필요가 없다.

그런데 몸을 닦고 단속하여 자못 예의를 안다는 자도 '明哲保身' 네 글자를 가지고서 일신을 온전히 하고 害를 멀리하는 제일의 요결로 삼아 말하지 않는 가운데 남에게 잘 보이도록 하면서 무리지어 나고 들며 家門을 먼저하고 나라는 뒤로하여 私를 위해 公을 죽인다.

鄕愿의 학문이란 것은 무릇 是非와 黑白에서 일체 세속의 趨向을 위주로 한다. 그것이 옳음을 명백히 알면서도 뭇사람이 그르다 하면 거기 따라 그르다 하며, 그것이 희다는 사실을 명백히 알면서도 뭇사람이 검다고 하면 거기 따라 검다고 한다.

經傳을 말할 때는 先聖의 뜻을 따르지 않고 오직 (先儒의) 註釋을 따르며, 사례를 말할 때는 바른 제도를 구하지 않고 오직 속된 것을 따른다. …… 그 行事를 점검해 보면 별달리 책잡을 것은 없으되 그 心術을 점검해 보면 비루하지 않음이 없으니, 종신토록 배움에 종사하여도 더불어 堯 舜의 길로 들어설 수 없는 자들이다. 무릇 이러한 자들은 모두 공자가 말한 鄕愿이다.[223]

弊習의 누적된 것일 뿐만 아니라, 그나마 다산의 시대에 와서는 이제 더 이상 국가를 지탱하거나 유지할 수 있는 여력마저 소진되어 가고 있었다. '터럭 한 끝'에 이르기까지 병들지 않은 것이 없

---

223) 『論語古今注』,「鄕原德之賊也.」

다고 하는 현실이 전개되고 있었던 것이다. 이에 대해 다산은 다음과 같이 말하고 있다.

> 陰陽을 다스리며 四時를 순조로이 한다는 사실을 옛 典籍으로 거슬러 고찰해 보면, 黃帝·顓頊으로부터 羲和에 이르기까지 六官으로 되며 『周禮』의 六官이 天地와 四時로 나뉘었음이 모두 그 같은 뜻이다.224) 그러나 옛 帝王은 이로써 天의 형상을 나타내었을 뿐이요, 참으로 신료의 직책을 이같이 음양과 사시를 다스리는 일로 맡겨준 것은 아니었다. 지금인즉 한 사람의 현능한 이도 나오게 하지 못하고 한 사람의 간사한 자도 물리치지 못하며, 한 사람의 염치 바른 이를 장려한다거나 한 사람의 탐학한 자를 징치하지도 못하면서 우뚝이 높은 위상에 앉아 음양을 조화롭게 다스리는 직임을 스스로 담당한다는 자는 어찌 지나치지 아니한가.225)

즉 옛 제왕은 天의 형상을 따라 관직제도를 六典制로 구비하였을 뿐이지 결코 大臣으로 하여금 陰陽과 四時 다스리는 직무를 맡긴 것은 아니었다. 그런데 현재의 大臣은 그와 같이 허황된 직무를 스스로 자담한다면서 실제로는 결코 '鄕愿'의 행태를 벗어나지 못하고 있는 실정이라는 것이 다산의 관찰이었다.

중앙의 정치가 閥閱 '家門'의 오랜 독점에 따라 鄕愿式 통치행태를 벗어나지 못한 姑息策으로 일관하고 있었으니, 그들이 빙자하는 소위 '조종의 법제' 그것인들 과연 준수되어 가고 있었는가.

---

224) 黃帝·顓頊은 중국 상고시대의 제왕, 羲和는 堯임금 때의 천문 曆象을 맡은 관원. 『주례』는 天地春夏秋冬의 六官으로 구성되어 소위 六典制의 원형을 이룬다는 것인데, 그 이전 羲和 때까지의 경우도 六官制였는지는 자세치 않다.

225) 『與猶堂全書』, 「答金德叟 別紙」.

지금 우리나라에는 祖宗이 마련한 法典 이외에 監司가 增額하고 縣令이 증액하고 吏胥가 증액하고 下隸가 증액하고 里正이 증액하여 명령이 여러 갈래로 나오니, 박을 쪼개듯 제 뜻대로 하여 어지럽게 기강이 없으며 법도가 날로 무너진다. 한 번이라도 개혁하려는 논의가 아래에서 일어나면 문득, "祖宗이 마련한 법은 가볍게 고칠 수 없다"고 한다. 속담에 "새 법을 내지말고 옛 법을 버리지 말라"는 것을 세상에서는 名言이요 至論이라고 한다. 그러나 국가에서 옛 법제에 따라 이럭저럭 한다는 것은, 실상 고려 말기의 弊政과 燕山君 때의 餘毒과 임진왜란 직후에 임시로 조처했던 제도에 관계된 것이 많고, 나머지는 모두 守令과 胥吏와 下隸가 제멋대로 마련한 것들이다. 어찌해서 조종의 옛 법이라 이르는가. 사람들이 흔히, "고을마다 같지 않다" 하는데, 대저 고을마다 같지 않다는 것은 놀랄 만한 말이다. 한 임금이 위에 있는데 어찌 감히 고을마다 같지 않다고 하는 것인가. …… 한 나라는 한 軍과 같아서, 大將은 5營을, 營은 部를, 부는 司를, 사는 哨를, 초는 旗를, 기는 隊를, 대는 伍를 통솔하는 것이다. 한 軍이 있는데 哨官이 제멋대로 한 제도를 마련해서 그 哨에 시행하고, 旗摠이 제멋대로 한 令을 내어서 그 旗에 시행하되, 혹 너그러이 보아 넘기면서 "哨마다 같지 않다" 하고, 혹 예사로 여기면서 "旗마다 법이 다르다" 한다면, 군사를 패몰시키고 나라를 엎어버리지 않을 자가 있을 것인가. "고을마다 같지 않다"는 것은 亂亡하는 술책이다.226)

즉 "가문을 먼저하고 나라는 뒤로"하며 "私를 위해 公을 죽인다"는 벌열정권의 오랜 전횡은 필경 그 割據的 壟斷의 비리와 인습을 구조적으로 전국에 만연시켜 놓기에 이르렀다. 국가의 통치체제라는 것이 분야마다 충절마다에서 막히고 걸리어 결코 일관된 통치행정이란 것을 시행할 수가 없는 지경으로 되어 가고 말았던

---

226) 『經世遺表』, 「田制.」

것이다. 조선왕조로 말하자면 "吏胥 때문에 나라가 망한다"는 말이 나돈 지가 오래된 편이었다. 그런데 다산의 시기에 와서는 그들의 奸僞가 점점 더 심해져, "吏胥之國"이라 말할227) 정도로 되어 있었다. 먼 시골의 縣 하나에도 중앙의 재상과 締結하고 있는 縣吏가 5-6인이 있었다.

결국 閥閱이 대를 이어 독점하는 大臣에 위임하는 통치체제로는 결코 왕정을 이룩할 수가 없다는 것이 다산의 현실인식이었다. 王政은 王權을 정점으로 하고서, 公卿 이하 宰相으로부터 말단의 吏胥에 이르기까지 모든 직관들이 각기의 구체적인 소관 직사를 주체적으로 수행하는 길을 통해야만 하는 것이라고 그는 절실히 믿고 있었다. 이러한 현실적 통치체제론에 관한 인식은 새로운 牧民思想의 구현을 통해서만이 실현 가능하다고 판단하고, 民의 손과 발로 당시 통치체제의 최첨병인 목민관에게 권력을 위임하는 새로운 통치체제의 구상을 정치담론 화시키는 단계에 이르게 된다.

이것이 이전육조와 호전육조로 대별될 수 있는 목민관의 통치철학과 방법론인 것이다. 정치체제의 효율성을 위한 방법론의 그 첫 단계로 아전단속에 관한 정치담론을 피력하게 된다.

요즈음의 향리(鄕吏)들은 재상과 결탁하고 감사와 연통하여, 위로는 관장(官長)을 업신여기고 아래로는 백성들을 착취한다. 여기에 이들에게 굴하지 않는다면 어진 수령이다. 수리(首吏)는 권한이 무거우니 치우치게 맡겨도 안 되며 자주 불러도 안 된다. 죄가 있으면 반드시 벌하여 백성들로부터 의혹을 사지 없도록 하라. 이속(吏屬)이 참알할 때는 흰옷에 베로 만든 띠의 착용을 금하여야한다. 아전들이 놀이와 잔치를 즐기는 것은 백성들의 마음을 상하

227) 『與猶堂全書』, 「人才策.」

게 하는 바이다. 엄하게 금지하고 자주 경계하여 함부로 놀이하는 일이 없도록 해야 한다. 이청(吏廳)에서 태장(笞杖)으로 볼기를 치는 형벌은 하는 것은 마땅히 엄금하여야 한다. 부임한 지 수개월 지나면 부하 아전들의 이력표(履歷表)를 만들어서 책상 위에 놓아두도록 해야 한다. 아전이 농간을 부리는 것은 史가 주모자가 된다. 아전의 농간을 막으려면 史를 혼내 주어야 한다. 史는 곧 서객(書客)이다.[228]

이는 조선후기의 정치체제의 효율성이 급격히 떨어지는 상황하에서 목민관의 손과 발이나 다름없는 아전에 대한 통치방법인 '束吏'를 제시했다는 점에서 마키아벨리의『군주론(The Prince)』에 버금가는 정치담론의 백미라 할 수 있을 것이다.

또한 통치체제의 보전과 안위를 위하여 다산은 法治主義를 강조하였다. 태평성대를 위한 德治의 실현의 전제는 반드시 엄정한 법과 공정한 잣대로서 이를 실현할 수 있다고 보고 목민관의 법을 집행함에 있어서 '진상을 정확히 파악하여 판결할 수 있도록' 聽訟이라는 것을 주장하고 있다.

소송의 판결의 근본은 성의에 있고 성의의 근본은 愼獨에 있다. 그다음으로 먼저 자신을 바르게 하고서 백성을 경계하고 가르쳐서 잘못을 바르게 잡아 줌으로써 또한 訟事하는 일이 없도록 해야 한다. 송사 처리를 물 흐르는 것처럼 쉽게 하는 것은 타고난 재질

---

228)『牧民心書』,「吏典」今之 鄕吏 締交宰相 關通察使 上謾官長 下剝生民 能不爲是所屈者 賢牧也 首吏權重 不可偏任 不可數召 有罪必罰 使民無惑 吏屬參謁 宜禁白布衣帶 吏屬遊宴 民所傷也 嚴禁屢戒 毋敢戲豫. 吏屬用笞罰者 亦宜嚴禁 上官旣數月 作下吏履歷表 置之案上 吏之作奸 史爲謨主 欲防吏奸 尤其史 欲發吏奸 鉤其史 史者書客也.

이 있어야 할 수 있는 일이지만 그 방법은 매우 위험하다. 송사
처리는 반드시 사람의 마음을 속속들이 파헤쳐야만 법이 사실에
맞게 된다. 그러므로 간략히 송사를 하려는 자는 그 판결이 반드
시 늦어지게 하는데, 한 번 판결을 내리고 나면 다시 일어나지 않
게 하기 위해서인 것이다. 막히고 가려져서 통하지 못하면 민정이
답답해진다. 달려와서 호소하려는 백성들로 하여금 부모의 집에
들어오는 것같이 편하게 하면 이것은 어진 목민관인 것이다.[229]

이러한 '청송'은 병역의 문제, 묘지문제, 노비문제, 토지문제, 형
제간의 문제 등 백성들이 가장 민감하게 제기하는 문제들을 경청
하고 목민관으로서 지혜를 발휘할 수 있도록 民意를 수렴하는 제
도적 장치이므로 이 당시의 정치상황에서는 획기적인 정치담론이
라고 볼 수 있겠다.

·이렇게 다산의 통치체제에 관한 정치사상적 담론은 기존의 성리
학적 담론과는 다르게 현실적이며, 실천적이고 백성들에게 좀 더
다가가는 접촉정치의 전형적인 정치담론으로 볼 수 있을 것이다.

군주의 존재를 인정하고 그 당시의 시대상황에서 보다 효율적이
고 효과적인 정치체제의 유지와 왕정의 질서회복을 그는 목민관만
을 통해서 가능하다고 생각하였다. '民'과 가장 많은 접촉을 하고
민의를 가장 민감하게 받아들 수 있는 위치는 통치체제에서 재상
이 먼저냐, 군주가 먼저냐의 권력구조의 정치담론을 논의하기 전
에 상향식 정치의 실현을 위한 토대와 기초로 牧民統治體制論을
구상하게 되는 사상적 시발점이라고 볼 수 있겠다.

---

229) 『牧民心書』,「刑典」, 聽訟之本 在於誠意 誠意之本 在於愼獨 其次律
身 戒之誨之 杆者伸之 亦可以無訟矣 聽訟如流 由天才也 其道危 聽
訟 必核盡人心也 其法實 故欲詞訟簡者 其斷必遲 爲一斷而不可 復
起也 壅蔽不達 民情以鬱 使赴소之民 如入父母之家 斯良 牧也.

2. 정치권력의 행사와 목민관

다산은 「原政」에서 이러한 '정치권력'의 본뜻에 정확히 부합하게 정의하고 있다. 어원적 접근을 매우 중시하여 '先識原義'를 통해 본질과 멀어진 현실, 멀어진 이론을 성찰하고 본래의 정신을 회복하려 하였던 일련의 학문적 태도의 결과물이 일련의 '原' 시리즈이고, 그중에서도 정치론에 대한 자신의 원형론을 표출한 것이 「原政」이다.

다산은 孔子의 '政者正也'[230] 명제를 '공동체 구성원들 사이에 諸 가치의 균형적 배분'으로 구체화시켰다.[231] 즉 다산에게 정치의 요체는 '均民', 곧 '균형적 배분'에 있다는 것이다. 다산은 짧은 『原政』에서 '政은 正이요, 그것은 均吾民'임을 무려 5차례나 반복하면서 '均民', '각자가 빠짐없이 자신의 몫을 획득하는 것', 朱熹 표현을 빌면 '各得其分'을 정치의 요체로 규정하고 있다.[232] 이에

---

230) 『論語』,「顏淵」, 季康子 問政於孔子 孔子對曰 政者正也 子帥以正 孰敢不正.

231) 이러한 다산의 정치에 대한 정의는 일견 현대 '주류정치학'의 정치에 대한 定義, 곧 '희소가치의 권위적 배분(authoritative allocation of scarce resources)'이라는 개념과 유사해 보일 수 있다. 그러나 양자는 근본적으로 상이하다. '희소가치의 배분'에 대한 정약용의 관념은 '政은 正' 및 '均分'이라는 규범적, 가치지향적 개념인데 반해 이스턴의 정의는 몰가치적, 행태주의적 '가치의 배분'을 지칭하는 것이다. Easton이 사용하는 '권위적'이라는 표현은 다분히 '합법적인 물리적 강제력이 적용된다'는 의미로 해석되고 있다.

232) 원래 공자는 '均'에 대해 "나는 '國·家를 다스리는 자는 부족함을 걱정할 것이 아니라 不均을 걱정하며 가난함을 걱정할 것이 아니라 不安을 걱정해야 한다'고 들었으니 대개 均하면 가난함이 없고 화하면 부족함이 없으며 편안하면 기우는 일이 없다"라고 했었다. 『論語

대해 다산은 다음과 같이 논하고 있다.

  정치란 '바르게(正) 하는 것'이라 함은 우리 백성을 고르게(均)
한다는 것이다. 어찌 어떤 이는 토지의 이익을 겸병하여 부유한데
도 더 부유하게 하고, 어찌 어떤 이는 토지의 혜택이 막혀서 가난
한데도 더 가난하게 하는가? 토지를 헤아려 백성에게 주되 均分
하여 바르게 하는 것을 정치라 한다.
  정치란 바르게 하는 것이라 함은 우리 백성을 고르게 하는 것
이다. 어찌 어떤 이에게는 풍성한 땅의 소출을 쌓아두고도 남아돌
아 버리게 하고, 어찌 어떤 이에게는 척박한 땅조차 가지지 못하
게 하여 그 모자람을 걱정하게 할 것인가? 배와 수레를 만들고,
저울과 표준을 신중히 하며, 재화(物貨)를 운반하여 有無를 유통
시켜 바르게 하는 것을 정치라 한다.
  정치란 바르게 하는 것인데, 다름 아니라 우리 백성을 고르게
하는 것이다. 어찌하여 어떤 이는 강한데도 또 병탄을 멋대로 하
게 하여 더 커지게 하고 어찌 어떤 이는 약한데도 더 깎이게 하
여 멸하게 하는가? 군사를 크게 일으켜 죄를 세상에 발표하여 토
벌하고, 망한 것을 살리게 하고, 끊어진 것을 이어주어 바르게 함
을 정치라 한다.
  정치란 바르게 하는 것이라 함은 우리 백성을 고르게 하는 것
이다. 어찌하여 어떤 이는 기만하고 몽매한데도 그 四體를 편안
하게 하며, 어찌 어떤 이는 恭勤하고 忠善한데도 복이 미치지 못
하게 하는가? 罰을 징계하고 賞을 제정하여 罪와 功을 구별하여
바르게 함을 정치라 이른다.
  정치란 바르게 하는 것이라 함은 우리 백성을 고르게 하는 것
이 어찌하여 어떤 이는 어리석은데도 높은 지위에 처하여 그 악
을 널리 퍼뜨리게 하고, 어찌하여 어떤 이는 어진데도 낮은 지위

에 머물러두어 그 덕을 가리게 하는가? 朋黨을 제거하고, 公道를 넓히며, 賢者를 진출시키고 不肖한 자를 퇴출시켜 바르게 함을 정치라 이른다.233)

위에서 보듯이 다산은 '政＝正＝均民'을 등식화시키고 있다. 이 때 均民의 구체적인 내용은 토지(재산)의 균분성, 소득의 균형성, 正義의 보편성, 賞罰의 형평성, 인재등용의 공정성을 들고 있다.

다산 역시 이와 같이 자연 상태에서 정치사회로의 추론의 결과로 「原牧」을 저술하게 되었으며,234) 이를 통해 기존의 '爲民(for

---

233) 『與猶堂全書』, 第1集, 「原政」, 政也者正也 均吾民也 何使之并地之利而富厚 何使之阻地之澤而貧薄 爲之計地與民 而均分焉以正之 謂之政 均吾民也 何使之積土之所豐 而棄其餘 何使之闕土之所嗇 而憂其匱 爲之作舟車 謹權量 遷其貨 得通其有無以正之 謂之政 均吾民也 何使之强 而恣其呑以大 何使之弱 而被其削以滅 爲之張皇徒旅 聲罪致討 存亡繼絶以正之 謂之政 均吾民也 何使之欺凌頑惡 而安其四體 何使之恭勤忠善 而福不加及 爲之刑以懲 爲之賞以獎 別罪功以正之 謂之政 均吾民也 何使之愚而處高位 以播其惡 何使之賢而詘於下 以翳其德 爲之袪朋黨恢公道 進賢退不肖以正之謂之政.

234) 따라서 다산이 下而上의 정치권력 탄생론을 주장했다고 해서 이를 서구 17세기 계약론의 영향을 받은 것처럼 해석하는 것은 다소 곤란한 듯하다. 게다가 다산은 분명 17세기 이후의 자유주의 계열의 泰西新書 자체를 접하지 않았다는 점도 그 증거가 된다. 조선의 지식인들이 서구 근대적 계약론 및 자유주의 계열의 서적을 접한 것은 1840년대에 들어와서 이고, 그 대표적인 인물이 崔漢綺이다. 그리고 1836년에 생을 마감한 다산은 西學은 1600년대에 중국에서 풍미하던 마테오리치류의 서학, 곧 서구 중세 후기 학문이었다. 이를 감안하지 않고 다산의 '民의 同意', '葛藤調整', '法治' 관념을 서구 계약론의 영향이라고 본다면 그것은 이 개념들을 서구 근대의 전유물로 간주하는 태도의 소산이다. 다시 말해서 이러한 관념의 도출은 합리적 인류가 존재하는 곳이면 어디서든지 도출될 수 있는 보편적인 가치이다. 안외순, 「다산 정약용의 정치권력개념: '원정'과 '탕론'사이」, 『2001년도 한국정치학

the people)'과 '民本(of the people)'이라는 유가적 정치권력의 본질을 재확인하였다. 뿐만 아니라, 그는 나아가 원론적 수준에서나마 '民治(by the people)'라는 전통유가에서는 생소한 정치방식의 가능성까지 제시하고 있다. 통치자(牧)가 백성(民)을 위하여 존재하는가, 백성이 통치자를 위하여 존재하는가?235) 이것이 『原牧』에서 다산이 던지는 담론이다. 그는 왜 이런 질문을 던지는가? 그것은 "백성이 米穀과 布絲를 바쳐서 통치자를 섬기고, 백성이 車馬와 從僕을 차출하여 통치자를 送迎하며, 백성이 膏血을 짜내어 통치자를 살찌게 하니 백성이 통치자를 위하여 존재하는 것"236)으로 인식하고 있었기 때문이다. 다산은 이 전도된 현실을 바로잡아야 한다고 보았다. 다산의 반론은 다음과 같다. 아니다! 아니다! 통치자가 백성을 위하여 존재한다!237)

　공동체 구성원들을 위해 정치 권력자가 존재하는 것임을 먼저 선언한 다산은 이를 증명하기 위해 자연 상태로 군거하던 인간에게 紛爭이 발생하면서 是非를 가리고 질서를 찾기 위해 분쟁 당사자들 스스로 자신들이 승복할 판결자를 정하게 된 데서 정치권력의 기원을 찾고 있다. 그리고 이러한 원리가 里正/君王/皇王 등의 보다 상위 차원으로 확대된 것이 정치권력의 전체적인 면모라고 설명한다.

　　회 연례학술회의, 21세기 한국정치의 개혁과 발전』(서울: 한국정치학
　　회회보, 2001), 논문집 참조.
235) 『與猶堂全書』, 第1集, 「原牧」, 牧爲民有乎 民爲牧生乎.
236) 『與猶堂全書』, 第1集, 「原牧」, 民出粟米麻絲 以事其牧 民出輿馬騶
　　從 以送迎其牧 民竭其膏血津髓 以肥其牧 民爲牧生乎.
237) 『與猶堂全書』, 第1集, 「原牧」, 曰否否 牧爲民有也.

아득한 옛날 태초에는 백성들뿐이었다. 그런데 어찌하여 통치
자(牧)가 존재하게 되었는가? 백성은 자유롭게 무리를 지어 살았
다. 그런데 어떤 사람이 이웃 사람과 다투게 되었는데 결말을 짓
지 못했다. 그들 중 한 노인이 있었는데, 공정한 말을 잘 하기 때
문에 그에게 가서 올바른 판결을 받았다. 이후 온 마을 사람들이
다 함께 그에게 복종하고 그를 추대하여 존경하며 里正이라 일컬
었다. 그런데 또 마을의 몇몇 백성들이 다른 마을 백성과 다투어
해결을 보지 못하였다. 그들 중 한 노인이 있는데 준수하고 지식
이 많았기 때문에 그에게 가서 올바른 판결을 받았다. 해당 고을
사람들이 모두 그에게 복종하고 존경하여 그를 추대하여 黨正이
라고 불렀다. 이때 黨의 몇몇 백성들이 다른 당의 백성들과 다투
어 해결을 보지 못하였다. 그들 중의 한 노인이 현명하고 유덕하
였기 때문에 그에게 가서 올바른 판결을 받았다. 몇몇 당이 그에
게 복종하고 그를 州長이라고 불렀다. 이렇게 또 몇몇 州長들이
1인을 추대하여 長으로 삼아 國君이라 불렀다. 이렇게 또 몇몇
國君들이 1인을 추대하여 長으로 삼아 方伯이라 불렀다. 이렇게
또 사방의 방백들이 일인을 추대하여 宗主로 삼아 皇王이라 이름
하였다. 皇王의 뿌리는 (이와 같이) 里正에서 출발한 것이다. 그
렇기 때문에 통치자는 백성을 위하여 존재하는 것이다.[238]

이것이 최초의 정치사회 출현에 대한 다산의 논리적 추론이다.
즉 다산에 의하면, 사람들은 자연 상태에서의 군집생활만으로도

---

[238] 『與猶堂全書』, 第1集, 「原牧」, 邃古之初民而已 豈有牧哉 民于于
然聚居 有一夫與鄰閧 莫之決 有叟焉 善爲公言 就而正之 四鄰咸
服 推而共尊之 名曰里正 於是數里之民 以其里閧 莫之決 有叟焉
俊而多識 就而正之 數里咸服 推而共尊之 名曰黨正 數黨之民以其
黨閧 莫之決 有叟焉 賢而有德 就而正之 數黨咸服 名之曰州長 於
是數州之長 推一人以爲長 名之曰國君 數國之君推一人以爲長 名
之曰方伯 四方之伯 推一人以爲宗 名之曰皇王 皇王之本起於里正
牧爲民有也.

평온하게 살 수 있었다. 사태의 발단은 군집생활 과정에서 분쟁이
발생한 것이다. 분쟁의 해결책으로 이해 당사자 모두 납득할 수
있는 판결능력을 지닌 자를 선정하게 된다. 이후 마을 사람들은
이 사람에게 자신들을 통치할 자격을 부여하고 里正, 곧 마을의
수장으로 삼았다는 것이다. 그리고 그것은 같은 원리로서 '里正→
黨正→州長→國君→皇王 최고의 주권자'에게로 확대 적용된다.

  여기서 우리는 다산이 상정하는 정치권력의 원형을 확인할 수
있다. 즉 정치권력의 가장 원초적인 존재목적은 분쟁조정, 곧 '갈
등의 조정'이자 질서의 유지였던 것이다. 그리고 이 갈등조정에 채
택되는 방법은 이해 당사자들의 '동의'를 확보하는 것이다. 동의의
확보는 일차적으로는 '설득력(善爲公言)'이 관건이다.

  그런데 다산은 이러한 정치권력의 창출만으로 민의 역할이 끝났
다거나 정치권력의 정당성이 확보되었다고 간주하지는 않는다. 정
치 권력자가 上向的 정치권력을 행사하기 위해서는 그 수단 역시
上向的 방식을 채택해야 하는데, 그것은 다음에서 보듯이 下而上
의 입법과정으로 연결되어야 한다는 것이다. 그리고 정치 권력자
는 바로 이러한 下而上의 입법의 결과에 의해서 정치권력을 행사
해야 한다는 것이다.

  이때를 당하여 里正은 백성들의 희망을 좇아서 법을 제정하여
黨正에게 올렸고, 당정 역시 백성들의 희망을 좇아서 법을 제정
하여 州長에게 올렸으며, 주장은 이런 식으로 國君에게 올리고,
국군 역시 이런 식으로 皇王에게 올렸다. 그런 까닭에 그 법들이
모두 백성들에게 便利했다.[239]

---

239) 『與猶堂全書』, 第1集, 「原牧」, 當是時 里正 從民望而制之法 上之黨
    正 從民望而制之法 上之州長 州上之國君 國君上之皇王 故其法 皆

　적어도 위의 진술을 토대로 볼 때도 다산은 민의 입법능력을 인정하고 있음을 알 수 있다.[240] 최소한 위의 진술에서 보이는 민의 정치능력에 대한 다산의 이러한 신뢰는 다산 자신의 직접적인 실천 속에서도 드러나는 사례가 적지 않다. 一例로 곡산 부사로 있을 때의 일화는 民에 대한 법치논리가 민에게 있음을 입증하여 주고 있다.

　　지금의 수령들은 지난날의 제후처럼 행동한다. 자신들의 宮室이나 車馬의 공급, 의복과 음식의 봉양, 좌우에서 시중드는 관속 및 남녀 노비, 그리고 사령들을 거느린 생활이 나라 임금에 못지 않다. 그들의 權能은 다른 사람을 즐겁게 하기에 족하고, 그들의 刑威는 남들을 두렵게 하기에 족하다. 그런데 지금에 이르러서 그들은 오만, 자존, 방종, 안일하여 통치자가 해야 할 일을 잊어버리고 있다. 어떤 백성이 분쟁하다가 공정한 판결을 원하면 한 발로 차버리면서 "어찌 이렇게 시끄러우냐."라고 말한다. 또 어떤 백성이 굶어죽으면 "그 사람이 잘못해서 죽었다"라고 한다. 米穀과 布絲를 바치지 아니하면 회초리와 곤장으로 백성을 때리고 발길질하여 유혈사태를 본 다음에야 그친다. 그러면서도 그들은 날마다 문서 장부를 고쳐 쓰고 덧붙여서 돈과 피륙을 징수해간다. 그것으로 밭과 집을 장만하고, 나아가 權貴한 재상에게 뇌물을 바쳐 후일의 이익을 보장받고자 한다. 이런 까닭에 '백성이 통치자를 위하여 존재한다'고 말하지만 어찌 이것이 이치에 맞겠는가?

　便民.

240) 앞에서 목민사상의 법치논리를 상세히 설명했지만, 사실 '從民望'만으로는 애민이나 위민적 성격으로 해석하는 것이 옳을 수도 있다. 그러나 앞에서 '민의 추대'라는 부분과 「湯論」에서 팔일무의 지도자를 교체하는 부분의 예시 등을 보아서는 적어도 이 글에서만큼은 다산이 인민에게 입법능력을 부여하여 법치논리로 정치를 해야 한다는 견해로 보아도 무방한 것 같다.

잊지 말라! 통치자는 백성을 위하여 존재하는 것임을![241]

본래 민의 분쟁을 해결하기 위해 출현했던 정치권력은 조선 후
기에 이르러서는 완전히 역전되어 쟁송처리를 귀찮게 여기고 생민
의 임무를 망각한 채 대민 수탈적 존재로서만 남아 있다.

이러한 정치권력의 현실에 도전하기 위하여 다산은 목민사상의
피력에 있어서 정치권력으로부터 소외되어 있는 민을 위한 제도적
개혁과 장치를 위하여 '田政'의 논리를 펼치게 된다.

목민관의 직책 54조 중에서 田政이 가장 어렵다. 이것은 우리
나라의 田法이 본래부터 잘 되어 있지 않기 때문이다. 요즈음 田
地를 계산하는 법에는 方田, 直田, 苟田, 梯田, 圭田, 梭田, 腰鼓
田의 여러 가지 명칭이 있는데 그 추산하고 측량하는 방식은 쓸
모없는 법으로서 다른 모양의 밭에는 통용할 수 없다. 개량은 전
정의 큰일이다. 묵은 것을 조사하고 숨은 것을 캐내어 苟安을 도
모하되 제대로 안 될 때에는 힘써 改良해야 한다. 그러나 큰 해
가 없는 것이라면 모두 예전 것을 따르고 피해가 너무 심한 것만
을 바로잡아서 原額에 충당하도록 한다. 改良條例는 매양 조정에
서 반포하는 것이 있으니 그중의 要理만은 모름지기 약속을 명백
하게 해야 한다. 量田하는 법은 아래로는 백성을 해치지 않고 위
로는 나라에 손실을 가져오지 않게 하는 것이니 오직 고르게 해
야 할 것이다. 먼저 적임자를 얻어야 논의할 수 있다. 畿田이 비

241) 『與猶堂全書』, 第1集, 「原牧」, 今之守令古之諸侯也 其宮室輿馬之
奉 衣服飮食之供 左右便嬖侍御僕從之人 擬於國君 其權能足以慶人
其刑威足以怵人 於是傲然自尊 夷然自樂 忘其爲牧也 有一夫鬪而就
正 則己蹴然曰 何爲是紛紛也 有一夫餓而死 曰汝自死耳 有不出粟
米麻絲以事之 則撻之棓之 見其流血而後止焉 曰取筭緡 曆記夾注塗
乙 課其錢布 以營田宅 賂遺權貴宰相 以徼後利 故曰民爲牧生 豈理
也哉 牧爲民有也.

록 척박하나 본래 경한 것을 따랐으며 南田이 비록 비옥하나 본
래 중한 것을 따른 것이니 무릇 그 負와 束은 모두 예전 것을 따
라야 한다. 오직 陳田이 아주 묵게 되는 것은 그 세액의 과중함
이 분명하니 강등하지 않을 수 없다. 진전을 강등해서 字號가 변
경되면 백성의 訟事가 많을 것이니 무릇 그 변경된 것은 모두 牌
面을 발급하여야 한다. 量田의 법은 어린고로 方田을 만드는 것
보다 더 좋은 것이 없다. 모름지기 朝令이 있어야 행할 수 있을
것이다.

　　查陳은 田政의 큰 조목인 것이다. 진전의 課稅가 원통한 것이
많으니 查陳하지 않을 수 없다. 진전의 개간은 백성만 믿어서는
안 되는 것이니 목민관은 마땅히 지성으로 경작을 권장하고 또한
그 힘을 도와야 한다. 隱結이나 餘結은 달마다 해마다 늘어나고
宮結이나 屯結도 해마다 달마다 늘어나며 나라에 세금을 바치는
原田은 달마다 해마다 줄어드니 이를 장차 어찌할 것인가.242)

　　다산은 民이 정치권력에 가장 민감하고 예민하게 접근하는 대항
논리를 田政과 稅法에서 찾았다. 전정과 세법을 투명하게 하고 개
혁함으로써 위정자가 착취와 수탈을 방지하여 정치권력의 고착을
방지하며, 민이 정치권력으로부터 자유로워진다고 확신하고 다음

---

242) 『牧民心書』, 「戶典」, 牧之職 五十四條 田政最難 以吾東田法 本自未
　　善也. 時行 田算之法 乃有方田 直田 句田 梯田 圭田 梭田 腰鼓田
　　諸名 其推算 打量之式 仍是死法 不可通用於他田. 改量者 田政之大
　　擧也. 査陳核隱 以圖苟安 如不獲已 民勉改量 其無大害者 悉因其舊
　　鼇其太甚 以充原額. 改量條例 每有朝廷 所頒 其中要理 須申明約束.
　　量田之法 下不害民 上不損國 惟其均也 惟先得人 乃可議也. 畿田雖
　　瘠 本旣從輕 南田雖沃 本旣從重 凡其負束 悉因其舊. 唯陳田之遂陳
　　者 明其稅 額過重 不可不降等也. 陳田降等 字號變遷 民將多訟 凡
　　其變者 悉給牌面 總之量田之法 莫善於魚鱗爲圖 以作方田 須有朝
　　令 乃可行也. 査陳者 田政之大目也 陳稅多冤者 不 可不査陳也. 陳
　　田起墾 不可恃民 牧宜至誠 勸耕 又從而助其力. 隱結 餘結 歲增月
　　衍 官結 屯結 歲增月衍 而原田之 稅于公者 歲減月縮 將若之何.

과 같은 稅法論을 주장하였다.

> 남북 풍속이 다르니 무릇 종자나 세금은 혹 田主가 바치기도
> 하고 혹 佃夫가 바치기도 하는데 수령은 오직 풍속을 따라서 다
> 스려야 하며 백성들이 원망하는 일이 없도록 하라. 西北 및 關東,
> 畿北은 본래 田政이 없는 것이니 오직 田籍을 고찰하고 관례를
> 따를 것이며 마음을 쓸 것이 없다. 火粟의 세는 관례에 따라서
> 總數와 비교하고 오직 크게 기근이 든 해에는 재량해서 감해 주
> 어야 한다.243)

이러한 세법론을 개혁하고 民이 정치권력으로부터 자유로워져야
함에도 불구하고 민의 어려운 생활은 가중되고 관리들의 착취와
수탈은 날이 갈수록 더해 가만 갔으니 이 원인을 다산은 '穀簿'에
서 찾았다. '곡부'란 '곡물장부'라는 뜻으로 다산이 살고 있던 이
당시의 목민관들이 가장 허위로 작성하여 재물을 착취하는 통로가
'곡부'이다. 곡부에 관한 다산의 정치담론은 아전의 부패와 목민관
의 욕심에서 비롯된다고 지적하고 이를 바르게 작성하고 관리하여
만 '德政'이 실현될 수 있음을 강조하고 있다.

> 혹 민호가 많지 않은데 穀簿가 너무 넘치는 것은 청하여서 감
> 하도록 하고 곡부가 너무 적어서 接濟할 방책이 없는 것은 청하
> 여 이를 늘이도록 해야 한다. 외창의 儲穀은 마땅히 민호를 계산
> 해서 邑倉과 그 비율에 맞게 해야 하며 하급 아전에게 맡겨서 마
> 음대로 융통하도록 해서는 안 된다. 아전의 포흠은 징발하지 않아
> 서는 안 되나 포흠의 징발을 너무 가혹하게 해서는 안 된다. 법을

---

243) 南北異俗 凡種稅 或田主納之 或佃夫納之 惟牧順俗而治 非民無怨
    西北及關東畿北 本無田政 惟當 按籍以循例 無所用心也 火粟之稅
    按例比總 唯大饑之年 量宜裁減 大敗之村 量宜裁減.

집행하는 것은 마땅히 엄준하여야 하나 죄수를 생각할 때에는 마땅히 불쌍히 여겨야 한다. 혹 官財를 덜어서 포흠한 곡식을 갚아 주기도 하고 혹 상사와 의논해서 포흠 장부를 탕감하여 주는 것은 전 사람의 德政이다. 각박하게 거두어들이는 것은 어진 사람의 즐겨 하는 바가 아니다.[244]

　다산은 정치권력으로부터 착취당하는 민에 대한 사랑이 전제되어 목민사상을 집필하여 목민관의 통치철학을 제시하였고, 정치권력과 민에 대한 관계를 현대의 정치이론만큼 구체적으로 서술적으로 정리하지는 않았지만 민을 지배할 수 있는 위정자의 정당성의 문제와 당위성의 문제를 '목민'이라는 현실적 개념으로 풀어갔다는

---

244) 『牧民心書』, 「戸典」, 還上者 社倉之一變 非組非積 爲生民切骨之病 民劉國亡 呼吸之事也 還上之所以弊 其法本亂也. 本之旣亂 何以末治 上司貿遷 大開商販之門 守臣犯法 不足言也. 守臣飜弄 竊其營羨 之利 胥吏作奸不足言也 上流旣濁 下流難淸 胥吏作奸 無法不具 紳姦鬼猾無以昭察 弊至如此 非牧之所能救也 惟其出納之數分留之實 牧能明 則吏橫未甚矣 每四季磨勘之還 其回草成帖者 詳認事理 不可委之於吏手 凶年停退之澤 宜均布萬民 不可使逋吏專受也 若夫 團束簡便之規 惟有經緯表 一法眉列掌示 瞭然可察 頒糧之日 其應 分應留 査驗宜精. 須作經緯表 瞭然可察 凡還上 善收而後 方能善頒 其收未善者 又亂一年無救術也. 其無外倉者 牧宜五日一出 親受之 如有外倉 唯開倉之日 親定厥式 凡還上者 雖不親受 必當親頒 一升 半約 不宜使鄕丞代頒 巡分之法 不必拘也 凡欲一擧而盡頒者 宜以 比意 先報上司 收糧過半 忽有條錢之令 宜論理防報 不可奉行 災年 之代收他穀者. 別修其簿 隨卽還本 不可久也. 其有山城之穀 爲民痼 莫者 遣其他謠 以均民役 其有一二士 民私乞 倉米謂之別還 不可許 也 歲時頒糧 惟年荒穀貴 乃可爲也 其或民戸不多 而穀簿太溢者 請 而減之 穀簿太少 而接濟 無策者 請而增之 外倉儲穀 宜計民戸 使與 邑倉 其率相等 不可委之下吏 任其流轉 吏逋不可不發 徵逋不可太 酷 執法宜嚴峻 慮囚宜哀矜 或捐官財 以償逋穀 或議上司 以蕩逋簿 乃前入之德政 刻迫收入 非仁人之所樂也.

데 그 의의가 있을 것이다.

민은 정치권력의 일방적인 관계가 아니라 현대국가의 기능처럼 상대적인 관계로 파악하고 민에 대한 정확한 형벌과 세제 그리고 전정의 정치개혁 없이는 정치권력을 유지 확장시킬 수 없음을 보여주고 있다

3. 목민관의 자질과 역할수행

다산은 조선조의 정치구조를 치자계층과 피치자층으로 나누고 통치담당자를 사림 이상의 지배자계급으로 한정하고 있다. 그러나 그의 목민사상의 정치 사상적 기저와 정치철학은 정치 주체인 군주와 士大夫(官, 士)는 각자 위치에 주어진 역할과 의무를 다해야 한다는 전제 아래 정치논리를 분권이라는 역할론적 각도에서 재조명하고 있다. 이는 군주는 군주로서의 정치분권의 논리가 있고, 목민관은 목민관으로서의 분권논리가 있고, 일반 사대부는 사대부 나름대로의 정치논리가 있음을 말하고 있다.

이 삼자의 정치관계는 유가국가에서 상하 질서와 예의 상징으로서 종속관계에 있는 것이지 무조건적인 정치권력의 논리에 의한 힘에 의한 지배관계를 의미하지는 않았다. 이들 삼자가 각자의 위치에서 분권적인 측면에서 서로의 제 역할을 다할 때 태평성대가 구가되는 이상국가를 실현할 수 있음을 정치분권의 논리로 설명하고 있다.

먼저 다산은 군주의 역할을 논함에 있어서도 유가정치에서 聖君으로 칭송받는 堯舜을 이상으로 하였다. 이에 君主權力分權의 요체는 요순이 실현하고자 했던 민본사상을 재현해야 하는 것이다.

군주가 어려운 시대적 상황에서 善政을 수행하기 위해서는 차라리 과단성 있는 업무처리 능력이 필요하다. 그 자리에 요구되는 능력이 있어야 한다. 이에 군주 된 자의 일차적인 임무는 경제적인 해결에 있다.

> 능히 그 재산을 고루 마련하여 다 함께 살도록 한 사람은 군주와 목민관 노릇을 한 사람이요, 능히 그 재산을 고루 마련하여 다 함께 살도록 하지 못한 사람은 君主와 牧民官의 직책을 저버린 사람이다.[245]

이는 인군과 목민관의 직책이 뚜렷이 있음과 모든 民이 경제적으로 고루 잘 살도록 하는 역할이 크다고 하였다. 다산은 인군의 지위의 결정과정에 대해서는 부정하지 않지만 통치방법의 인식에는 많은 변화를 요구하고 있다.

다산은 德治를 주장하지만 그 구체적인 역할을 현실에 바탕하여 다시 정의하였다. 君主는 요순이 적극적인 시책을 폈던 것을 재음미하여 민생을 위한 정책을 펴고 민에게 능력발휘의 결과로 평가를 받을 수 있어야 한다.

그리고 인군의 적극적인 직책수행과 인군의 보조역으로서 官의 역할에 대해서 다산은 심도 있는 정의를 내리고 있다. 사실 관리는 직접적인 民과 접촉을 하는 자이며 조선처럼 중앙의 행정이 지방행정까지 미치지 못한 시대에서는 더욱이 관리의 수양과 올바른 역할은 중요하였다.

---

[245] 『與猶堂全書』, 第1集,「田論」, 故能均制其産 而幷活之者 君牧者也 不能均制其産 而幷活之者 負君牧者也.

> 수령이란 것은 나라에서 백성을 나누어 이를 다스리게 한 사람
> 으로서 …… 그 직책은 임금과 같아서 수령의 직책의 중요함이
> 임금만 못하지 않다.246)

이는 정치구조 속에서 牧民官의 위치와 역할의 막중함을 강조
하고 있다. 왜냐하면 그 당시 중앙정치가 지방정치까지 미치지 못
하고 수령이 직접 民에 대한 행정, 사법, 군사 등 전권을 위임받아
행사했다는 점에서 지방 牧民官의 역할은 백성의 고락과 국가의
성쇠를 좌우하는 관건이었기 때문이다.

당시의 地方官들은 아전들과 짜고 백성들을 억압하고 수탈하는
일을 자행하였다. 茶山이 流配地에서 직접 목격하나 地方官吏들
의 실태는 하늘이 民을 보살피도록 牧民官을 대리자로 세웠다는
이상은 찾아볼 수 없었다. 이러한 현상은 牧民官이 능력에 의해서
임명되지도 않은 것에 큰 이유가 있다. 무벌의 힘을 업고 목민관
에 오른 자는 民에 대한 사명감도 없을 뿐만 아니라 治積이 쓸
만한 것이 없더라도 재상의 반열에 의해 보호를 받을 수 있었으므
로 두려움 없이 횡포를 자행하였다.247) 본래 수령의 역할은 찾아
볼 수가 없었던 것이다.

> 牧民官은 타고난 능력이 있는 것이 아니라 여러 수양과 절제
> 등 후천의 노력과 재능에 따라 民을 보살피도록 하늘의 命을 받
> 은 것으로 위치 지어진 것이니 天의 뜻을 따라야 할 뿐이다. 수
> 령의 직책은 군왕에게도 비견할 만한 것으로서 실로 민생의 고락

---

246) 『與猶堂全書』, 第1集, 「考績議」, 「守令者國之所與分民 …… 而其職
   侔擬人主 百度無所不具」.
247) 『與猶堂全書』, 第1集, 「考績議」, 必無一績之可書矣 今書之日 出自
   宰列 彈壓何憂.

과 국가의 성쇠가 그에게 달렸다고 할 수 있다.[248]

자기의 私慾을 생각해서는 안 된다고 준엄하게 말하고 있다. 牧民官은 목민지도에 충실하여 공직자로서의 역할을 완수해야 한다.

牧民官이 民을 위해서 봉사하도록 天命과 君命을 받은 자일지라도 만일 그 지배자의 위치가 민에 대한 봉사만이 요구된다면 누구라도 그러한 자리에 있고자 하지 않을 것이라 하여 牧民官이 민을 위해서 소신껏 일할 수 있도록 더 나아가 여지가 있을 때에는 民을 학대하고 수탈을 자행하는 貪官들을 미리 막기 위해서 봉록을 후하게 주어야 한다고 하였다.

官吏가 利를 추구함을 病되게 보고 무조건적인 희생을 강요하는 것은 인간의 욕구를 그대로 인정한 것이 아니다. 牧民官의 역할 결과에 대한 대가를 충분히 주어야 하지 도덕적인 양심과 감정에만 호소할 경우 이는 현실적 인간의 요강에 바탕하지 않는 것이다. 그러므로 吏의 추구와는 먼 도덕적인 수양만을 강조할 경우 그 당시에서도 볼 수 있었듯이 반드시 민을 수탈하는 것에 이르게 될 것이다.

이 외에도 수령은 人君의 임명을 받은 자로서 나라를 다스리는 기본법을 준수해야 하는 책임이 있다. 그러나 수령이 인군을 명을 받아서 국가의 일을 다스리는 자이지만 君의 命을 무조건적으로 준수할 것이 아니라 '조정의 명령이 내려올 때 백성들이 즐거워하지 않아 받들어 시행할 수 없으면, 마땅히 병을 칭탁하고 그 자리를 떠나야 한다'고 하여 아무리 國人君의 命이라 할지라도 그것이

---

248) 『與猶堂全書』, 第1集, 「考績議」, 臣竊以守令者國之所與分民而治之者也 而其職侔擬人主百度無所不具 故曰君牧其爲職不己重乎 生民之苦樂以之 國家之衰盛以之正.

民을 위한 것이 아닐 때에는 물러나야 한다고 지적한다. 그 자리
는 人君의 임명을 받았을지라도 책임은 民을 보살피는 것에 있는
것이다. 다산은 牧民官이 人君의 명령에 우선하여 민을 위해야 한
다고 하였다.

제5장 목민사상의 실학적 담론과 한계

제1절 목민사상의 논리적 타당성과 특징

1. 목민사상의 논리적 타당성

목민사상의 사상적 기초는 성리학의 修己治人을 통한 仁道이다. 수기도 恕의 공부요, 治人도 결국 恕之道의 실현이라 할 수 있다. 다산의 목민사상은 목자의 사랑과 민생의 존엄을 토대로 하여 이루어졌으므로, 성리학의 덕치주의 정신이 시대의 현실성을 반영하여 재현된 것이라고 할 수 있다. 이는 서구적인 어떤 사상을 바탕으로 하였다기보다는 원시유교정신을 바탕으로 하였다는 점에서 고전적 공·맹의 정신이 현대적으로 재현될 수 있는 터전을 마련해 놓았다고 하겠다. 지금까지 정리한 다산의 목민사상은 다음과 같이 논리적 타당성을 가지고 있다고 볼 수 있을 것이다.

첫째, 목민의 개념은 요·순으로부터 비롯된 것으로서, 공·맹시대에 이르러 구체화되었던 것을 정약용이 이를 목자라는 새로운 개념으로 확충하여 발전시켰다.

둘째, 정약용은 목자를 민이 선출한 존재로 이해하여 민의 존재를 새롭게 정치적 주체로 부각시켰다는 점에서 맹자의 왕도사상을 근대적으로 발전시켰다.

셋째, '목민사상'은 목자와 민이 대등하다는 견해에 입각하여 애민, 위민사상을 도출하였으며, 목자의 민에 대한 사랑을 '목민자'로서 정의하였다.

넷째, 목자는 수기하여야 만이 봉공할 수 있을 것이요, 수기에는 청렴이 근간이 된다.

다섯째, 애민정신은 목자가 솔선수범하는 교화로 이룩된다.

여섯째, 당시의 정치조직 이였던 이·호·예·병·형·공의 모든 기틀은 위민적 운용으로 이루어져야 하며, 목자는 부단히 제도의 모순을 개선하고 현실을 개혁해야 한다.

일곱째, 목자는 이러한 목민의식을 기초로 하여 백성을 돌봄으로써, 백성들로부터 존경받는 치자가 되도록 하여야 한다.

여덟째, 이러한 목민정신은 시대와 상황은 다르더라도 치인의 정치사상으로서 발전되어야 한다.

이러한 논리적 타당성을 바탕으로 한 목민사상의 사상적 특성과 구조적 특성을 살펴보면 다음과 같이 말할 수 있다.

2. 목민사상의 구조적 특성

목민심서는 1818년 다산이 유배에서 풀려나기 직전 봄에 초고본이 이루어지고 1821년 완성본이 이루어졌다. 그리고 목민심서는 경세유표 및 흠흠심서와 함께 정약용의 정법 3집 중의 하나로 목자의 赴任과 律己, 奉功, 愛民, 吏典, 戶典, 禮典, 兵典, 刑典, 工典, 賑荒 및 解官의 12편으로 각 6조씩 총 72조로 엮어져 있다.

李重夏는 『경세유표』와 『목민심서』를 주·종관계로 파악하여 전자는 개혁사상의 골격을, 후자는 개혁의 전제가 되는 인민의 休

養을 위한 저서로 보았다.[249] 그러므로 당시의 법질서를 전제로
한 하위단위인 지방행정 개선의 지침서인 목민심서는 당시의 정치
와 사회, 경제의 제도·관습 등을 파악한 자료이기도 하다.

다산은 『목민심서』를 서술함에 있어서 우리나라의 고사를 인용
할 때 『三國史記』, 『高麗史』, 『國朝寶鑑』 등에 의존한 문헌 고증
적 입장을 철저하게 관철시켰다. 또한 자신의 개인적 경험이나 그
가 수집한 단편적인 자료들을 부지런히 기록해 두어 저술에서의
근거로 삼았으며, 논평을 가할 때도 그 자신의 저술에 크게 의존
하고 있다.

그러나 『목민심서』 자서에 나타난 바를 보면, 목민사상의 기본
적 특성은 『周禮』에 근거하고 있으며, 다산에게 목민사상의 기본
적 특성을 나타내 주는 자료의 원천은 ① 목민관인 부친의 임지에
서 얻은 견문, ② 목민관으로서의 자신의 경험과 거기서 얻은 자
료, ③ 五經四書, ④ 중국의 23사, ⑤ 우리나라의 여러 역사, ⑥
한국과 중국의 개인 문집, ⑦ 18년간의 유배 생활에서 얻은 농촌
에 대한 현지 견문 자료, ⑧ 조선조의 제법전, ⑨ 우리나라의 문물
제도에 관한 참고서, ⑩ 均役事目 등의 각종 사목, ⑪ 治郡要訣
등의 각종 목민서, ⑫ 경세유표 등의 자신의 저서 등이었다.

이와 같이 다산의 목민사상은 사회 개혁의 의지를 표출한 수령
의 실무 지침서로서 우리나라의 자료에 크게 의존하였지만, 『주례』
에서 그 기본 체제를 취함으로써 당시의 제약 때문에 중국 중심의
세계관에서 크게 벗어나지 못하였다.

그러나 그의 민족적 자각은 詩作의 태도에서 드러난다. 우리나

---

249) 안병직, "牧民心書 考異", 『丁茶山 硏究의 現況』 (서울: 민음사,
    1985), p.44.

라 사람이 시를 쓰는 데 있어서 걸핏하면 중국의 고사를 인용하는
것은 비루한 품격이며, 가치 있는 시가 되려면 우리의 풍속을 읊
어야 한다고 하여 중국 중심의 세계관으로부터의 해방을 제시하였
으며, 그의 태도는 『목민심서』 저술의 기초 자료가 보여주는 바와
같이 광범위하게 적용되었다고 할 수 있다.

  이와 같은 다산의 민족 자각 정신이 바탕이 된 목민사상의 구체
적 내용을 구조화하면 그 특성을 다음과 같이 살펴볼 수 있다.

〈표 5-1〉 牧民思想의 構造的 特性

구 분	내 용
1. 赴任: 목민의 첫 출발	1. 除拜 - 사령을 받으면서 2. 治裝 - 검소한 부임 행장 3. 辭朝 - 조정에 부임 인사 4. 啓行 - 新官의 부임 여정 5. 上官 - 새로운 임지에서 6. 莅事 - 취임 첫날 첫 政事
2. 律己: 목민관의 내적 규율	1. 飭躬 - 청아하고 장중한 몸가짐 2. 淸心 - 청렴결백한 마음가짐 3. 齊家 - 집안 법도가 발라야 4. 屛客 - 피할 사람 만날 손님 5. 節用 - 명심할 백성의 피와 땀 6. 樂施 - 선심의 덕과 시혜
3. 奉公: 봉사하는 일상적 집무	1. 宣化 - 덕을 널리 펴라 2. 守法 - 국법수호의 신념 3. 禮際 - 공손하고 깨끗한 대인관계 4. 文報 - 서류작성의 문안과 격식 5. 貢納 - 弄奸과 積弊의 일소 6. 徭役 - 솔선 헌신

구　　　분	내　　　용
4. 愛民: 　　사랑의 손길	1. 養老 – 어른을 공경하는 미속의 손길 2. 慈幼 – 어버이처럼 어린이를 너그럽게 3. 振窮 – 이 외로운 인생들을 4. 哀喪 – 애달픈 죽음 앞에서 5. 寬疾 – 병마로부터의 구호 6. 救災 – 재해의 선후책
5. 吏典: 　　官紀의 肅呈	1. 束吏 – 剛柔恩威를 아울러서 2. 馭衆 – 준엄함과 신의의 고삐 3. 用人 – 적재적소의 묘 4. 擧賢 – 인재의 추천 의무 5. 察物 – 엄밀한 암행 정보망 6. 考功 – 信賞必罰
6. 戶典: 　　홍농의 바탕	1. 田政 – 개혁의 근본 실태 파악 2. 稅法 – 밝은 세정을 펴서 3. 穀部 – 탐관오리 온상의 원천 4. 戶籍 – 인구 유통의 실태 파악과 통제 5. 平賦 – 時弊 근절 6. 勤農 – 국부의 근본은 농업으로부터
7. 禮典: 　　교육의 진로	1. 祭祀 – 誠敬을 다하는 경건한 자세 2. 賓客 – 향응의 예법 3. 敎民 – 시정의 마지막 목표 4. 興學 – 지덕일치의 지향 5. 辨等 – 안정을 위한 신분기강 확립 6. 課藝 – 영재의 육성
8. 兵典: 　　지역방위 체제의 　　강화	1. 簽丁 – 건전한 養兵행정 2. 練卒 – 상시 임전 자세를 3. 修兵 – 무기관리는 군의 생명 4. 勸武 – 시급한 국민 총무장 5. 應變 – 비상사태의 조용한 수습 6. 禦寇 – 외침, 그 허실의 전략

구 분	내 용
9. 刑典: 법제와 사회정의 구현	1. 聽訟 - 정확한 진상 파악 2. 斷獄 - 하늘을 우러러 부끄럼 없는 　　　　판결 3. 愼刑 - 형벌, 그 경중과 정확한 파악 4. 恤囚 - 온정의 형정 5. 禁暴 - 난무하는 폭력의 엄한 단속 6. 除害 - 사회정화의 강행군
10. 工典: 國富의 이정표	1. 山林 - 푸른 꿈의 자원 2. 川澤 - 흐르는 물의 경제 3. 繕廨 - 보수와 환경미화 4. 修城 - 유사시의 안보대책 5. 道路 - 교통은 善治의 척도 6. 匠作 - 개발과 이용후생
11. 賑荒: 구호 대책의 수립	1. 備資 - 흉년 대책 2. 勸分 - 재해 의연의 장려 3. 規模 - 응급조치 및 난민 구제책 4. 設施 - 구호시설의 설치와 운영 5. 補力 - 재민구호의 고비 상시 대비 6. 竣事 - 재민구호의 결산, 유종의 미를
12. 解官: 목민관의 영예로운 퇴진	1. 遞代 - 浮雲같은 벼슬길 2. 歸裝 - 청풍을 한 수레 싣고 3. 願宥 - 귀로를 막는 추모의 정 4. 乞宥 - 救命을 호소하는 민의 5. 隱卒 - 벼슬길에서의 善終 6. 遺愛 - 송덕의 선정비

3. 목민사상의 방법론적 특성

앞서 지적해 듯이 다산은 「자찬명묘비」에서 자신의 목민사상에 관한 논리적 특성을 다음과 같은 담론으로 간략히 소개하고 있다.

『목민심서』는 어떤 내용인가. 현재의 법을 토대로 해서 우리
백성을 다스려 보자는 것이다. 律己·奉公·愛民의 세 가지를 紀로
삼았고, 吏·戶·禮·兵·刑·工을 여섯 가지 典으로 만들어 賑荒
한 단원으로 끝맺었으며 하나의 조목마다 6條를 포함케 하였다.
고금의 이론을 찾아냈고 奸僞를 열어젖혀 牧民官에게 주어 백성
한 사람이라도 그 혜택을 입을 수 있게 했으면 하는 것이 나의
마음 씀이었다고 하였다.[250]

이는 거시적 관점에서 목민사상의 논리적 타당성을 말해 주고
있으나 이를 실천할 수 있는 방법론적 특성에 관한 자신의 입장을
다음과 같이 설명하고 있다.

육경사서(六經四書)로써 자기 몸을 닦게 하고 일표이서(一表二
書)로써 천하 국가를 다스릴 수 있게 하고자 함이었으니, 본(本)
과 말(末)이 구비되었다고 하겠다. 그러나 알아주는 사람은 적고,
꾸짖는 사람만 많다면 천명(天命)이 허락해 주지를 않는 것으로
여겨 한 무더기 불 속에 처넣어 태워버려도 괜찮다.[251]

다산의 이러한 목민사상의 논리적 타당성을 바탕으로 하여 그의
『목민심서』를 서술하였던 것이다. 그러므로 『목민심서』 전체는 당
시 제도상의 실무에 나타난 吏·戶·禮·兵·刑·工의 육전과 赴
任과 解官의 의식절차 이외에는 모두 백성에 대한 사랑이요 봉사

---

250) 『與猶堂全書』, 第1集, 「自撰墓誌銘」, 牧民者何也 因今之法而牧吾
民也 律己奉公愛民爲三紀 吏戶禮兵刑工爲六典 終之以賑荒 一目
各攝六條 搜羅古今剔發奸僞 以授民牧庶幾一民有被其澤者 鏞之心
也.
251) 『與猶堂全書』, 第1集, 「自撰墓誌銘」, 六經四書 以之修己 一表二書
以之爲天下國家 所以備本末也 然知者旣寡 嗔者以衆 若天命不允
雖一炬以焚之 可也.

로서 律己·奉公·愛民·賑荒이 그것이다. 이 중에서 율기는 기
강과 질서에 대한 것이요, 봉공·애민·진황은 모두 백성에 대한
봉사의 정신을 서술한 것이다.

특히 부임과 율기를 기본으로 하여 봉공의 자세를 역설한 『목민
심서』의 편차는 그의 목민사상을 단적으로 보여준 것이라고 하겠
다. 다산의 『목민심서』는 근본적으로 민과 목이 평등하다는 인식
을 바탕으로 하여, 목자와 동등하다는 대민관을 가지고 牧民平等
의 사상으로서 봉공과 애민을 강조한 것으로 보여진다.

또한 다산의 목민사상의 논리적 체계의 주요특징은 유교의 修己
治人의 君子學과 직결된 것으로서, 공자의 仁道를 확충하여 발전
시킨 것이 된다. 공자의 인도는 효제의 실천을 통하여 인도의 첫
출발을 마련하였다고 한다면, 다산의 牧民之道는 공자의 仁道를
확충하여 완성된 것이라 하겠다.

이는 또한 가족적인 孝悌의 道가 정치적 목민의 道로 발전된
것을 의미한다. 따라서 한 인간으로서의 牧者는 천명에 순응하여
스스로 自修의 공을 쌓고 나아가 민생을 돌봄으로써 하나의 새로
운 이상세계를 이룩해야 하는 것이다. 그러한 인간이 바로 君子요,
賢者요, 聖人이요, 至聖이니 주사학적인 다산의 목민사상은 다름
아닌 修己治人의 政治學이라 할 수 있다.

그러므로 목민사상은 유교사상의 오랜 전통 속에서 이루어졌지
만, 그 실현은 역사적 현실에 새롭게 구현해야 할 것이다. 목민에
있어서 율기·봉공·애민을 삼기로 하는데, 율기·애민은 곧 修己
治人이요, 육전을 진황으로 완결시킨 것은 恤民之道를 밝힌 것으
로, 애민과 휼민의 정신은 모두 백성을 본위로 하는 牧民官의 정
치논리의 기본이 되는 현실지향적인 논리적 특성도 가지고 있다고

하겠다.252) 목민의 현대적 의미는 정치의 주체가 된 민(국민)에 대한 봉공에 있다고 하겠다. 아직도 민에 군림하려고 하는 공직자들로서는 율기·봉공 그리고 애민을 강조했던 당시 다산의 주장을 겸허하게 받아들여야 할 것이다.

제2절 목민사상의 시대적 적실성과 과제

1. 지방정치의 효율성 제고

다산의 목민사상은 주공, 공자의 禮樂을 강령으로 삼고, 牧民을 '지방 정치화'하여 요·순의 이상국가를 실현하고자 하였다. 다산은 수령을 옛날의 군주에 비기면서 '지금 수령은 오래 있는 사람은 3-4년 정도이고 그렇지 못한 사람은 단 1년뿐이니 그들이 벼슬자리에 있는 것은 여관에 지나가는 손님과 같게 된다. …… 지나가는 손님이 주인을 부리게 되고, 알지 못하는 사람이 아는 사람을 부리게 되는데 능히 그 권력을 옮겨 잡을 사람이 있겠는가'라고 하여 지방수령이 책임 있는 행정을 펴지 못하는 이유로써 짧은 임기에 1차적 원인이 있음을 지적한다.253)

다산이 당시 수령의 짧은 임기가 향리의 악행을 저지르게 하는 구조적 모순의 일단으로 보고 있다는 사실을 명백히 말해 준다. 나아가 '수령은 객, 향리는 주인'임에도 불구하고 향리는 책임을

---

252) 李乙浩, 『茶山經學思想硏究』, p.270.

253) 『與猶堂全書』, 「鄕吏論」, p.17.

면하고,254) 객인 수령이 모든 책임을 지는 것은 문제라고 지적한다.255)

이처럼 다산은 수령의 체임기간이 짧은 데서 빚어지는 구조적 문제점을 지적하고 있다. 더욱이 그는 앞서 살펴본 『목민심서』를 통해 지방수령의 업무에 관한 세밀한 분석을 기하고 있다는 점도 수령의 업무를 합리화하고, 향촌사회에 대한 실질적인 장악을 도모하려는 맥락에서 이해해야 할 것이다.

『목민심서』에서 보이는 목민사상의 주요한 논리인 赴任, 律己, 奉公, 吏典, 戶典, 禮典, 兵典, 刑典, 工典, 賑荒, 解官 등 각 육조의 조목들을 모두 지방관, 즉 수령의 효율적 정치운영을 위한 지침인 것이다. 다산은 『목민심서』에서 이러한 '목민사상'의 의의에 대해 다음과 같이 말하고 있다.

고려 말에 비로소 五事로 수령들을 考課하였고, 우리 조선으로 접어들면서는 그것에 따르더니, 후에 七事로 늘렸는데 이른바 수령들이 해야 할 대략만을 들었을 뿐이었다. 그러나 수령이라는 직

---

254) 『與猶堂全書』, 「鄕吏論」, p.18에서 "무릇 首惡인 자는 향리이니 중한 형벌을 받아야 하고, 따라서 한 사람은 수령이니 그다음 형벌을 받아야 될 것이다. (그러므로) '먼저 대강령을 바로잡아야 된다'는 말은 세상실정에 어두운 말이다"라고 논하고 있다.

255) 『與猶堂全書』, 「鄕吏論」, p.18에서 "아아 원통하다. 守令된 사람이여! 수령이란 사람은 어릴 때부터 문장과 역사를 공부하여 다행히 벼슬길에 올라서 노고를 쌓은 지 수십 년 만에 다행히 郡守와 縣令이 되었으니 그가 처음 到任할 적엔 그 누구든지 조심하고 두려워하면서 다만 맡은 임무를 감당해내지 못할까를 겁내지 않겠는가? ─중략─ 家長은 항상 그 집에 있으니 집안의 질서가 문란한 것은 가장의 죄며 閭長은 항상 그 閭에 있으니 閭의 질서가 문란한 것은 閭長의 죄이다. 郡守와 縣令은 客인데 주인이 그 집의 질서를 문란하게 했는데도 客이 그 죄를 받게 된다면 원통하지 않겠는가"라고 논하고 있다.

책은 관장하지 않는 바가 없으니 여러 조목을 차례로 드러내더라
도 오히려 직책을 다하지 못할까 두려운데 하물며 스스로 생각해
서 스스로 행하기를 바랄 수 있겠는가. 이 책은 첫머리와 맨 끝의
두 편을 제외한 나머지 10편에 들어 있는 것만 해도 60조나 되
니, 진실로 어진 수령이 있어서 자기 직분을 다할 것을 생각한다
면 아마 미혹하지 않을 것이다.[256]

『목민심서』에 기술된 '목민사상'의 의의는 지방수령의 정치적
업무효율의 증대에 있는데 이것을 지방수령에 대한 다산의 경세학
적 의도에서 빚어진 것이다. 그의 지방수령에 대한 강조는 상대적
으로 수령의 행정권을 잠식하는 지방 吏胥들의 혁파와 깊게 관련
되어 있다.

　이상에서 살펴본 것처럼 다산은 목민사상을 통하여 군주와 '民'
을 연결하는 고리인 지방수령에 대해서는 그 업무의 효율을 기하
고, 체임기간을 적정하게 늘임으로써 군주의 명령에 대한 충실한
집행자가 될 수 있도록 만들고 있다.

2. '民'의 정치인식 제고

　유교의 민본사상이나 위민의식 역시 군신과 민의 관계가 천명으
로부터 도출되어 민 자체의 의사가 군주를 제어할 수 없고 지배자
의 자비에 민의 운명을 걸 수밖에 없었다.[257] 따라서 현실에 있어

---

256) 『牧民心書』,「自序」, 高麗之季始以五事考課守令 國朝因之 後增爲
　　七事 所謂責大指而己 然牧之爲職 劂所不典 歷擧衆條 猶懼不職 矧
　　冀其自考而自行哉 是書也 首尾二篇之外 其十篇所列 尙爲六十 誠
　　有良牧 思盡其職 庶乎其不迷矣.
257) 조광, "정약용의 민권의식연구",『한국민중론』(서울: 한국신학연구소,

서 지배자는 민을 위한다는 정책을 내걸고 민 위에 군림하는 경우
가 허다했다.

또한 지배자가 민을 위해서 어떤 시책을 제시할 경우에는 민의
참여가 배제되는 한 그 위민정책이 민 자신에게 이익이 되지 않을
수도 있다. 더구나 조선조 후기에 이르러 민본주의가 허구화됨으
로써 지배자와 민 사이에 이익의 관점 차이는 더욱 벌어지게 되는
것이다.258)

'민'을 정치의 객체로 규정해 버리는 성리학적 민의 관념은 다
산의 실학적 담론이 전개되면서 민의 자존적이고 상대적인 독립성
을 갖는 존재로 부각된다. 앞서 살펴보았지만 다산이 특히 주목한
부분은 역시 이와 같이 자연상태에서 정치사회로의 추론의 결과로
「原牧」을 저술하게 되었으며, 이를 통해 기존의 '爲民(for the
people)'과 '民本(of the people)'이라는 유가적 정치권력의 본질을
재확인하였다. 뿐만 아니라, 그는 나아가 원론적 수준에서나마 '民
治(by the people)'라는 전통유가에서는 생소한 정치방식의 가능성
까지 제시하고 있다. 통치자(牧)가 백성(民)을 위하여 존재하는가,
백성이 통치자를 위하여 존재하는가?259)

이것이 『原牧』에서 다산이 던지는 첫 화두이다. 그는 왜 이런
질문을 던지는가? 그것은 "백성이 米穀과 布絲를 바쳐서 통치자
를 섬기고, 백성이 車馬와 종복을 차출하여 통치자를 送迎하며,
백성이 膏血을 짜내어 통치자를 살찌게 하니 백성이 통치자를 위
하여 존재하는 것"260)으로 인식되는 것이 통념인 전도된 현실 때

1984), p.290.

258) 위의 글, pp.389-390.

259) 『與猶堂全書』, 第1集, 「原牧」, 牧爲民有乎 民爲牧生乎.

문이다. 다산은 이 전도된 현실을 바로잡아야 한다고 보았다. 다산의 반박의 정치담론은 다음과 같다. 아니다! 아니다! 통치자가 백성을 위하여 존재한다![261]

다산의 이러한 정치담론은 조선후기의 정치사상에 있어서 민의 위상정립을 한 차원 승화시키는 결과를 가져왔다. 또한 기존의 성리학에서 논의되었던 종래의 '민'의 개념을 더욱 정치적인 실천과 정치참여의 민으로 부각시켰다고 볼 수 있겠다.

3. '修己'를 통한 통치력의 제고

목자의 도리는 자기 자신으로부터 출발한다. 수령이 가져야 할 태도를 부임의 절차 다음에 두고, 목자는 그 자신을 바로 하기를 강조하고 있다. 자기 자신을 바로 한다는 것은 수기라는 평범한 논리를 구체화한 것으로 이를 수기라 하여 飭躬·淸心·齊家·病客·節用·樂施의 육조로 설명하고 있다. 칙궁은 제 몸의 단속이고, 청심은 마음을 깨끗하게 가지는 것이며, 제가는 먼저 자기의 집안을 정제하라는 것이고, 병객은 수령이 관아에 객을 불러들여 접대하지 말라는 것이며, 절용은 재물을 절약하라는 것이고, 낙시는 재물을 주어 자비를 베풀어야 할 자에게는 즐겁게 惠施하라는 것이다.

이는 수기함에 있어서 무엇 하나 소홀함이 있어서는 아니 되며 그러한 사람만이 치인의 자격이 있다는 것을 말해 주는 것이다.

---

260) 『與猶堂全書』, 第1集, 「原牧」, 民出粟米麻絲 以事其牧 民出輿馬騶
從 以送迎其牧 民竭其膏血津髓 以肥其牧 民爲牧生乎.
261) 『與猶堂全書』, 第1集, 「原牧」, 曰否否 牧爲民有也.

정약용은 국가를 다스리는 요점은 삼자로 요약할 수 있으니 첫째
로 淸이요, 둘째는 愼이요, 셋째는 勤일 뿐이라고 하였다. 청은 청
렴이요, 신은 몸을 삼가함이요, 근은 부지런함이다. 남을 다스리는
자는 항상 깨끗하고 근신하며 부지런해야 한다는 말이다. 율기편
의 일조가 몸가짐을 바로 하는 일인 飭躬이요, 이조가 청렴한 마
음으로 정사에 임하는 것이다. 이 청심의 기본은 廉이니, 廉은 牧
의 本務요 만선의 근원이며 제덕의 뿌리이다. 그러므로 不廉하고
목자 구실을 다하는 사람은 없다.

이렇게 청렴한 마음으로 가정을 바로 하여야 할 것이니, 이를
제가라 하였다. 修身 이후 齊家 하고, 제가 한 후에 治國天下하는
것이 바른 길이다. 고을을 다스리는 수령은 먼저 집안을 잘 다스
려야 한다. 제가의 기본은 수기하여 청렴한 마음을 바탕으로 하여
이루어지는 것이다. 제가하고 내객을 상면함에 있어서는 절도를
잃지 않고 관부의 재산은 절용한다. 착한 수령이 되려면 반드시
자애로워야 하고, 자애롭기 위해서는 반드시 청렴해야 하는 것이
다. 청렴하려면 절용하여야 하므로 廉은 牧者의 首務라고 하였다.

절은 제한이다. 한계를 두고 제함에는 반드시 방식이 있다. 이
방식이야말로 절용의 근본이다. 이렇게 절용하되 가난한 백성들에
게는 즐거운 마음으로 도와주어야 한다. 정약용의 절검론은 그의
정치경제사상의 기본적인 한 이념으로, 이것을 지방행정의 직접적
인 직책을 지니었던 수령에 구하였던 것이다. 그의 절검론은 수신
에서 출발하였으나 그것이 곧 국가재정 유지확립에까지 이르렀던
것은 보다 현실적이었다고 하였다.

종전에는 목민관으로 하여금 유교주의적인 전제로 실천할 것을
요구하였고 이것은 유교의 예치적 사상에 기초한 생활의 규범이었

다. 그러나 정약용은 그것을 좀 더 확대 심화하는 일을 '목민사상'
에서 행하려고 하였다. 이러한 면에서 이익이 일반백성에게도 절
검을 강조하는 데 비하여, 그는 특히 목민관의 행동에서 절검의
실천을 강요하였던 것이다. 수기의 방법은 자기 몸가짐을 바로 함
으로 청렴한 마음이 우러나오고, 청렴한 마음으로 제가하고, 공리
를 분별하여 사람을 대하고 절용하여 악시하여야 함을 가르친다.

　이러한 수기와 제가가 바탕이 되어 백성에 대한 봉공으로 발전
된다. 봉공이라 함은 공무를 수행한다는 뜻이다. 이는 국법을 준수
하고 시책을 널리 알리는 일이며, 질서와 예의를 가르치는 일이다.
명실상부하게 봉사행정이 이루어지려면 목민관의 복무자세가 확립
되어야 한다. 다산은 봉공 육조로서 宣化·守法·禮際·文報·貢
納·往役의 여섯을 들고 있다.

　예를 엄숙하고 和順하고 공경하게 하여 백성들로 하여금 조정의
존엄을 알게 하고, 풍습을 지키도록 해야 하며, 조정의 은덕스러운
취지를 널리 알려 백성들이 나라의 은혜를 충분히 알도록 일깨워
주고 법을 지켜 신이 되고 백성 된 도리를 다하도록 해야 한다는
것이다.

　백성들로부터 재물을 거두어 바칠 때는 수령이 직접 살펴서 하
여야 하는 것으로, 아전에게만 맡기면 아전이 농간을 부려 백성에
게 피해를 주게 될 것이라고 한다. 그리고 백성의 간사한 행위가
있을 때는 이것도 엄단시켜야 한다는 것이다.

　공납에는 정상을 참작하여 무리하게 강행하지 말아야 함을 당부
하고 있다. 관리된 자는 상사의 명령에 복종하여 공무수행에 차질
을 가져와서는 안 되고, 일신의 평안을 위하여 공무를 기피해서도
안 된다고 하여 무사안일의 정치적 태도를 조절하여야 한다고 말

하였다. 현대정치에서 스스로의 수기를 통한 정치 리더십의 증대
와 도덕성의 함양은 이러한 목민사상의 제 측면과 유용성 있게 맞
아떨어진다고 볼 수 있다. 과거나 현재에 있어 관리의 도덕성 문
제는 공무집행의 공정성과 관련되어 있기 때문에 아무리 강조해도
지나치지 않겠으나, 실학의 특징은 효율성제고에 있다는 점에서
그 현대적 의미를 찾아볼 수 있을 것이다.

제3절 목민사상의 정치적 이상과 제도화

1. 애민사상의 정치적 이상과 제도화

『목민심서』의 정치사상의 주요 흐름은 한마디로 애민사상이다.
애민에 대한 다산의 정치적 담론과 고민을 어떻게 정치제도화시킬
것인가를 많은 부분에서 논의하고 있다. 『목민심서』 12篇 가운데
이·호·예·병·형·공의 6篇을 제외한 나머지는 부임과 해관의
2편과 율기·봉공·애민·진황의 4편이니, 이 중에서 어느 편이라
도 모두 애민사상에서 저술되지 않은 것이 없겠으나 특히 율기,
봉공, 애민, 진황의 편에서는 애민사상을 강조하고 있다.

『목민심서』라는 책 자체가 爲民의 書요, 치민의 교과서이지만
이들 12편 가운데서 애민정신을 구체적으로 표현한 편이 '애민육
조'이다. 『목민심서』중 가장 중요한 절은 애민육조라 하겠다. 애민
육조는 養老·慈幼·振窮·哀喪·寬疾·救災로서 모두 백성에
대한 사랑으로 서술되어 있다.

앞서 살펴보았지만 다산은 애민육조를 쓰면서 다음과 같이 설명하고 있다. 수령의 직분은 ① 농업의 번성, ② 호구의 증가, ③ 학교의 진흥, ④ 군정의 정돈, ⑤ 부역의 균등, ⑥ 詞訟의 간략, ⑦ 奸猾의 금지 등 七事에 그치는 것이 아니다. 요즈음 위에서도 이것을 잘 하라고만 타이르고 아래에서도 그것만을 받드는 것이 능사인 것처럼 생각한다. 그러나 新進氣銳한 수령이 있어서 비록 적극적으로 일을 하려고 하여도 위의 七事 이외에는 무엇을 해야 할 것인지 막연하기만 하다. 그러므로 周官大司徒의 保息六政의 대강을 따라 애민육조를 만든다고 하였다.

그런데 애민은 효에 근원을 두고 있다. 정약용은 양로의 예를 폐하면 백성들이 효심을 일으키지 않게 될 것이다. 그러므로 백성의 목자가 된 수령은 양로의 예를 실천하지 않아서는 아니 된다고 강조하였다.

효와 親親의 도리로부터 양로의 사상을 말하고, 어린아이를 보호해야 하는 慈幼·寡·孤·獨者를 구제하여 주어야 한다는 振窮, 가난한 사람의 장의를 치러 주어야 한다는 哀喪, 질병과 재난을 구해야 한다는 寬疾과 救災 등 6조는 정약용의 애민사상을 정치제도화하겠다는 정치담론의 표현들이다.

그리고 정약용은 애민만으로 만족하지 않고, 휼민과 구민에도 지대한 관심을 보였다. 진황육조는 備資·勸分·規模·設施·補力·竣事의 여섯 조목으로 되어 있다.

備資는 진황에 쓸 곡식을 비축하는 것이다. 勸分은 관내의 부자를 권하여 빈민을 구제하게 하는 것이다. 規模는 진황에 필요한 양곡의 양과 구제해야 할 사람의 수를 알아서 대비하는 것이다.

設施는 곡식을 백성에게 제공하기 위한 절차를 마련하는 것인데,

賑廳 또는 賑恤廳이라고 불리던 구호 대책본부를 설치하여 구호사
업을 실시하는 것이다. 補力은 밭곡식 등 대용작물을 심고 산야의
구황식물을 가려내서 모자라는 식량을 보태는 것이다. 竣事는 구휼
에 있어서의 잘잘못을 가리고 유공자를 표영하는 등 유종의 미를
거두는 것을 말한다.

　다산의 애민과 휼민정신은 목민사상의 중심적 논의점이며, 정치
담론임에 틀림없지만 당대의 조선후기의 정치현실에서 폭넓게 수
용되어 정치제도화되지는 못하였다. 현대정치에 있어서 각종 사회
복지 제도의 확립과 이에 대한 법적 해석들이 점차적으로 다산이
제시했던 '愛民'에 대한 정치적 담론들을 현실화시키고 있다.

2. 목민관의 정치적 독립성과 제도화

　목민사상의 구체적 실현방법은 목민관의 정치적 독립성과 실천
여부에 달려 있다. 군왕의 명을 받아 부임을 하지만 각종의 구체
적인 지방정치의 현안들은 목민관의 손에 달려 있다.

　그래서 앞서 살펴보았듯이 다산도 목민관의 위치는 군주와 다를
바가 없다고 논의하기도 하였다. 목민관은 애민사상을 구체화시키
기 위하여 치자의 본분인 정치 근본을 튼튼히 하지 않으면 안 된다.

　그러므로 이, 호, 예, 병, 형, 공의 6편에서 수령이 갖추어야 할
기본적인 임무를 구체적으로 설명하고 있다. 이는 당시의 관료제
도의 형태에 따라 6편으로 서술된 것으로 보이며, 어떻게 하면 수
령으로서 그 제도를 충실히 운용할 수 있을 것인가 하는 점을 목
민사상의 실천적인 면에서 주요한 정치담론이라고 볼 수 있다.

　따라서 이ㆍ호ㆍ예ㆍ병ㆍ형ㆍ공의 각 6조는 당시의 행정제도를

어떻게 하면 목민관의 입장에서 백성을 위하여 운용할 수 있을 것인가 하는 방법을 제시한 것이라고 하겠다.

이와 같이 다산은 목민관이 그 직무수행 과정에서 지켜야 할 성실하고 공정한 자세와 더불어 합리적인 직무계획과 그 집행방법에 관하여 60여 조에 걸쳐서 많은 제안을 하고 있다. 이러한 내용은 오늘날의 지방정치에 있어서 지방정부의 단체장들이 모델로 삼아 구체적으로 실천하여도 손색이 없는 것이라고 할 수 있다. 그런데 다산은 이들 모든 제도의 기초는 수기와 떨어질 수 없음을 말하고, 수기를 근본으로 하여 모든 관리를 다스리고 백성을 애육하여야 한다고 말한다.

앞서 지적하였듯이 吏治의 근본은 율기에 있으니 자기의 몸을 바로 하면 꼭 명을 내리지 않더라도 기강과 질서가 바로잡힐 것이나 그 몸가짐을 바로 하지 못하면 비록 명령을 내리더라도 실현되지 못할 것이라고 하여 이전편의 첫머리에서 모든 제도의 출발은 율기에서 비롯된다고 말하였다.

다산은 수령이 감당해 내기 어려운 이서의 간계를 배제하는 데 대하여 경제적으로 절약 청백을 요구하고 이서의 단속을 엄격히 할 것을 주장하였다. 이것은 다산의 지방정치운용이 이에 근간을 이루는 것이라고 하겠다.

그의 이서 대책은 법적으로 문서화하는 방법을 채택하는 한편, 지방관의 율기수신에서 윤리화하는 또 다른 일면을 지니고 있다. 禮治의 精神을 유지하면서 이서의 단속을 법적으로 엄격히 하는 것이 조선조 정치체제가 지니고 있던 이서의 惡弊에서 농민을 보호하는 유일한 길임을 다산은 이전 '속리'편에서 밝히고 있다. 이것은 그의 목민사상의 구체적 실천이념이며, 최종목표였다고 할 수 있을 것이다.

이러한 목민사상의 실천적 목표를 목민관에게 부여했으며, 이를 실천하려고 다산 자신도 목민관 부임시절 고민한 흔적은 있으나 중앙정부와 군왕으로부터 정치적 독립성과 정치적 제도화에는 미치지 못하고 있다.

3. 여론정치의 사상적 근거와 제도화

여론정치의 형성은 '馭衆'과 '用人'이라는 '대중을 통솔한다'라는 의미와 '어떻게 사람을 쓸 것인가'의 문제에서 출발한다. 대중을 위엄 있고 효율적으로 통솔하면 무리 없이 정치의 근본 목적을 성취하고 지배할 수 있을까 의 고민의 소산이 어중이라는 말로 집약된다고 하겠다.

대중을 어거하는 방법에는 위신이 있을 뿐이다. 위엄은 엄결한 데서 나오고 믿음은 충성된 데서 나오는 것이니 충성되고 염결할 수 있다면 대중을 복종시킬 수 있을 것이다. 軍校란 武人으로서 추호의 무리들이다. 그 횡포를 막는 데 마땅히 엄해야 할 것이다. 門卒이란 옛날의 이른바 조예인 것이다. 관속들 중에서 가장 가르침을 따르지 않는 자들이다. 官奴가 농간 부리는 것은 오직 창고에서만 있다. 거기에서 아전이 있으니 그 해가 심하지 않으면 은혜로써 어루만져서 그 외람된 행동을 막아야 한다. 侍童이 어리고 약하면 수령이 마땅히 어루만져 길러야 하며 죄가 있더라도 가볍게 다스릴 것이나 그 몸이 이미 건장하게 자라난 자는 아전과 같이 단속하여야 한다.262)

262) 『牧民心書』, 「吏典」, 馭衆之道 威信而已 威生於廉 信生於忠 忠而能
廉 斯可以 衆矣 軍校者 武人趨豪之類也 其奇橫宜嚴 門卒者 古之所

정치체제의 효율성을 위하여 대중정치의 세세한 부분까지 담론
화를 시키고 있지만 정치리더십의 핵심적인 역할을 하고 있는 사
람을 적재적소에 배치하여 그 사람의 능력을 발휘할 수 있는 用人
術에 대한 구체적인 방법과 수단을 제시하였다는 점에서 주목할
만하다.

　　나라를 다스리는 것은 사람을 쓰는 데에 있다. 군현은 비록 작
으나 그 사람을 쓰는 것은 다를 것이 없다. 鄕丞이란 수령의 보
좌역인 것이다. 반드시 한 고을의 선한 자를 가려서 그 직에 있게
하라. 座首란 賓席의 우두머리인 것이다. 진실로 그 사람을 잘 얻
지 못한다면 모든 일이 다스려지지 않을 것이다. 좌우별감은 수석
의 다음 자리이다. 또한 적격자를 얻어서 모든 정사를 評議토록
해야 할 것이다. 진실로 적격자를 얻지 못하면 자리만 채울 따름
이니 여러 가지 정사를 맡겨서는 안 된다. 아첨하기를 좋아하는
자는 충성되지 않고 간하기를 좋아하는 자는 배반하지 않는 것이
니 이를 살핀다면 실수하는 일이 적을 것이다. 風憲이나 약정은
모두 향승이 천거한 것이니 적임자가 아니라면 차첩을 還收해야
한다. 군관과 장관으로서 武班에 선자가 모두 굳세고 씩씩해서
禦侮의 빛이 있다면 좋은 것이다. 그 幕裨가 있는 자는 마땅히
삼가 인재를 가렸으되 충신을 으뜸으로 삼고 재주를 그다음으로
해야 할 것이다.263)

　　謂 隸也 於官屬之中 最不率敎官奴作奸 惟在倉誤 有吏存焉 其害未
　　甚 撫之以恩 時防其濫 侍童幼弱 牧宜撫育 有罪宜從末減 其骨格已
　　壯者 束之如吏.
263) 『牧民心書』, 「吏典」, 爲邦在於用人 郡縣雖小 其用人 無以異也. 鄕
　　丞者 縣令之輔 左也 必擇一鄕之善者 非居是職. 座首者 賓席之首也
　　苟不得人 庶事不理. 左右別監 首席之亞也 亦宜得人 評議庶政 苟不
　　得人 備位而已 不可委之以庶政. 善諛者不忠 好諫者不背 察乎此 則
　　鮮有失矣. 風憲約正 皆鄕丞薦之 薦非其人者 還收差帖. 軍官將官之
　　立於武班者 皆桓桓趫趫 有禦侮之色 斯可矣. 其有幕裨者 宜愼擇人

그러나 용인을 하는 데 있어서 여기에서 만족하지 않고 다산은 조선후기의 하위통치체제의 구성에 있어서 인재등용의 하나로 '어질고 현명한 인물을 추천하는' 擧賢이라는 방법을 이끌어 내어 인재등용의 새로운 정치담론을 형성하여 목민관이 되어서도 이를 제도화하는 데 앞장선다. 물론 거현이란 오랜 유가전통이 다산의 독창적인 주장은 아니라고 하더라도 조선조 후기의 정치적 상황을 고려할 때, 그의 거현주장은 옳다고 하겠다.

> 賢人을 천거하는 것은 수령의 직책이다. 비록 고금이 제도가 다르다 하더라도 현인을 천거하는 일을 잊어서는 안 된다. 學行과 吏材의 천거는 나라에 일정한 법전이 있으니 한 고을의 착한 이를 덮어두어서는 안 된다. 과거라는 것은 과목별로 천거한다는 뜻이다. 지금은 그 법에 비록 빠진 데가 있더라도 폐단이 극도에 이르면 변경하여야 한다. 擧人을 천거하는 것은 목민관으로서 마땅히 힘써야 한다. 중국의 과거 법은 지극히 상세하고 치밀해서 그것을 본받아 행한다면 천거하는 것은 목민관의 직무인 것이다. 과거의 鄕貢은 비록 국법은 아니라 하더라도 문학하는 선비로서 추천장에 기록하여야 할 것이니 법에 구애될 것이 없다. 部內에 학행을 篤實하게 닦는 선비가 있으면 마땅히 몸소 나아가 그를 찾고 계절 따라 방문함으로써 예를 닦아야 한다.264)

다산은 통치체제의 안정성과 항상성을 위하여 정치제도권의 인

材 忠信爲先 才서次之.
264) 『牧民心書』, 「吏典」, 擧賢者 守令之職. 雖吉今殊制而擧賢不可忘也 經行吏才之薦 國有恒典 一鄕之善 不可蔽也 科擧者科目之薦擧也 今法雖闕 弊極必變 擧人之薦 牧之當務也 中國科擧之法 至詳至密 效而行之 則薦擧者 牧之職也. 科擧鄕貢 雖非國法 宜以文學之士 錄之于擧狀 不可苟也 部內有經行篤修之士 宜躬駕以訪之 時節存問 以修禮意.

적쇄신에 몰두한 것이 아니라, 여론정치의 핵심적인 과제인 민중
교화에도 힘써 백성을 가르치고 敎化하여 정치참여의 장으로 끌어
들이려는 강한 의지를 가지고 있었다.

　위정자가 善政을 위하여 노력하고 제도적 장치를 가진다 해도
이를 받아들이고 실천하는 민중의 의지가 없고 참여가 없다면 정
치란 그 가치를 발휘하지 못한다. 다산은 이러한 정치의 근본을
'民'에게 찾았고, 이를 위하여 교화의 정치담론을 펼치게 된다.

> 　목민관의 직책은 백성을 가르치는 데 있을 따름이다. 그 田産을
> 고르게 하는 곳도 장차 가르치기 위함이요, 부역을 고르게 하는
> 것도 장차 가르치기 위함이요, 관직을 마련하고 목민관을 두는 것
> 도 장차 가르치기 위함이요, 죄를 밝히고 법을 신칙하는 것도 장
> 차 가르치기 위함이다. 모든 정치가 제대로 행하여지지 않아서 교
> 육을 일으킬 겨를이 없다면 이는 百世에도 善治가 있을 수 없는
> 것이다. 백성을 결속하여 佰를 만들어 향약을 행하는 것도 또한
> 옛날 鄕黨이나 州族制度를 본뜬 것이다. 위엄과 은혜가 이미 흡
> 족하다면 힘써 행하는 것이 좋을 것이다. 지난날의 좋은 말과 아
> 름다운 행실들을 부지런히 백성들에게 권유하여 귀와 눈에 젖도록
> 하는 것도 또한 교화하고 이끌어 나가는 데 도움이 될 것이다.265)

　현대정치의 여론정치를 실현하는 방법으로 정치사회화의 역할을
들고 있는데 다산의 '교화'는 정치권력으로부터 소외되어 제 역할
을 다하지 못하는 백성을 위한 제도적 담론으로서 政治社會의 방

---

265) 『牧民心書』, 「禮典」, 民牧之職 教民而已 均其田産 將以教也 平其賦
　　役 將以教也 設官置牧 將以教也 明罰飭法 將以教也 諸政不修 未遑
　　興教 此百世之所以無善治也 束民爲伍 以行鄉約 亦古鄉黨州族之
　　遺意 威惠旣洽 勉而行之可也 前言往行 勸諭下民 使之習慣 於耳目
　　亦或有助於化導.

법을 실천하였다. 특히 다산이 애인에 바탕을 둔 정치의 아상은 현대정치가 궁극적으로 해결하지 않으면 안 되는 삶의 질의 향상 ― 복지사회 건설이란 차원에서 눈여겨 볼만 하다고 하겠다.

제4절 목민사상의 실학적 담론과 한계성

1. 목민관의 외재적 조건과 한계

다산은 그가 살던 시대의 통치원리인 性理學에 대한 극복의지, 즉 脫性理學의 의지는 매우 강렬하여, 四書를 비롯한 諸經典에 대한 程朱의 註解를 철저하고 광범하게 비판·배척하면서 자신의 새로운 註解인 이른바 '反程朱的 經學'을 내놓는다.266)

그러한 이러한 작업은 역시 외견상으로는 原始儒學精神을 이상적 기준으로 하여 그 回復을 표방한 것이지만, 내용상으로는 이상의 사상적 흐름을 종합적으로 고려하면서 당시의 현실에 적합하고 실용적인 새로운 儒學을 성립시킨 것이다. 이 연구의 주요 담론인 목민사상도 그러한 점을 잘 입증하고 있다.

이는 목민관의 수기를 통한 치인의 자세와 실학적 담론을 담고 있지만 앞서 설명한 원시유학의 기본적 논리와 사상적 연원을 벗어나지 못하고 있다. 이는 성리학과 별개의 정체성을 가진 治人論理로서의 실학적 담론이 아니라, 성리학적 담론과 연계와 사상적

---

266) 그는 論語古今註를 비롯하여, 孟子要義, 中庸自箴, 中庸講義, 大學公議, 大學講錄 및 周易心箋, 易學緒言, 春秋考微 등 經集 232卷을 남겼다.

배경을 고려하지 않고는 분석이 불가능하다는 점을 들 수 있겠다. 그런 까닭에 다산은 그의 실학적 담론에 관한 정체성에 대하여 다음과 같이 표현하고 있다.

공자의 도는 수기와 치인일 뿐이었으나, 지금 학문을 하는 사람들이 아침저녁으로 익히고 연마하는 것은 다만 理氣와 四七의 논변과 河圖와 洛書의 數와 太極과 元會의 설뿐이다. 이러한 것들이 修己에 해당하는지 治人에 해당하는지 알지 못하겠으니, 우선 한쪽에 두어라.267)

다산은 이에 당시의 학문적 편협에 대해 다음과 같이 꼬집고 있다. 지금 세속의 학문에 빠져 있으면서 주자를 이끌어서 자신을 방어하는 자는 모두 주자를 속이는 것이다. 주자가 어찌 일찍이 그러하였겠는가? …… 이로부터 끝내 손을 이끌고서 함께 요순과 주공과 공자에게 돌아갈 수 없는 것이 지금 性理의 학문이다.268)

참된 유자의 학문은 본래 나라를 다스리고, 백성을 편안케 해주며, 오랑캐를 물리치고, 재용을 넉넉하게 하며, 文과 武에 모두 능하여, 해당되지 않는 것이 없다. 어찌 문장을 연구하고, 구절을 지적하며, 짐승을 주해하고, 물고기를 주석하며, 도포를 입고, 절하는 법을 익히는 것일 뿐이겠는가? …… 후세의 儒者들이 성현의 본뜻을 깨닫지 못하고서, 仁義와 理氣 외에 한마디라도 입 밖에 내면 그것을 잡학이라고 지적한다.269)

---

267) 『與猶堂全書』 1集, 卷17, 「爲盤山丁修七贈言」, 孔子之道 修己治人而已 今之爲學者 朝夕講磨 只是理氣四七之辨 河圖洛書之數 太極元會之說而已 不知此數者 於修己當乎 於治人當乎 且置一邊.

268) 『與猶堂全書』, 1集 卷11, 「五學論」, 沈淪乎今俗之學 而授朱子以自衛者 皆誣朱子也 朱子何嘗然哉. …… 自是終不可以攜手同歸於堯舜周孔之門者 今之性理之學也.

269) 『與猶堂全書』, 1集 卷12, 「俗儒論」, 眞儒之學 本欲治國安民 攘夷狄裕財用 能文能武 無所不當 豈尋章摘句注蟲釋魚衣逢披習拜揖而已哉. …… 後儒不達聖賢之旨 凡仁義理氣之外 一言發口 則指

위의 인용문에서 확인할 수 있듯이, 다산은 주희 개인에 대한 비방을 피하면서 당시의 性理學을 비판한다. 그 비판 형식 역시 原始儒學을 기준으로 한 것이다. 그리고 實學이라는 용어를 별도로 사용한 것이 발견되지 않음에도 우리는 주의해야겠다. 굳이 實學에 해당하는 것을 찾는다면, 그것은 그의 비판의 대상인 '今俗之性理學'과 대비되는 '眞儒之學'에 불과한 정도이다.

다산에 의하면, 성리학에서는 朱熹의 권위를 앞세워서 理氣·四七辨이나 太極說 등에 몰두하거나 한낱 章句의 註釋에 매달리거나 형식에 빠진 禮節의 시행에만 관심을 쏟는다. 이러한 경향이 高遠 無實 空虛한 行態임은 물론이다. 그럼에도 불구하고 성리학자들은 이외의 것을 한마디라도 언급하면 '雜學'으로 폄하하면서 등한히 한다.

여기서 그는 儒學의 목적이 원래 修己와 安人(治人)을 균형 있게 兼全하는 데에 있음을 인정한다. 그러면서도 그 兼全을 달성하지 못하고, 당시 성리학자들과 같은 空虛한 경향에 빠진다면, 그것보다는 차라리 그는 雜學視되는 '治國 安民', 즉 安人에 관한 부면에 치중할 것을 택한다.

그런 뜻에서 그는 '攘夷狄 裕財用 能文能武 無所不當'하는 능력 양성을 眞儒之學의 내용으로 꼽는다. 그러므로 그의 治國安民의 목표를 달성키 위한 '攘夷狄 裕財用 能文能武 無所不當'하는 능력의 양성이 곧 그의 實學에 해당한다고 할 수 있다. 이러한 다산의 실학적 담론과 정체성은 성리학적 배경과 원류 없이는 불가능한 것이며, 이 연구에서 논의한 목민사상의 실학적인 담론도 이들 담론의 구체적인 논의 과정에서 성리학적 담론의 뿌리와 줄기

之爲雜學.

없이는 정치사상의 독립성으로서의 위치를 가지지 못하는 한계가 있는 것이다.

2. 정치체제의 연계성과 한계

왕정을 실현하기 위해서는 그 기본 法制의 새로운 개혁이 필수 불가결한 일이지만, 왕정의 실현은 法의 문제가 아니라, 궁극적으로는 정치적 決行의 문제에 속하는 것이었다. 더구나 조선 후기에서와 같이 호강한 벌열이 대를 이어 '鄕愿'식 행태로 정치를 농단하는 현실에서는 더욱 그러한 편이었다.

국가체제의 개혁은 대체 어디서부터 착수해야 하는 것이었는가. 여기 통치체제의 새로운 정비야말로 다시금 절실한 과제가 되지 않을 수가 없었다. 특히 조선 후기에는 老論의 훈척적 閥閱이 '卿相'의 지위를 거의 독점하고 備邊司를 중심으로 정권을 운용하면서 왕권과 유착하는 통치체제를 이끌어 가고 있었다. 함은 앞서 살핀 그대로다. 그런데 그 같은 통치체제는 아무래도 변칙적인 것이었다.

앞서 다산의 정치체제론에서 설명했듯이 중앙의 정치가 閥閱 '家門'의 오랜 독점에 따라 鄕愿式 통치행태를 벗어나지 못한 姑息策으로 일관하고 있었으니, 오늘로 말하자면 중앙정부와 지방정부가 따로 노는 현상이 일관되고 있었다. 다산도 이러한 문제에 관하여 다음과 같이 말하고 있다.

> 지금 우리나라에는 祖宗이 마련한 法典 이외에 監司가 增額하고 縣令이 증액하고 吏胥가 증액하고 下隷가 증액하고 里正이

증액하여 명령이 여러 갈래로 나오니, 박을 쪼개듯 제 뜻대로 하여 어지럽게 기강이 없으며 법도가 날로 무너진다. 한 번이라도 개혁하려는 논의가 아래에서 일어나면 문득, "祖宗이 마련한 법은 가볍게 고칠 수 없다"고 한다. 속담에 "새 법을 내지 말고 옛 법을 버리지 말라"는 것을 세상에서는 名言이요 至論이라고 한다. 그러나 국가에서 옛 법제에 따라 이럭저럭 한다는 것은, 실상 고려 말기의 弊政과 燕山君 때의 餘毒과 임진왜란 직후에 임시로 조처했던 제도에 관계된 것이 많고, 나머지는 모두 守令과 胥吏와 下隸가 제멋대로 마련한 것들이다. 어찌해서 조종의 옛 법이라 이르는가. 사람들이 흔히, "고을마다 같지 않다" 하는데, 대저 고을마다 같지 않다는 것은 놀랄만한 말이다. 한 임금이 위에 있는데 어찌 감히 고을마다 같지 않다고 하는 것인가. …… 한 나라는 한 軍과 같아서, 大將은 5營을, 營은 部를, 부는 司를, 사는 哨를, 초는 旗를, 기는 隊를, 대는 伍를 통솔하는 것이다. 한 軍이 있는데 哨官이 제멋대로 한 제도를 마련해서 그 哨에 시행하고, 旗摠이 제멋대로 한 슈을 내어서 그 旗에 시행하되, 혹 너그러이 보아 넘기면서 "哨마다 같지 않다" 하고, 혹 예사로 여기면서 "旗마다 법이 다르다" 한다면, 군사를 패몰시키고 나라를 엎어버리지 않을 자가 있을 것인가. "고을마다 같지 않다"는 것은 亂亡하는 술책이다.[270]

즉 "가문을 먼저하고 나라는 뒤로"하며 "私를 위해 公을 죽인다"는 벌열정권의 오랜 전횡은 필경 그 割據的 壟斷의 비리와 인습을 구조적으로 전국에 만연시켜 놓기에 이르렀다. 국가의 통치체제라는 것이 분야마다 층절마다에서 막히고 걸리어 결코 일관된 통치행정이란 것을 시행할 수가 없는 지경이 되 가고 말았다. 조선왕조로 말하자면 "吏胥 때문에 나라가 망한다"는 말이 나돈 지

---

270) 『經世遺表』, 「田制」.

가 오래된 편이었다.[271] 그런데 다산의 시기에 와서는 그들의 奸

271) 율곡의 吏胥제도의 개혁과 그 弊를 다섯 가지로 지적하고 있다. 16세
기는 당파의 분열로 통치체제가 크게 동요되었던 시대였으므로 지방
통치의 면에서 모순된 비리현상이 유기적으로 야기되었다. 토제제도
의 문란과 더불어 관리와 토호들은 공전을 겸용하여 농장을 확대한 결
과 농민들의 수확물의 태반을 수탈했을 뿐 아니라 지대 이외의 保役,
入役, 公物進上 및 기타 雜役의 과중 부담과 침탈로 농촌경제는 황폐
화되어 파탄지경에 이르게 되었다. 당시 율곡은 농민 경제의 폐해상황
을 말하기를 "현재의 민생을 도탄에 빠져 마치 물이나 불속에 가는 것
같아 가족 간에 살길을 찾아 서로 헤어지는 지경이 되어서 이대로 가
면 반드시 백성이 하나도 남지 않을 것이다"(『율곡전서』, 卷七, 疏劄
王陳時弊疏.)라고 진단하고, 율곡은 이서의 폐해를 다섯 가지로 지적
하고 있다. 첫째, 避役流亡者에 대하여 그 친족과 이웃에 연대책임을
부여함으로써 야기된 '一族切隣의 弊', 둘째, 지방에 봉직하고 있는
이서들이 헌상하는 御膳物과 祭需林料品 등의 예물들을 진상했는데
원칙적으로 관청의 몫이었으나, 점차 일반백성들에 부담을 전가한 '進
上煩重의 弊', 셋째는 궁중과 관청의 수여에 충당하기 위해 지방의 州
縣단위로 각 지방의 토산물을 바치는 공납이 있어 백성들에게 큰 부담
을 지워준 '貢物防納의 弊', 넷째는 '役事不均의 弊'로 양민에게 부과
한 身役으로서 일정한 기간 동안 교대복역이 있었으나, 관리의 농간으
로 應役의 불균형, 入役의 차별성이 너무 심했다. 마지막으로 이러한
총체적인 폐해는 '吏胥誅求의 弊'로 보고, 이서들에게 일정한 봉급을
주어 생활보장을 마련해 주고 만약 受賂나 討索사실이 적발되면 全家
役으로서 치중할 것을 주장하였다.『율곡전서』, 卷十五, 雜著二, 東湖問
答, 論安民之術條, 참조.
南冥 胥吏亡國論: 南冥은 조선중기의 나라의 정치가 바로 이 조세정
책의 잘못에서부터 시작하고 있음을 지적하고 있다. 그는 구체적으로
공물의 방납과 이를 관장하는 胥吏의 작폐 때문이라고 상소를 한다.
南冥상소내용을 보면; "그런데 서리(胥吏)라는 도적이 나라가 국맥(國
脈)을 결판내어도 법관이 감히 묻지를 못하고 司寇도 이를 따지지 않
는다. 혹 일개 사원(司員)이 조금 규찰하려고 하면 오히려 견책과 파면
이 상급자의 손아귀에서 나와 뒤따른다. 서리들이 믿는 바가 없으면서
어떻게 양심이 이와 같으며, (후략)."『南冥集』, 권2,「戊辰封事」, 小
吏爲盜, 百司爲群, 入據心胸, 賊盡國脈, 則不時攘竊神祇之犧牷牲,
法官莫敢問, 司寇莫之詰, 或有一介司員, 稍欲糾察, 則譴罷在其掌

僞가 점점 더 심해져, '吏胥之國'이라 말해지는 정도로 되어 있었다.272)

결국 閥閱이 대를 이어 독점하는 大臣에 위임하는 통치체제로는 결코 왕정을 이룩할 수가 없다는 것이 다산의 현실인식이었다. 이러한 현실 인식 속에서 목민관의 위치와 목민사상의 실현은 중

握, 衆官束手, 僅喫희름, 唯唯而退, 斯豈無所恃, 而跳梁横恣若是其無忌耶, 楚王所謂盜有寵不可得去者, 此也)라고 하여 그는 胥吏가 나쁘지만 그보다도 이들을 규찰하고 심문하여 죄를 논하고 그 예방을 해야 할 조정 대신들이 이들과 결탁하여 민중을 가렴주구하는 것을 논하면서 교활한 토끼와 냇가의 조개까지 비유해서 비판하였다. 당시의 시대는 어느 시대 어느 곳에서 정치가 부패할 때 나타나는 보편적 현상을 나타났지만 이에 대해 가차 없는 고발과 비판을 가하는 것은 쉬운 일이 아니다. 그렇지만 南冥은 다시 "만약 언관(言官)이 이것을 논박하지 않는다고 그대로 따른다면 선악(善惡)의 소재와 시비의 분별하는 바를 알지 못해 임금의 도리를 잃게 된다. 어찌 임금이 그 도리를 잃고서 능히 사람을 다스릴 수 있겠는가." 위의 글, 『南冥集』, 券2, 「戊辰封事」, 若言官論執不已, 迫於不得已而後, 맹勉苟從, 則不知善惡之所在, 是非之所分, 失其爲君之道矣, 焉有君失其道而能治人者乎라고 하여 그는 선악과 시비가 현실을 떠나 추상적으로 존재하는 것이 아니며, 임금의 정치라는 것도 민중이 도탄에 빠졌는데 이에 대한 實情도 모르면서 倫理道德, 上下綱常, 天理人心을 云云하는 것은 바로 현실정치의 모순에 대한 호도책이 아닌가 하는 비탄적 태도를 취한다. 그러므로 南冥은 임금이 현실 분별 속에 善惡是非를 가리고 그에 의해서 정치가 이루어져야 된다고 주장한다. 권신이나 외척이 나라를 마음대로 한 적은 있었지만 서리가 나라 일을 마음대로 한 적은 듣지 못했다. 전하께서는 크게 성을 내시어 하늘의 기강을 한 번 떨치시고 재상과 얼굴을 맞대고서 그 원인을 추궁해야 할 것이다. 그리하여 임금께서 결단하시기를 순임금이 사흉(四凶)을 제거하는 것과 공자가 소정묘를 베던 것과 같이하시면, 능히 지극히 악을 미워하는 법을 다 할 수 있을 것이고 백성이 마음속으로 크게 두려워할 수 있다고 사이에 대한 폐를 상소한다.

272) 『與猶堂全書』, 「人才策」.

앙정부와의 괴리와 왜곡을 한층 가하여 결국 19세기에 가면 소위 戚族世道라는 행태로 이어지게 되었던 것이다. 이러한 정치적 상황에서 '목민사상'은 중앙정치의 정치형태와 '연계성'을 갖고 있지만 목민관이 독자적으로 중앙정치형태를 위배하면서 지방정치를 전개하지 못한다는 한계성을 갖는다고 볼 수 있겠다.

목민사상은 이 당시의 정치체제의 운영패턴에 획기적인 수령의 수기치인의 지침서로서는 가능할지는 모르지만, 정치체제와 연계성을 가지고 오늘날의 지방자치제도와 같은 법적 제도화를 실현하지 못한다는 한계를 지적할 수 있겠다. 이 당시도 지방정치가 소프트웨어라면 중앙의 정치시스템은 하드웨어의 기능이므로 서로의 상호작용에 대한 연계구조의 결여로 목민관의 이상적인 덕목만을 가지고 현실정치에 깊숙이 파고들기는 그 한계가 자명할 것이다.

3. 목민사상의 정체성과 한계

목민사상은 목민관의 지나친 修己와 治人만을 강조하여 당시의 외재적 조치와 정치상황 등을 고려하지 않은 점을 들 수 있겠다. 당시의 철저한 계급구조 속에서 목민관이 이러한 목민사상을 가지고 있다 하더라도 이를 실현하고 지지할 수 있는 현실성이 없었을 것이다. 사상과 이념 그리고 정책의 현실성은 우리가 처해 있는 상황들과 맞아떨어질 때 가능한 것인데 다산의 목민사상은 목민관의 수기치인의 지침서에 한정되어 당시의 정치체제에 개혁주의적 성향을 가지고 있는 것은 틀림없지만 그 현실성의 측면에서 여러 가지의 외재적 조건과 부합되지 않아 목민관의 지침서로서의 한계를 벗어나지 못하고 있다.

외재적으로 서구문화의 東漸에 따른 조선조 중·후기의 독서인들—실학자들은 새로운 지식에의 접촉은 그들의 윤리적 성격과 관념에 변화를 불러일으켰다. 특히 서양의 종교와 과학이 동양에 유입되면서부터 외래문화가 주는 충격은 대단하였다. 그들은 선초의 성리학자들이 道, 佛의 虛無에서 느꼈던 것처럼, 주자학의 心性論議가 민생을 구하고 외침을 막을 수 없다는 것을 알았다. 心性上의 修行이 내우외환을 다스릴 수 없다는 경험적 사실은 그들로 하여금 자연히 실질적인 것을 강구하게 하였기 때문에 그들은 '實事求是'와 '無徵不信'을 治學의 기본정신으로 삼게 되었다.

이러한 治學의 정신은 정치사상적으로 실학자들의 내재적인 반성과 외재적인 영향에 기인하는 것으로 유교의 학문적 지표인 '修己安人'의 단계를 넘어 '正德厚生'을 학문적 목표로 여기게 되었다. 그 결과 체제개혁의 정당성과 방법론을 거론하는가 하면, 현존하는 양반관료체제의 개혁까지 주저하지 않았다.

그러나 현실상 '정덕후생'의 사상적 아젠다를 가지고 정책을 집행하려고 할 때 백성의 대부분이 지적 교육수준이 낮았으므로 정치구조는 신분적 차등의 사회를 전제하였고 실제로 사대부 계급에는 禮를, 일반 서민에게는 法을 적용하는 이원적 刑政體系를 수립되어 있었다. 백성이 정치구조의 중심이 되지 못하고 지배자가 통치의 주체가 된 권력구조에서 민본사상이 논의되었다.273)

이러한 治者 중심의 권력구조는 후기에 이르러 민의 이익과는 점점 멀어지고 당파와 뇌물이 정치의 기조가 되는 폐단이 극에 달하였다. 목민관의 수기치인은 하나의 정치적 담론에 그치고 제도적 담론으로 연결되고 시행할 수 있는 정치상황적 연계 고리를 형

---

273) 김용욱, 앞의 책, p.65.

성하지 못하였다.

이에 중앙에서는 능력본위의 과거가 시행되지 못한 채, 매관매
직이 성행하였으며, 그 결과 지방관리는 문벌세도가문을 등에 업
고 암행어사도 탐관오리를 처벌할 수 없는 지경에까지 이르게 되
었다. 이러한 정치는 민에게 가장 큰 피해가 돌아갔고 결국 민만
못살게 되어 민이 치자계급을 불신하고 사회체제에 반감을 갖는
것은 당연하였다.

양란 후에 국가재정이 파탄되고 토질의 황폐화로 농민경제가 혼
란하게 된 데 이어 田政, 軍政, 還穀의 삼정 문란으로 사회불안은
더욱 가중되었다. 귀족 토호들이 고의로 누락시킨 은결이나 면세
지 등은 국고를 고갈시켰고, 이의 보충은 농민이 부담하여 결과적
으로 농민만이 더 못살게 된 셈이었다. 다산은 유배지에서 이러한
현실적인 정책적 한계를 직시하였지만 윤리적인 문제로 인식하고
있었다.

앞서 지적했지만 당시 민의 생활실정을 『목민심서』에서 전정에
관한 정책을 戶典 田政條,[274] 군정에 관한 것은 兵典 簽政條,[275]
환곡에 대해서는 戶典 穀簿條[276]에서 자세히 다루면서 이러한 상
황이 시급히 시정되어야만 민이 살 수 있다고 하였다.

다산은 『欽欽新書』 自序에서 당시의 치자계급이 윤리적 성격에
치중하여 사회적인 역할을 제대로 하지 못함을 정치담론화하고 있다.

---

274) 『與猶堂全書』, 「牧民心書」, 戶典 田政條, 隱結餘結歲增月衍 官結屯
    結歲增月衍 而原田之稅于公者歲減月縮 將若之何.
275) 『與猶堂全書』, 「牧民心書」, 兵典 斂丁條, 斂丁收布之法 始於梁淵
    至于今日 流派浩漫 爲生民切骨之病 此法不改 而民盡劉矣.
276) 『與猶堂全書』, 「牧民心書」, 戶典 穀簿條, 還上者 社倉之一變 爲生
    民切骨之病 民劉國亡 呼吸之事也.

사대부는 詩賦雜藝에만 정신을 쏟다가 하루아침에 목민관이
됨에 어리둥절하여 조치하는 바를 알지 못하고 오히려 이를 간사
한 서리에게 맡기면서 감히 알려고 하지 않는다.[277]

목민관은 도덕적인 수양이나 이론의 탐구를 전부로 여겨서는 안
되며 이를 실천하고 현실의 정치적 상황과 결부하여 지위에 맞는
능력을 갖추어야 한다고 역설한 것이다. 목민사상이 윤리적 성격
의 강조로 현실적 시대상황의 변화에 탄력적으로 적응하지 못하고
조선후기의 국가의 근본적인 처방적 사상의 모델로 제시되지 못한
점은 현실적 처방의 결여로 제도적 담론으로 승화하지 못한 한계
성을 지적할 수 있을 것이다. 물론 정치사상과 정치제도는 별개의
문제로 정치사상가가 정치제도의 문제까지를 언급할 이유는 없다.
그러나 어떤 정치적인 주장이나 사상도 제도화의 레벨에서 완결된
다는 점에서 아쉬움은 그대로 남는다.

---

277) 『與猶堂全書』, 「欽欽新書序」, 唯在時賦雜藝 一朝司牧 茫然弗知所
    以措手 寧任之奸胥 而不敢之焉.

제6장 결 론

　　조선조의 통치이념인 성리학은 兩亂을 겪으면서 심각한 위기에 직면하게 되었다. 당시 조선조는 창업 이후 형성되었던 정치세력들의 민중에 대한 정치지도력은 심각할 정도로 약화되었다. 이러한 현상의 내면에는 정치세력 간의 극단적인 대립과 분열이 있었는가 하면, 독서인들 사이에서는 국난과 민생의 문제를 해결함으로써 나라와 백성을 구하려는 새로운 사상적 움직임도 있었다.

　　이러한 사상적 움직임을 실학이라 한다. 본 연구에서는 양란으로 인한 위기 속에 기존의 성리학이 경학에 치중한 이상주의적 이데올로기인 데 반하여, 실학은 경세적 시각에서 정치적 현실과 이상을 어떻게 접목시킬 것인가에 관심을 두고 있었다. 그러므로 실학은 자연히 경국제민의 실제적인 지식을 중시하면서 利用厚生의 길을 강구함으로써 富國安民의 방책을 모색하는 데에 정치적 관심을 두고, 정치적인 논의를 거듭하고 있었다. 그렇다고 해서 그들이 경학의 문제를 무시하거나 등한시한 것이 아니라, 오히려 修己治人의 문제를 균형 있게 주장함으로써 경세와 경학의 문제를 동시에 중시하였다.

　　이러한 정치적 논의에 대한 학술적인 접근은 다산 정약용의 사상에 주목하지 않으면 안 된다. 왜냐하면 다산은 정치적 현실과 이상을 접목시키는 데 있어 그 누구보다도 실학을 포괄적이고 종합적인 학문체계로 발전시키는 데 기여하였기 때문이다. 한국의 실학 발전에 기여한 다산은 무엇보다도 민생문제에 비상한 관심을 가지고 있었다. 그리고 민생문제를 해결하는 데 있어 그의 경험적 사실에 근거하여 주장한 것이 곧 실학적 담론으로서의 『목민심서』이다.

이 연구의 연구목적은 다산 실학의 정수라고 할 수 있는 『목민심서』를 중심으로 정치권력의 하부구조를 담당하고 있던 당시의 '守令＝牧民官'이 갖추어야 할 자질과 태도를 安民·爲民·愛民에 바탕을 둔 목민사상을 시대적 상황과 결부하여 실학적 담론으로 접근·분석하였다. 이를 위해 목민사상의 등장배경 및 이론구조를 분석함으로써 정치 현실에의 적용성 및 적실성을 논구하고 한국정치의 사상적 원형 및 통치적 모형을 규명하였다.

이 연구의 연구방법은 종래의 정치사상사의 연구방법으로 사용하던 敎義史的(history of doctrine) 연구방법과 觀念史的(history of ideas) 연구방법 또는 스키너와 포칵이 제시한 정치적 담론분석(political discursive analysis)에 구애되지 않고, 실학자들의 한결같은 실제적 관심과 정치적 논의—실학적 담론을 중심으로 접근·분석하였다. 그렇다고 해서 위에서 열거한 기존의 연구방법을 전혀 고려치 않거나 무시하지 않았다.

이 연구의 주요 내용은 다산의 실학적 학문의 특징이라고 볼 수 있는 수기치인과 현실참여, 그리고 경전정리를 통한 목민사상의 완성에 있으며, 이러한 사상의 주요 실학적 담론은 다음 세 가지의 주제어 속에서 논의되고 있다. 첫째가 '民'에 관한 구체적인 실학적 담론들을 제시함으로써 목민관의 수기치인의 논리를 형성하게 된다. 둘째로 '均'에 관한 실학적 담론의 제시로 목민관의 치인에 있어서 평등인식의 제고를 위한 구체적인 법치의 논리를 제시하게 된다. 마지막으로 '仁'의 실학적 담론을 제시함으로써 탈성리학적 논리를 실천적 측면에서 제시하고 있지만, 그 정치적 지향과 이상이 성리학적 관점과 크게 다르지 않음을 보여주고 있다.

이러한 목민사상의 시대적 의의는 다음과 같이 정리될 수 있다.

첫째, 목민의 개념은 요·순으로부터 비롯된 것으로서, 공·맹시대에 이르러 구체화되었던 것을 다산이 이를 새로운 개념으로 발전·체계화시켰다.

둘째, '民'·'均'·'仁'과 같은 개념을 성리학적인 소극적 개념으로부터 적극적인 개념으로 발전시킴으로써 실학적 담론의 핵심을 이루었다.

셋째, 당시의 제도였던 이·호·예·병·형·공의 모든 기틀은 地方中心의 爲民的 運用으로 이루어져야 하며, 목민관은 부단히 제도의 모순을 개선하고 현실을 개혁함으로써 실제적인 정치의 기초를 마련하는 데 그 존재 이유와 역할 수행이 무엇인가를 밝히고 있다.

넷째, 정치적 리더십 측면에서 목민관은 도덕적인 수기치인의 논리를 기초로 하여 백성을 돌봄으로써, 백성들로부터 존경받는 치자가 되도록 하여야 한다는 다산의 목민사상은 시대와 상황은 다르더라도 정치사상로서의 가치와 의미를 지니게 되었다.

다섯째, 애민사상의 제도화를 통한 사회복지제도의 실현이라고 하는 측면을 들 수 있겠다. 다산이 제시했던 애민과 휼민정신은 목민사상의 중심으로서 조선후기의 정치현실을 개혁함으로써 제도화가 되지는 못하는 시대적인 한계를 드러내었다.

다산은 여론정치를 통해 통치체제의 안정과 존속을 위해서는 인적 쇄신에만 치중하지 않고, 여론정치의 핵심 과제인 민중교화에 힘써 백성을 가르치고 敎化하여 정치참여의 장으로 끌어들이려는 강한 의지를 가지고 있었다. 현대정치에서는 여론정치를 실현하는 방법으로써 정치사회화의 역할을 들고 있는데 다산의 '교화'는 정치권력으로부터 소외되어 제 역할을 다하지 못하는 백성을 위한 제도적 담론으로서의 의미를 지니고 있다.

그러나 이러한 목민사상은 다음과 같은 한계성을 가지고 있다.

첫째, 목민사상의 사상적 정체성의 한계를 들 수 있겠다. 이는 목민사상의 실학적인 담론도 구체적인 논의 과정에서 성리학적 담론과 무관하게 정치사상으로서의 독자적인 의미와 가치를 지니지 못하는 한계가 있는 것이다.

둘째, 중앙정치체제와의 연계성과 한계성을 지적할 수 있겠다. 목민사상은 그 당시의 정치체제의 중심에 있던 수령의 지침서로서는 가능할지는 모르지만, 정치체제와 연계성을 가지고 오늘날의 지방자치제도와 같은 법적 제도화를 실현하지 못했다는 한계를 지적할 수 있겠다. 당시 지방정치가 소프트웨어라면 중앙의 정치시스템은 하드웨어의 기능이므로 서로의 상호작용에 대한 연계구조의 결여로 목민관의 이상적인 덕목만으로는 현실정치에 깊숙이 파고들기에는 그 한계가 있었다.

셋째, 윤리적 성격의 강조로 외재적 조건과 한계를 지적할 수 있겠다. 목민사상은 목민관의 지나친 修己와 治人만을 강조하여 당시의 외재적 상황을 고려하지 않은 점을 들 수 있다. 당시의 철저한 계급구조 속에서 목민관이 이러한 목민사상을 가지고 있다고 하더라도 이를 실천할 수 있는 적실성에는 분명한 한계가 있었다.

사상과 이념은 내·외재적인 정치 상황이나 조건과의 부합 여하에 따라 소기의 효과를 거둘 수 있다. 그러나 다산의 목민사상은 목민관의 수기치인의 지침서로서 개혁적 내용과 성격을 충분히 가지고 있었으면서도 당시의 복잡한 내·외재적인 상황과 조건에 부합되지 못했다.

특히 다산을 포함해서 실학적 담론의 중심인물들이 권력의 핵심과는 거리가 먼 권력의 외곽에 있지 않으면, 재야세력으로서 현실유지세력에 대한 도전적 내지 파괴적인 성향을 띠고 있었다는 사실도 그들의 사상과 이념이 정책화되고 제도화될 수 없는 또 다른 한계라고 하겠다.

다산학의 경전정리와
학문적 위상에 관한 연구

제1장 경전정리의 학문적 위상

다산이 차지하는 실학에서의 위상은 무엇보다도 다작을 통한 주자학적 경전의 정리와 방대한 고전을 탐독을 통한 학문의 자기화라고 볼 수 있을 것이다. 다산은 학문하는 자세에 관한 자기 나름대로의 철학을 다음과 같이 담론화하여 표현하고 있다.

> 君子라면 의관(儀觀)을 바르게 하고, 바라보는 것을 높여서 응묵단좌(應黙端坐)하여 엄연(儼然)히 흙으로 빚은 사람과 같이하고, 말은 敦篤(돈독)하고 嚴正(엄정)게 한 다음에야 能히 많은 사람을 위복(威服)시킬 수 있으며 風聲도 오래갈 수 있는 것을 깨닫게 되었다.
>
> 生前에 根基를 세우지 않으면 死後에는 그가 지은 글은 自然 泯滅(민멸)하게 되는 것은 當然한 理致다. 世上에는 鹵(로)분한 것은 많고 通透한 것은 적으니 쉽게 볼 수 있는 威儀를 버리고 알기 어려운 義理를 求한다는 것은 잘못된 見解다. 著述이란 義理를 究明하는 것인데 必須不可缺(필수불가결)한 것은 威儀(위의)이다.[278]

---

278) 「與猶堂全書」第2集 時文集 示二子家誡 8,「嘗見先輩著述 其齒葬寡陋者 多爲世宗 而祥核淹博者 反爲擯斥 遂亦煙沒而不傳 反復思惟 不得其故 近始悟之 君子正其衣冠 尊其膽視 擬黙端坐 儼演若泥護人 而其言論 篤厚嚴正 如是然後 能威服衆人 風聲所罩 遂至久遠 若隋慢佻懁 雜以階炭 雖其所言 深中理 菽人亦莫之肯信 生前不能樹立根基 死後自然日就泯滅 此事理當然耳 天下齒葬者多 通秀者少 敦肯捨其易見見之威儀 別求難識之義理哉.」

茶山은 自己著述에 對하여 某種의 使命感과 矜持(긍지)를 지
니고 있었고 더욱이 著述을 理解해 주는 사람은 적고 나무라는
사람은 많은 것을 恨스럽게 여기고, 만일 天命이 許諾하지 않는
다면 一炬로 불살라버려도 相關할 것이 없다고 하였다.[279]

死後에도 그의 著述을 理解할 수 있는 사람이 하나만이라도 나
올 것을 苦待하고 있다. 家訓에서도 君子가 著述하여 世上에 傳
하는데 오직 하나라도 알아주는 사람을 求하는 법이라고 前提하
고, 二子에게 訓戒하기를 그의 著述을 알아주는 사람 중에 年長
이 되면 아버지로 섬기고 혹시 敵離(적이)의 사이라도 兄弟의 情
誼를 나누도록 勸獎하였다.

그의 이러한 학문적 신념은 방대한 저술을 정리하여 다음과 같
은 경전정리의 저술을 남기고 있다.

1) 經集部門 ― 共232卷(경집부문 ― 공232권)

1. 毛時講義112卷(모시강의112권)
2. 毛時講義補3卷(모시강의보3권)
3. 梅氏尙書平9卷(매씨상서평9권)
4. 尙書古訓6卷(상서고훈6권)
5. 尙書知遠錄7卷(상서지원록7권)
6. 喪禮四箋50(권상례사전50권)
7. 喪禮外編12卷(상례외편12권)

---

279) 『與猶堂全書』 第1集, 詩文集 自撰墓誌銘, 「六經四書 以之修己 一表
　　 二書 以之爲天下國家 所以備本末也 然知者旣寡 嗔者以衆 若天命
　　 不允 雖一炬以焚之 可也.」

8. 四禮家式9卷(사례가식9권)

9. 樂書孤存12卷(악서고존12권)

10. 周易心箋24卷(주역심전24권)

11. 易學緖言12卷(역학서언12권)

12. 春秋考徵12卷(춘추고징12권)

13. 論語古今注40卷(논어고금주40권)

14. 孟子要義9卷(맹자요의9권)

15. 中庸自箴3卷(중용자잠3권)

16. 中庸講義補6卷(중용강의보6권)

17. 大學公議3卷(대학공의3권)

18. 熙政堂大學講錄1卷(희정당대학강록1권)

19. 小學補箋1卷(소학보전1권)

20. 心經密驗1卷(심경밀험1권)

2) 文集 — 共267卷(문집 — 공267권)

21. 詩律18卷(시율18권)

22. 雜文前編36卷(잡문전편36권)

23. 雜文後編24卷(잡문후편24권)

24. 經世遺表48卷(경세유표48권)

25. 牧民心書48卷(목민심서48권)

26. 欽欽新書30卷(흠흠신서30권)

27. 我邦備禦考30卷(아방비어고30권)

28. 我邦疆域考10卷(아방강성고10권)

29. 典禮考2卷(전례고2권)

30. 大東水經2卷(대동수경2권)

31. 小學珠串3卷(소학주관3권)

32. 雅言覺非3卷(아언각비3권)

33. 麻科會通12卷(마과회통12권)

34. 醫零1卷(의령1권)

「自撰墓誌銘」 中에 記錄된 것은 「毛時講義」에서부터 醫零까지 總499卷이다.[280]

---

[280] 문집 중 經世遺表와 我邦備禦考는 미완성작품이다. 自撰墓地銘 가운데서 빠진 것으로 民堡議 3권, 風水集 3권, 文獻備考刊誤 3권이 있다. 그러나 저술에 간접적으로 참여하였거나 타인의 저술에 독후감식 註解를 붙인 것을 합하면 도합 508권이 외에 더 많은 것이 있으며, 아직 그의 著作의 전모가 다 밝혀지지 않고 있다. 다산학회에서 與猶堂全書 補遺로 간행한 것 가운데 확실치 않은 茶山名字下의 글이 再考證을 요하고 있는 현실이다.

제2장 經集部門(경집부문)

1. 詩經講義(시경강의)

辛亥年(1971年 茶山30歲) 秋九月 正祖를 모시고 內苑에서 활쏘기를 하였다. 茶山이 的中하지 못하여 그 罰로 내려준 것이 詩經 800餘條인데, 이 條間에 對答하기 위한 答辯資料로 적은 글이다. 時限이 40日이었는데 20日을 더 延長하기를 請하여 두 달 사이에 이루어진 作品이다. 著述方法은 先奏·兩漢의 古文과 九經·四書·子書·史書를 두루 參照하여 그것을 抄錄한 다음 條目마다 答辯한 形式을 取하였다. 먼저 訓詁를 充分히 하니 義理는 自然 밝아졌다. 完成된 뒤에 正祖에게 올리니, 많은 것이 인용되고, 출처가 끝이 없으니, 앉아서 편안하게 많은 지식을 얻을 수 있다[281]고 親筆로 批答하였다. 48歲되던 己巳年 가을 다시 加筆하였다.

2. 詩經講義補遺(시경강의보유)

「詩經講義」가 完成된 뒤에 그 體裁를 살펴보니 오직 質問에만

---

281) 『與猶堂全書』第2集, 詩經講義 第1卷, 「泛引百家 其出無窮 苟非素之淹博 安得有此.」

答辯하는 形式이었다. 質問이 미치지 못한 곳은 舊聞이 있기는 하지만 감히 論하지 못한 것이 많았고, 論述하였다고 하더라도 1/100도 護聞을 表現하기에 不足하였다. 1810年(庚午 茶山 49歲) 봄 茶山에 있을 때 農事짓는 弟子들은 다가고 오직 李晴만이 남아 있었다. 山은 고요하고 날은 길어 愚心할 곳을 찾지 못하던 터이라, 茶山이 詩經의 遺義를 말하고 李晴은 받아썼다. 이때 茶山은 風痺가 생겨 대단히 困難을 당하여 神識이 흐릿할 지경이었다. 그러나 이후 계속하여 論述한 것은 先聖·先王의 道에 鞠躬하여 파리하게 죽은 뒤에 그만둘 것이라는 굳은 信念이 있었기 때문이었다. 茶山은 謙讓의 語調로 謬妄한 解說이 있으면 後學들은 容恕해 주기 바란다고 附言하였다.

3. 尙書知遠錄(상서지원록)

「知遠錄」은 辛未年(1811年 茶山50歲)에 記寫·成編하고 甲午年(茶山73歲)에 改修·完成된 作品이다. 여기에서 그는 經典解釋의 方法으로 訓詁를 가장 基本的인 作業이라고 생각하였다. 글자의 뜻이 通達되면 句節이 理解되고 나아가 文章이 理解되며 다음은 偏의 大義도 알며 經典의 뜻도 理解될 수 있다고 생각하였다. 卽 訓詁가 바르지 못하면 後世에는 엄청나게 相反된 解釋이 나올 수 있다고 생각하였다. 尙書의 注釋으로 말하면 歐陽化, 小夏候, 大夏候, 馬融, 鄭玄의 注釋이 모두 經에 敵中하라고 할 수는 없다고 보았다. 梅頤나 蔡沈의 注를 比較하여 보면 서로 차이가 많음을 느꼈다. 知遠이란 書經의 가르침이 遙遠함을 안다는 의미다. 詁는 訓句이니 옛날 帝王의 일을 멀리 알며, 그것은 오늘에 施行

되어야 하며, 안다면 옛일과 現狀이 迎合하고, 옛일이 곧 오늘날
의 일과 같게 된다고 생각하였다. 知遠錄序設을 要約하면,

  (1) 訓詁를 基盤으로 한 書經解釋

  (2) 여러 가지 訓詁의 比較와 올바른 解釋의 抽出

  (3) 知遠이라는 目的의 現狀에의 施行 이라고 말할 수 있다.[282]

4. 古訓蒐略(고훈수략)

「蒐略」은 庚午年(1810年 茶山 49歲)에 康律의 茶山에서 完成
된 作品이다. 五經 가운데서 가장 殘缺이 심한 것은 尙書요 없
어지지 않은 것은 28篇뿐이다. [古文尙書]는 46卷으로 魯恭王이
孔子의 옛집을 헐었을 때 壁에서 나온 先奏의 蝌蚪文字로 되어
있다. 그런데 이 古文의 孔安國傳은 곧 梅頤의 바르지 못한 尙書
이기 때문에 믿을 수 없다고 보았다. 卽 隋唐에 이르러 鄭注를
廢하고 梅注를 主張으로 삼았기 때문이다. 몇몇 注釋만이 歐陽氏
·小大夏氏·馬融·鄭玄의 注를 引用하고 있으나 때때로 缺點이
드러난다고 보고, 茶山은 史記·說文解字·左傳·國語·禮記·
論語·孟子 等書를 參酌하고 여기에 意見을 붙여 取捨選擇하여

---

282) 『與猶堂全書』第5集, 尙書知遠錄 第1卷: 다산은 이 책에서 왜 어려
    운 경전에 훈을 달고 이를 해석하는지를 담론형식으로 표현하고 있다.
    "독서의 방법은 訓을 알아야 한다고 생각한다. 글자의 뜻에 통달되면
    글을 분석할 수 있고 글에 통달되면 篇의 大義를 알아볼 수 있다. 모
    든 경전이 그러하되 書經은 더욱 그렇다. 내가 訓訓에 힘쓴 까닭이 이
    것이다. 후세에 經을 論하는 선비가 글자의 뜻에 밝지 않고 議論을 먼
    저 일으킨다면 微妙한 말이 많아지고 진실한 뜻은 더욱 모호해져 조그
    만 차이가 벌어지면 드디어 큰 차이가 만들어지나니 이것이 經術의 큰
    허물이다"라고 말하고 있다.

[考訓蒐略]이라고 이름을 붙이니 全6卷이다.283)

5. 梅氏書平(매씨서평)

[梅氏書平]은 庚午(1810年 茶山49歲)에 完成된 作品으로 甲午年 (73歲)에 다시 改修하였다. 茶山이 京師에 游學할 때 師友의 말을 들어보니 往往이 [梅氏尙書]25篇을 疑心하고 있었다. 文體가 卑順하여 그 말을 믿고 있었는데 內閣講義에 應하여 禹貢에 이르러 大故를 발견하였다. 古今尙書學에는 세 가지 根本이 있다고 하였는데,

① 伏生今文尙書29篇(經28, 書序11) ― 漢武帝時에 出現하여 晋懷帝永嘉의 亂 때 亡失.

② 孔安國古文尙書46卷(伏本同者29, 增多16, 僞太誓1) ― 漢武帝時出現 中間에 緒가 빠지고 馬融·鄭玄이 訓傳, 唐詩에 亡失.

③ 梅頤의 孔安國古文尙書 58篇(孔本同者33, 增多25) ― 東普

---

283) 『與猶堂全書』第2集, 尙書古訓序例 第1卷: 여기서 다산은 경전정리의 학문적 의미와 성현의 경전을 새롭게 정리하려는 강한 의지를 다음과 같이 담론화하고 있다.: 내가 생각해 보니 歐陽·夏候·馬·鄭의 說이 반드시 모두가 경전의 뜻에 맞는 것이 아니며, 순수하지 못하고 온전히 틀린 것도 진실로 적지 않았다고 본다. 하지만 信而好古란 성현의 뜻이니 지금 비록 잘된 것이라고 해도 옛날의 拙劣한 것보다 못하다. 하물며 신기에 절취하여 스스로 왕 노릇하고 부고를 도둑질하여 부자가 되는 것은 모든 사람이 분통터져 하는 일이다. 비록 이미 빠지고 없어진 것은 어찌할꼬 마는 한 가지 일로 다른 여러 가지 일을 짐작하여 비슷함을 볼 수 있을지니 이제 것이 틀리고 옛것이 옳다는 것이 아니다. 다만 없어진 것을 채우고 끊어진 것을 잊고자 할 따름이니 이 책을 보는 사람은 용서해 주기 바란다.

　　時出現. 晉元帝時 學官이 樹立, 孔○達正義, 蔡沈執傳이
　　現行書經.

　後代로 내려오면서 孔○達의 正義나 蔡沈執傳의 眞僞에 대하
여 批判·分辨하지 않고 源委의 分別도 없이 收容하였다. 茶山은
여기에 對하여 晉書의 梅氏尙書傳授를 否認하고 있다.

　　晉·鄭沖→蘇愉→梁柳→藏曺→梅頤

　　또 隋書 經籍志를 引用하면서,

　[晉世秘府所存有古文尙書經文 今無有傳者 至東晉豫章內史梅
頤 如得孔安國之傳奏之]

　[古文尙書十三卷 今守尙書十四卷 又漢武帝時 壞孔子宅 得其
末孫惠所藏之書, 孔安國得古文, 以今文校之 得二十五篇]

　라고 되어 있는데, 여기에 보이는 [梅氏尙書]가 僞古文尙書라고
引證하고 있다. 茶山은 朱子도 이러한 疑心을 품고 있었던 것을
引證하면서 마음을 平靜하게 하여 議論을 고친다는 뜻으로 [梅氏
書平]9卷을 著述하였다.

　[於是取朱子所以起疑之端 平心訂議 名之曰梅氏書平]

6. 尙書古訓(상서고훈)

　古訓은 甲午年(1834年 茶山73歲) 2月 2日에 始作하여 6月 10
日까지 180餘日間에 手秒한 것으로 敵中에 編○한 [梅氏書平] 9
卷, [古訓蒐略] 6卷, [尙書知遠錄]7卷을 洌上山房에서 合編한 것
이다. [尙書古訓]은 逝去하기 前에 손질을 한 마지막 著述이다.
이 篇述을 끝내고 난 뒤 茶山은 跋文에서 다음과 같이 말하고 있
는 것을 보면 얼마나 感懷깊은 글이었던가 하는 것을 類推할 수

있다.

　[始不自意賴天之佑　今幸卒業于未死　辛矣哉　今齡七十三　後七月六日旣望餘孤辰也　幸而至是　當以是七册自壽之]

　茶山은 이 七册으로써 7日만 있으면 돌아오는 自身의 生辰을 맞아 自祝하고자 하였다. 이 [尙書古訓]은 한편 [古訓蒐略]을 六宗으로 삼고 [書平]과 [知遠錄]으로 補充하였다.

7. 喪禮四箋

　喪禮四箋은 辛酉年에 康律에 居處한 이후에 쓰기 始作하여 甲子年(1804年 茶山 43歲) 10月에 最終的으로 그 序文이 이루어졌다. 여기에서 四箋이란 아래와 같다.

　喪禮匡 ― 其釋士喪禮者

　喪具訂 ― 因而及於衣食棺槨之制者

　喪服商 ― 其論喪冠經帶之制者

　喪期別 ― 其論五服之期者

　喪禮匡은 儀禮의 篇名인 士喪禮를 풀이한 것이고 喪具訂은 옷, 이불, 널의 제도에 관한 것이며 喪服商은 喪冠, 經帶의 制度를 말한 것이며 喪期別은 五服의 期日을 說明한 것으로 全60卷이다.

　四箋을 지은 動機를 보면,

　① 禮란 天地의 情이요 成人이 等差를 세운 것이다. 喪禮는 더욱 愼重해야 하는 것인데 함부로 바꿀 수 없으며,

　② 秦의 焚書以後 雜多한 喪禮가 나타나 聖賢의 참뜻을 理解하지 못하고 ○俗하고 輕薄한 風俗으로 흘러 人情에 符合하지 못하고 있기 때문에서였다. 茶山은 流落以後 餘暇를

얻어 經을 經으로 證據하여 聖人의 뜻에 符合하도록 연구했으며 더욱이 寢食을 잃을 정도로 專心專力 하였다. 더 나아가 黑山島의 仲兄巽菴先生에게도 叱正을 바랄 만큼 대단히 愼重하게 다루었다.

8. 喪禮外編

喪禮外編은 四卷으로 이루어졌으며 著作年代에도 各己 모두 다르다. 卽 康律에서 始作하여 洌川에 와서야 겨우 끝을 맺었다. 그 篇名과 著述年代를 보면 아래와 같다

卷一 檀弓箴誤 1~4 ― 42歲作

卷二 檀弓箴誤5   42歲作

　　　弔 尊 考

卷三 古禮零言

　　　禮考書頂 ― 60歲作

　　　正體傳重辨1~3 ― 44歲作

卷四 國朝典禮考1   57歲作

　　　國朝典禮考2 嘉靖大禮議

9. 四禮家式

喪儀節要, 祭禮考定, 嘉禮酌儀로 이루어졌는데 이 册은 嘉援乙亥年(1815年 茶山 54歲)겨울 學稼가 茶山의 病을 看護하기 위해 찾아와서 禮節에 관한 著述을 付託하였다. 그러나 貴賤·貧富

· 古今 · 華東 · 好性 · 識趣가 다르기 때문에 매우 어렵게 이루어졌으며 子孫들의 訓戒에 補하기 위하여 辭讓치 않고 적어준 것이다. 內容은 冠婚喪祭와 家庭에서 지켜야 할 갖가지 禮節로 되어 있다.

10. 樂書孤存

樂書孤存은 丙子年(1816年 茶山 55歲)에 完成되고 3年 後 戊寅年에 序文이 이루어진 것으로 詩 · 書 · 孟子 · 儀禮 · 周禮 · 國語에서 斷片的으로 나오는 것을 整理한 것인데 研究하고 研磨하여 邪曲한 것을 버리고 거짓된 것을 밝히는데 主眼點을 두었다. 孤存이란 많으면서 없는 것보다 차라리 하나라도 외롭게 있는 것이 한결 낫다는 뜻이다. 이를 敍述하는 데 있어서 仲氏巽菴先生에게 比正을 求하여 얻은 바가 컸다. 대개 禮는 밖을 節制하지만 樂은 인간의 마음속을 化樂하게 만드는 口實을 하고 있다고 보고, 音樂을 擴充하여 孝友 · 睦婣에까지 外廷을 가져야 한다고 생각하였다.

11. 周易心箋

[周易四箋]이라고도 하며 四란 抽象 · 物象 · 互體 · 交變을 말한다. 이 冊은 여러 번 改修하여 完璧에 가깝도록 精力을 기울인 것이다. 그 種別로 보면 아래와 같다.
① 甲子本 — 1804年(茶山43歲) 康律 謫居中에 처음으로 易을 읽게 되었다. 여름에 箚錄을 始作하여 겨울에 完成한 것인

데 全8卷이다.

② 乙丑本 — 1805年(茶山44歲)에 改撰한 것인데 甲子本에 四義가 갖추어져 있다고 하더라도 粗略하고 不完全하였다. 마침내 없애고 八卷으로 다시 만들었다.

③ 丙寅本 — 1805年(茶山44歲) 겨울에 學稼가 찾아와 寶思山房에 같이 있게 되었다. 乙丑本이 兩互 및 交易의 象을 取하지 않았기 때문에 16卷으로 모두 고쳤다. 다음 해(1806年 茶山45歲) 봄에 完成하니 全16卷이다.

④ 丁卯本 — 1807年(茶山46歲)에 改撰한 것이다. 丙寅本에 播性留動의 뜻에 대해서는 빠지고 잘못된 것이 많았다. 學稼로 하여금 整理케 하였으나 끝내지 못하고 北還되었다. 李鶴來로 하여금 다시 整理完成케 하였는데 全24卷이다.

⑤ 戊辰年 — 1808年(茶山47歲)에 改修한 것이다. 丁卯本의 詞理가 精巧하지 못하고 象義도 틀린 곳이 많았다. 이해 가을 學圃와 같이 橘洞에 있었는데 학포에게 脫稿토록 하였는데 全24卷이다.

12. 易學緖言

[緖言]은 庚辰年(1820年 茶山59歲) 여름 洌上山房에서 整理完成된 것이다. 流配初期(1804~1808)에는 特히 周易의 硏究에 心血을 기울였는데 諸家의 注釋을 涉獵한 뒤 易學에 對한 理論을 總集한 것이다.

第一卷~李鼎祚集解論, 鄭康成易注論, 班固藝文志論, 王輔嗣易注論.

第二卷~韓康伯言談考, 孔疏百一評, 唐書卦氣論, 朱子本義發微, 邵子先天論.

第三卷~沙隨古占駁, 草盧纂言論, 來氏易注駁, 李氏折中鈔.

第四卷~陸氏釋文鈔, 郭氏擧正駁, 王蔡胡李評.

附左된 것으로는 卜筮通義, 答客難, 玆山易東, 茶山問答으로 되어 있다.

13. 春秋考徵

考徵은 壬申年(1812年 茶山 51歲)에 이루어진 作品이다. 春秋를 배우는 사람은 ○과 義理를 究明하려고만 애쓰는데 茶山은 春秋를 禮의 立場에서 밝히려고 하였다. 처음에는 10卷이었으나 두 번째 橋本은 李紘父의 도움을 얻어 全12卷으로 完成되었다.

14. 論語古今注

古今注는(1813年 茶山52歲) 茶山에서 執筆한 것으로 162條의 原義總括을 爲主로 하여 解說을 붙였다. 이 條目은 茶山이 다른 사람과 달리 解釋한 것이며 한 句節도 빼놓지 않고 모두 注釋을 붙이고 引證까지 친절히 붙인 것으로 最大限의 心血을 기울인 作品이다. 一次的으로 참모습의 孔子를 理解하는 茶山의 學的 姿勢가 잘 나타나 있다.

辛亥年의 內閣月課에서 問答한 內容을 적어 놓은 論語對策이 그 母體가 된다. 刑疏, 集注, 質疑, 引證을 通하여 批判하여 自身

의 經學立場을 補와 駁으로 仔細히 披駁하고 있다, 全10卷으로
되어 있으며 論語對策과 春秋聖言蒐가 柎左되어 있다.

15. 孟子要義

要義는 甲戌年(1814年 茶山53歲) 여름에 執筆된 것이다. [要
義]에는 序說五種이 붙어 있는데 要約하면 아래와 같다.
 ① 史記列傳의 말과 같이 孟子는 子恩의 門人한테서 授業을
  받았다.
 ② 孔叢子에는 孟子의 字를 子車라고 했는데 孔叢子는 僞書이
  니 그 字는 根據가 없다.
 ③ 史記에는 孟子書는 孟軻의 親作이라고 하고 韓愈는 親作이
  아니라고 하는데 孟子七篇이 孟子親作이라고 보기는 어렵
  다.
 ④ 趙崎는 孟子外書四篇(性善·辨文·說孝經·爲政)을 보았으
  나 法言·史記六國表注·鹽鐵論·後漢書黨銅傳序 等書에
  서 外篇을 引用한 것을 들어 外篇의 實存을 推論하였다.
 ⑤ 趙崎의 孟子14卷 鄭穴의 孟子7卷, 綦母邃의 孟子7卷, 唐書
  藝文志의 孟子四家35卷이 있는데 趙崎의 注가 大宗을 이룬
  다.
 여기서 茶山은 集注, 王應麟 等의 注를 붙이고 자신의 解釋과
引證을 通해 自己主張을 合理化하였다. 仁, 心性 等의 槪念을 여
기서 比較的 正確히 說明하고 있다.

16. 中庸自箴

自箴은 甲戌年(1814年　茶山53歲) 茶山에서 再整理한 ○本이
다. 原來는 庚戌年 봄에 海美縣謫配以後 熙政堂閣課에서 中庸講
義가 있었다. 癸卯春 經義科에 合格하여 太學生이 되었다. 23歲
되던 甲辰夏에 草創하고, 다시 돌아보고 간간이 理治·詞○된 것
이 있으면 생각나는 대로 고쳤다. 마침내 正祖가 이것을 下覽한
뒤에 金尙集·洪仁浩에게 말하기를,

[鏞이 누구이며 그 文學이 어떠한가, 筵諭에서 말하기를 洋儒가
운데 條對한 것은 모두 荒蕪한데 다만 鏞이 條對한 것은 特異하
다고 했으니 그 사람은 분명 有識한 선비인 것이 틀림없다.]

라고 하였는데 東儒의 理發氣發에 對하여는 條對한 內容이 正
祖의 뜻과 附合함이 있었기 때문이라고 茶山은 생각하였다.

17. 中庸講義補

甲戌年(1814年　茶山53歲) 茶山에서 再整理한 것이다, 甲辰年
(當23歲)에 中庸疑問70餘條가 內降되었을 때 曠菴李蘗이(當31歲)
는 水標橋에서 살았다. 이때 茶山은 條對할 것을 그에게 물었다.
그는 ○然히 기뻐하며 談討하였다. 그 후 3년이 지난 丙子夏에
曠菴은 죽고, 8년이 지나 癸丑 가을 明禮坊에 있을 때 脫稿되었
으나 너무 我田引水格이 많아 本旨에 어긋난 것이 많다는 것을
알고 있던 터라, 辛酉年 茶山이 康律에 流配된 14년 뒤 甲戌年
여름 臺啓가 처음으로 停止되고 ○書가 中滯되을 때를 즈음하여
[中庸自箴] 2卷을 著述하였다. 甲辰年 稿本은 다시 刪潤하여 本

旨에 어긋나는 것이 있으면 고치고 正祖의 質問이 미치지 못한 곳이 있더라도 辯論하여 [中庸講義補] 6卷이 增補되었다. 그는 너무도 멀어 王의 목소리도 들을 수 없고 질문할 곳도 없는 形便을 恨歎하였다. 曠菴과 中庸을 論議한 지 30년이 지난 茶山은 進德博學이 훨씬 자리를 超越했던 曠菴을 懷想해 보았다. 甲戌七日 그믐날 序文을 썼다.

18. 大學公議

[公議]는 甲戌季(1814年 茶山53歲) 茶山에서의 著述이다. 大學이 禮記로부터 分派되어 四書로 編入된 時期. 明德의 孝弟慈三德의 說로부터 始作하여 朱子에 얽매이지 않은 茶山 特有의 經學思想이 圓熟한 筆致로써 整然하게 諸家의 說을 引用하여 그의 立場을 確固히 하였다.

19. 熙政堂大學講義

[大學講義]는 己酉年(1789年 茶山28歲) 봄에 甲科科에 入格하여 內閣抄啓文臣이 되었던 四月에 正祖가 熙政堂에 御臨하여 大學을 講義토록 하였다. 正祖가 質疑하고 여기에 答辯하는 形式이었는데 弘文館提學徐有隣, 奎章閣直提學金熹, 茶山 等의 講論課講이 끝나고 난 뒤, 金履喬, 金義淳 등의 討論形式이 附加되었다. 茶山이 課講이 끝난 뒤 이것을 整理하여 [熙政堂大學講義]라고 이름 하였다.

20. 小學補箋

小學에 대한 著述로는 [小學珠串]과 [小學枝言]이 있다. 三百條로 이루어진 [小學珠串]은 辛未年(1811年 茶山50歲) 늦봄에 茶山東菴에서 이루어진 것이다. 成篇한 動機는 첫째 茶山에 있을 당시 童子 몇 사람을 가르치기 위한 것이었으며, 둘째는 蜀童子의 瑟瑟에 관한 이야기로 譬喩하고 經傳의 名物數目을 蒐輯하여 實學의 體系를 세우기 위한 것이다.

[小學枝言]은 乙亥年(1815年 茶山54歲) 에 成立된 것이며 여기에서 그는 小學書는 程子의 뜻을 계승하여 朱子의 손에서 이루어진 것이며 小學說은 程子로부터 말미암는다고 하였다. 成篇하는 데는 小學의 體裁에 따라 立敎·明倫·敬身·稽古·嘉言·善行의 六篇을 目次에 따라 引證·補注하였다.

21. 心經密驗

[心經密驗]은 乙亥年(1815年 茶山54歲) 여름에 茶山東菴에서 執筆한 것으로 茶山이 窮居할 때 정성들여 하나하나 經說을 詮錄한 것을 바탕으로 하여 이루어졌다. 經驗으로부터 얻은 것은, 小學과 [心經]을 潛心力賤하면 小學은 外面을, 心經은 內面을 다스릴 수 있기 때문에 賢者의 길이 열릴 수 있다는 것이었다. [密驗]은 스스로에 試驗하여 警戒하기 爲한 것이다. 茶山은 앞으로 얼마 남지 않은 生涯를 治心術에서 最善을 다할 것이라고 다짐하면서 이것으로써 經典硏究는 一段落을 짓는다고 하였다.

李祖의 政法類의 著述을 보면 多樣하지만 代表的인 것을 들어보면 아래와 같다

① 磻溪隧錄(柳馨遠 26卷14冊)

② 聖湖사說(李 瀷 30卷30冊)

③ 東國文獻備考(洪鳳漢 等 100卷40冊)

④ 增補文獻備考(朴容大 等 250卷50冊)

이들 가운데서도 茶山의 一表二書를 빼놓을 수 없다. 곧 우리는 經世遺表 · 牧民心書 · 欽欽新書의 政治 經濟 社會的 制度를 通해서 裡面의 思想體系를 알 수 있고 그 時代相을 歷歷히 알아 볼 수 있고 類推할 수도 있다고 본다.

제3장 文 集

1. 經世遺表

一名 [邦禮艸本]으로 1808年 康律郡 道岩面 萬德洞(當時는 橘洞)으로 移徙한 뒤 1817年 未完成으로 남긴 作品이다. 雄大한 著述을 꿈꾼 茶山은 現實的 問題의 時急함을 認識하고 一般百姓과 가장 密接한 關聯이 있는 守今의 治民에 關한 것을 整理ㆍ體系化하기 爲하여 (心書)에 着手하게 되었다. [遺書]는 內容에 있어서도 [以重民生 以尊國法]의 富國强兵과 經世濟民을 目標로 하고 있는 點에는 (心書)와 差異가 없겠으나, 遺表가 中央國家行政機構의 改編 國家財政의 再構成, 井田論議, 擧賢과 같은 制度全般에 걸친 論述이라고 본다면, (心書)는 이와 짝을 이루어 下部制度의 矛盾, 合理的인 地方官制 等을 條述한 것으로 兩者는 前後相應의 行政學論이다. [遺書]는 未完成作品이므로 刑ㆍ工曹가 缺缺되어 있다. 茶山은 周禮에 바탕을 두고 이를 現實에 맞도록 再構成하기 위하여 애를 썼다. [一毛一髮ㆍ無非病耳]인 現實을 救濟하기 爲하여 애쓴 痕迹은 精緻하고 規模있는 目次配列에서도 잘 나타나 있다. 遺表의 內容을 制度를 基準으로 하여 分類하면 아래와 같다.

① 國家行政機構의 再編成

ㅇ 中央官制六曹의 簡素化

ㅇ 官僚의 行政監督强化

ㅇ 武科와 國防力의 整備

ㅇ 郡縣의 分等

② 田制改革論

ㅇ 土地調査 및 그 方案

ㅇ 井田論의 批判

ㅇ 結負制 등 土地制度의 批判

ㅇ 手籍法

ㅇ 土地의 所有와 分配

③ 租稅制度改善論

ㅇ 關市·山澤 等 各種 租稅論

ㅇ 施行稅制와 大同法

ㅇ 通貨의 整備

ㅇ 均役法批判

先王은 禮로써 다스렸는데 禮가 廢止된 뒤에 法이 나타났다고 前提하고 天理와 人情에 合하는 禮治主義의 理想을 實現하기 爲하여 그 名稱도 [方法艸本]이라고 하지 않고 [禮法艸本]이라고 하였다. 子張의 물음에 孔子가,

[殷因於夏禮 所損益可知也 周因於殷禮 所損益可知也]

라고 하였듯이, 禮(典章·制度·文化)란 改正할 수 있는 것이어야 한다고 茶山은 主張한다.

[然殷人代夏 不能不有損益 周人代殷 不能不有損益 何則世道如江河之推移 一定而萬世不同 非理之所能然也]

또한 [經世遺表引]에서는 壬亂以後의 政治現實을 다음과 같은 몇 가지로 分類해 보았다.

① 制度·文章의 紊亂

② 軍門의 增加로 國家財政의 蕩竭

③ 田制의 紊亂

④ 租稅徵收의 未洽으로 인한 國家財政의 枯渴

⑤ 官署革罷에 依한 救濟方案의 矛盾

이와 같은 危機에 處해 있는 時期에 忠臣과 志士가 팔짱만 끼고 黙過할 수 없다고 하여 磻溪의 制度改革論에 힘입어 徹底한 改革案을 부르짖었다. 竹本이란 名稱도 닦고 潤色하기를 隱然히 기다리며 試行錯誤를 거듭한 뒤에 金石之典이 되기를 希求하는 뜻에서였다.

[其謂之草本者何也 草之也者 有得手修潤之也 識淺焉 智短焉 踐歷少焉 聞見陷焉 居處僻焉 書籍闕焉 雖聖人擇焉 不能不使善者修潤之也 不能不修潤之者 豈非草乎(經世遺表引)]

2. 欽欽新書

[欽欽新書]는 己卯年(1819年 茶山 58歲)에 整理되고 序文은 3年 뒤 壬午年 봄에 完成되었다.

刑罰은 愼重히 다루어야 하는 것이 그 根本이기 때문에 [○書]의 欽哉欽哉를 본떠서 [欽欽新書]라고 하였다. 이글은 [明淸錄], [欽書評議], [私案], [欽刑典書] 등이 基礎資料로 使用되었으며, 壬辰年에 題文을 쓴 [欽典]도 또한 獄事에 關한 著述이다. 그렇다면 [新書]의 編輯動機는 무엇인가. [新書]序를 參考하여 分析해 보면 아래와 같다.

① 오직 하늘이 인간을 낳고 또 죽이니, 사람의 목숨은 하늘에 달렸는데 牧民官은 좋은 사람은 便安케 살게 하고 죄 있는 사람은 죽이게 되니 하늘의 權能을 行하는 莫重한 任務를 가지고 있는 것이 牧民官의 職責이다. 그러나 가장 소중하여 야 할 獄事가 紊亂하게 시행되기 때문에 여기에 뜻을 두었 다.

② 牧民에 關한 글을 많이 읽던 중 人命에 關한 것은 다른 것 과 틀려 專門的인 다스림이 必要하게 되어 따로 獄事에 關 한 것을 編纂할 생각을 가지고 있었다.

③ 沛公의 約法三章으로 簡潔하게만 했기 때문에 竊盜나 鬪訟 과 같은 것이 曖昧하게 다루어졌다. 明律은 仔細하지만 牧 民官이 律例를 공부하지 않고 詩賦에만 熱中하여 實務에 어둡게 되었으니 獄事處理의 輔助書로서 [新書]의 編輯을 企圖하였다.

[新書]의 構成을 보면 아래와 같다.

1. 經史要義三卷(128條)

經訓을 머리에 記載하여 情義를 밝히고 史跡을 記載하여 옛날 의 떳떳함을 밝혔다.

2. 批詳集钞五卷(70條)

批判·詳駁의 말로써 詩武를 살펴보았다.

3. 擬律差例四卷(187條)

淸나라 사람의 判斷한 例를 記載하여 差等을 區別하였다.

4. 詳刑追議十五卷(724條)

先王의 郡縣公案을 記載하면서 그 詞理가 鄙俗한 것은 그 뜻

을 潤色하며 刑曹의 議論과 王의 判決을 明確히 記入하고 茶山
自身의 意見을 붙였다.

5. 剪跋蕪詞三卷(17條)

谷山에서 獄事를 다스린 經驗이 있고 또 들어와 刑曹에 勤務
하면서도 關與하였다. 配流 이후에 獄情을 듣고 擬議를 하게 되
어 蕪拙한 詞를 맨 끝에 記載하게 되었다.

3. 牧民心書

[心書]는 戊寅年(1818年 茶山57歲 純祖18年)에 康律郡 道菴面
橘洞 尹博의 山亭인 茶山 書屋에서 執筆한 것이다. 茶山은 이해
8月에 解配되어 苕川으로 돌아갔다. [心書]에서 茶山은 治人에만
힘쓰지 않고 律己와 같은 修己的인 面에도 關心을 보였다. 末端
行政機關이지만 百姓과 가장 密接한 守念의 役割을 條目別로 나
누었다. 이는 마치 日記式의 課題를 條理 있게 說明하는 듯하다.
48卷16册으로 된 [心書]의 編纂根據는,

① 先親晉州玄公 影響
② 自身의 牧民官僚生活의 經驗
③ 二三史・子集・史書의 綿密한 研究
④ 康律의 衙前橫暴의 目擊

이라고 볼 수 있다. 牧民이라고 할 때 牧은 茶山의 創案이 아
니라 舜의 12牧, 文王의 司牧이나 芻牧에서 由來한다. [心書]라고
할 때 ‘心’은 前述한 바와 같이 牧民할 마음을 가지고 있어도 流
落의 몸이 되어 실지로 行할 수 없음을 나타낸 말이다,

[心書]의 編纂動機는 무엇인가.

첫째, 온통 나라가 道는 점점 사라져가고 牧民官의 搾取와 橫
暴로 百姓은 瘦瘠해 가며 屍體가 진구렁을 메울 정도로 基本生
活與件이 되지 못하는데도 아랑곳없이 牧民官이라는 사람은 私慾
을 채우기에 汲汲하니 그런 弄奸과 橫暴를 덜며 牧民官의 正當
한 吏道秩序의 確立을 위하여,

둘째, 傳기의 [理縣譜], 劉의 [法範], 王素의 [獨斷], 張詠의 [戒
民集], 眞德秀의 [政經], 胡大初의 [緒言], 鄭漢奉의 [官澤篇]은
攻民하는 것인데, 지금은 傳치 않는 것도 많고 奇異한 말만 世上
을 風하고 있다. [易經]의 [多識前言往行 以畜其德]이라는 말을
본받아 茶山自身의 德을 育成하기 爲해 著述하였다.

茶山의 先親晉州公은 縣監, 郡守, 都護, 牧使 등을 歷任하였으
므로 任地를 따라다니며 見聞을 넓혀 治人의 方法을 일일이 觀察
하였으므로 谷山府使, 金井察訪과 같은 職責을 直接 履行하였기
에 그것을 土臺로 治人의 方法을 窮理할 수 있었으며, 地方이나
中央의 官署에 있었을 때는 皮膚로 느끼지 못했던 것을 康律配地
에서 生活의 粗野하고 ○慘한 現實을 뼈저리게 느꼈다. 茶山은
[心書]의 著述을 決心하고 이를 위한 豫備作業을 始作하였다.

먼저, 康律謫居18年間 六經四書를 되풀이해서 研究하여 修己
의 學半이 이루어졌기 때문에 다시 牧民에 뜻을 두어 二三史, 우
리나라와 中國의 諸子의 文集 가운데서 牧民에 關한 部門을 뽑
아 分類整理하였다.

둘째, 考課에 있어서 麗末의 五事나 國祖의 七事는 大綱만을
論한 것이다. 그러나 牧民官이 해야 할 일은 帝王처럼 모든 일을
總攬하므로 節次에 關한 2綱12條와 더불어 10綱60條 都合 12綱
72條를 48卷16册에 收錄하였다.

周禮大司徒는 保息六政으로 萬民을 다스렸는데 慈幼・犧牲・振窮・恤貧・寬疾・安富가 그것이다. 그러나 [心書]의 綱目은 守令의 考績法을 具體化한 것이라고 볼 수 있다. 官僚의 治績을 考課하는 方法은 時代에 따라 다른 樣相을 띠고 있다. 高麗顯宗9年(1018)에는 州府原이 奉行할 六條가 있었다.

[高麗顯宗九年 定州府員 奉行六條 一察民疾苦 二察長史能否 三察盜賊奸猾 四察民犯禁 五察民考悌廉潔 六察吏錢穀放失]

禑王六年(1375年)에는 守令의 治績을 考察하는 方法을 五個項으로 나누었다.

[辛禑元年 教守今考績法五事 田野闢 戶口增 賊役均 詞訟簡 盜賊息]

昌王이 卽位하자 趙浚이 글을 올려 五事로써 고을을 巡察하여 罷免과 昇進의 方法으로 施行하기를 請하였다.

[幸昌卽位 趙浚上書 請以田野闢・戶口增・詞訟簡・賊役均・學校與五事 巡察州郡 而黙○之]

經國大典에는 다시 七事로 增加되었다.

[本朝經國大典 增爲七事 農○盛 戶口增 學校興 軍政修・賊役均・詞訟簡・奸猾息・比麗制加詳矣 爲守今者・常宜體念]

以上의 要約하여 圖式하면 아래와 같다.

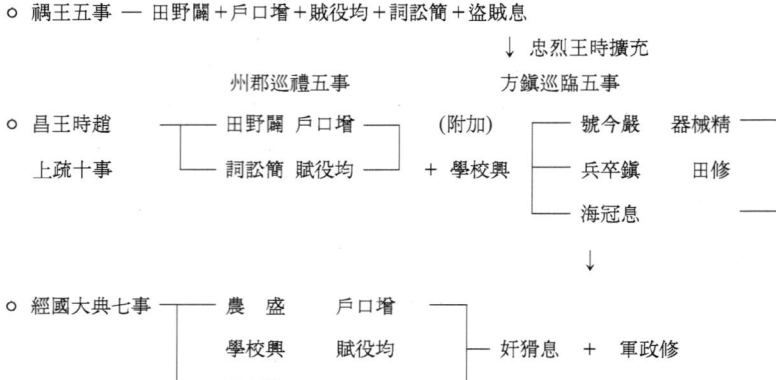

考績과 守今의 業務關係는 어떠한가. 治人의 目標인 富國安民은 어디에서 緣由하는가. 茶山은 富國安民의 方法이 考績綱目의 實相에 비추어 莅事하는데 있다고 하였다. 곧 監司가 守今을 評價하려면 24事의 實相에 留意하여 細密히 觀察하지 않으면 안 되고, 守今도 自己를 評價할 때는 24事의 實相에 最善을 다해야 하며, 守今과 監司가 이것으로 應하고 要求한다면 富國安民은 저절로 이루어질 것이라고 하였다. 考績은 대개 守今이 마땅히 遂行해야 할 大綱의 本分이다. 왜냐하면 評價는 內容의 가장 要緊한 部分을 試驗하기 때문이다. 茶山도 여기에 着眼하여 [心書]를 構想하였다. 茶山은 考績議에서 守今의 責任範圍, 卽 職責의 綱領 24條를 역시 考課의 評價基準으로 指示하고 있다.

(1) 農 — ①耕織 ② 畜牧 ③ 種植 ④ 堤懇
(2) 貨 — ①賦稅 ② 還餉 ③ 市糴 ④ 販恤
(3) 敎 — ①孝悌 ② 禮俗 ③ 文學 ④ 婚娶

(4) 刑 — ①刑罰 ② 詞訟 ③ 鬪歐 ④ 武斷
(5) 兵 — ①教鍊 ② 兵器 ③ 城濠 ④ 盜賊
(6) 工 — ①採礦 ② 工匠 ③ 館廨 ④ 道路

또 그는 現實을 돌아보고 職分을 다하지 못하기 때문에 일어나
는 일들을 例擧하고 있다.

1) 教化不行 禮俗無聞
2) 田野不闢 山澤之利不興 材木六畜不著
3) 城郭館廨 無不頹圮
4) 百工技藝 無不頑鈍
5) 盜賊蜂起 市糶棼雜 生民之憔悴日甚
6) 爲守今者 方且高枕養病 及其考績也 得美題目 竊然自喜

地方守今은 國家行政에 비하여 規模가 작다는 것을 除外한다
면 一國을 다스리는 것과 같은 갖가지의 行政에 留念해야 한다.
中央의 六曹의 體制를 따라 六房을 움직여야 하고, 人事行政에서
부터 工匠·道路補修에 이르기까지 中央行政의 縮小版이다. 茶
山은 그 重要性으로 보아 守今은 百姓을 나누어 다스리는 사람이
요 그 職責에 있어서는 國君과도 같이 緊切하다고 하였다.
  牧民이란 現實의 法으로 百姓을 다스린다. 三紀는 律己·奉公
·愛民이오, 六典은 吏戶禮兵刑工의 六典이고, 一目은 振荒인데
各己 六條로 分類되었다. 茶山은 [心書]를 만드는데 古今의 모든
典據를 모두 搜羅했고 그 奸僞를 剔抉해서 牧民官에게 주기 위
한 指針書로 삼았다. 이런 까닭으로 一民이라도 이 惠澤을 입기

를 바라는 것이 [心書]를 쓰는 보람이라 생각했다.

　[心書]의 戶典六曹의 冒頭에는 [牧之職五十四條]라고 하고, [經世遺表]의 天官修制·考績之法에는 三紀六典54條를 考功法으로 列擧하고 있다.

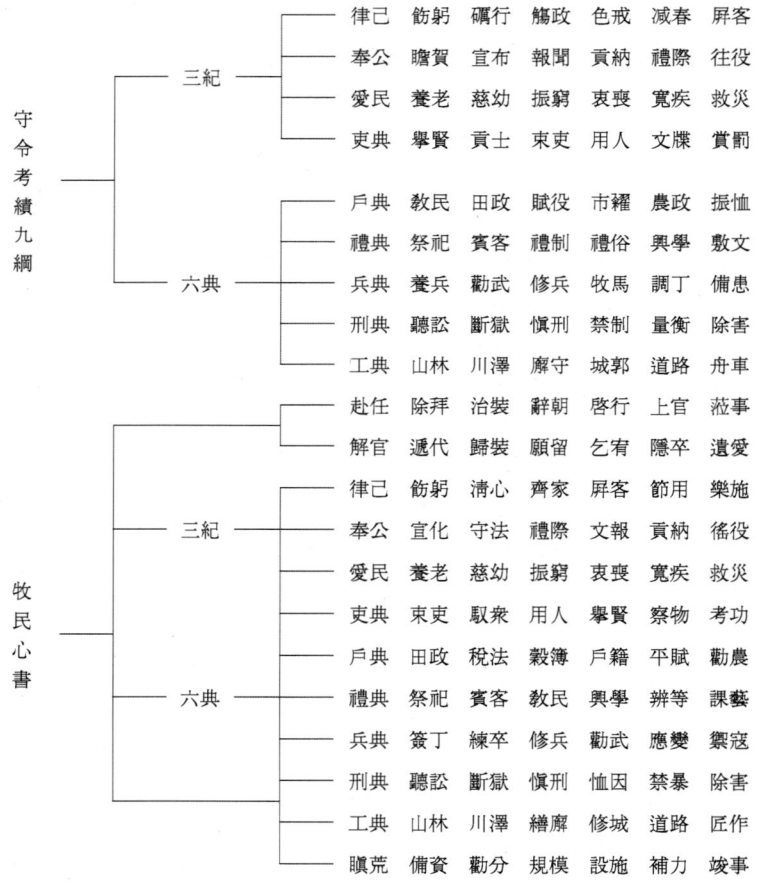

守令考績九綱

三紀
- 律己　飭躬　礪行　觴政　色戒　減春　屛客
- 奉公　瞻賀　宣布　報聞　貢納　禮際　往役
- 愛民　養老　慈幼　振窮　哀喪　寬疾　救災
- 吏典　擧賢　貢士　束吏　用人　文牒　賞罰

六典
- 戶典　敎民　田政　賦役　市糴　農政　振恤
- 禮典　祭祀　賓客　禮制　禮俗　興學　敷文
- 兵典　養兵　勸武　修兵　牧馬　調丁　備患
- 刑典　聽訟　斷獄　愼刑　禁制　量衡　除害
- 工典　山林　川澤　廨守　城郭　道路　舟車

牧民心書

- 赴任　除拜　治裝　辭朝　啓行　上官　莅事
- 解官　遞代　歸裝　願留　乞宥　隱卒　遺愛

三紀
- 律己　飭躬　淸心　齊家　屛客　節用　樂施
- 奉公　宣化　守法　禮際　文報　貢納　徭役
- 愛民　養老　慈幼　振窮　哀喪　寬疾　救災
- 吏典　束吏　馭衆　用人　擧賢　察物　考功

六典
- 戶典　田政　稅法　穀簿　戶籍　平賦　勸農
- 禮典　祭祀　賓客　敎民　興學　辨等　課藝
- 兵典　簽丁　練卒　修兵　勸武　應變　禦寇
- 刑典　聽訟　斷獄　愼刑　恤因　禁暴　除害
- 工典　山林　川澤　繕廨　修城　道路　匠作
- 賑荒　備資　勸分　規模　設施　補力　竣事

　이상에서 볼 때, [遺表]의 守令考績九綱과 (牧民心書)의 體制를

보면 그 類似性을 發見할 수 있다. 條項의 名稱이 같은 것, 名稱
만 바뀌고 實相은 같은 것, 錯綜된 것 등으로 나눌 수 있다.

(1) 同一名稱(27條)

　飭躬　兵客　貢納　禮際　養老　慈幼　振窮　衷喪　寬疾
　救災　擧賢　束吏　用人　教民　田政　祭祀　賓客　興學
　勸武　修兵　聽訟　斷獄　愼刑　際害　山林　川澤　道路

(2) 名稱變更(15條)

　淸心(礪行)　宣化(宣布)　徭役(往役)　考功(賞罰)　糶簿(市
糴)　平賦(賦役)　勸農(農政)　辨等(禮制)　課藝(敷文)
　簽丁(養兵)　練兵(調丁)　應變(備患)　繕解(廨守)　修城
(城郭)　匠作(舟車)

(3) 名稱分化

　瞋恤(→備資　勸分　規模　設施　補力　竣事)

(4) 名稱錯綜

　報聞·文牒→文報. 色戒·減春→齊家
　瞻賀→守法. 量衡→匠作. 禁制→除害

이 외에도 赴任·解官 二綱은 節次上의 業務로써 12條가 附加
되었고 節用·樂施·馭衆·禦寇·恤因·禁暴는 새로운 條項이라
고 하더라도 行政上의 具體的인 問題를 網羅한 것이고, 稅法과
戶籍은 이미 [經國大典]의 守令七事에 副應한다.
　茶山의 思想體系를 理解하기 爲하여 그를 둘러싼 현실적인 政
治環境과 그의 生涯, 修己·治人의 學問的 位相을 살펴보았다.
그의 政治思想을 理解하기 위해서는 무엇보다도 먼저 儒家思想의

根本槪念인 天·性·命을 어떠한 角度에서 把握하려고 하였으며 誠은 어떠한 意味를 그 속에 內包하고 있는가를 밝히고, 信仰實踐與否 및 그의 內的 理念을 理解함으로써 그의 정치적 콘테스트 領域의 限界를 究明해야 할 것이다. 이것이 그의 정치사상의 本來的 合致點을 밝혀야 할 것이다.

參考 文獻

I. 經書 및 文集

1. 韓國 史書類

『朝鮮經國典』, 『英祖實錄』, 『正祖實錄』, 『純祖實錄』.

2. 儒家書

『詩經』, 『書經』, 『禮記』, 『樂記』, 『易經』, 『春秋』, 『大學』, 『論語』, 『孟子』, 『中庸』, 『四書集注』.

3. 茶山丁若鏞著述書

『經世遺表』, 『牧民心書』, 『欽欽新書』, 『論語古今註』, 『大學公議』, 『麻科會通』, 『梅氏尙書平』, 『孟子要義』, 『喪禮四箋』, 『喪禮外編』, 『尙書古訓』, 『尙書知遠錄』, 『我邦疆域考』, 『雅言覺非』, 『樂書孤存』, 『易學緒言』, 『醫零』, 『周易四箋』, 『中庸自箴 春秋考徵』.

4. 茶山丁若鏞論文選集

『茶山實學思想論文選集』 (제1~제13권, 전13책, 불암문화사 영인, 1989).

II. 單 行 本

1. 國文本

강광식·전락희·유종선·장인성 공저,『조선시대 개혁사상 연구 — 정 치적 담 론분석을 중심으로 —』, 성남: 한국정신문화 연구원, 1998.

강광식,『신유학사상과 조선조 유교정치문화』, 서울: 집문당, 2000.

_____,『現代韓國理念論爭史研究』, 성남: 한국정신문화연구원, 1999.

姜萬吉 외,『丁茶山과 그의 時代』, 1986.

高大亞研,『實學思想의 探究』, 서울: 玄岩社, 1975.

고영진,『조선시대사상사를 어떻게 볼 것인가』, 서울: 풀빛, 1999.

금장태,『朝鮮前期의 儒學思想』, 서울: 서울대학교 출판부, 1997.

_____,『茶山實學探究』, 서울: 소학사, 2001.

_____,『丁若鏞 韓國實學의 集大成』, 서울: 성균관대학교 출판부, 2002.

_____,『韓國實學思想研究』, 서울: 집문당, 1989.

김만규,『조선조의 정치사상연구』, 인천: 인하대학교 출판부, 1982.

김문식,『조선후기 경학사상 연구』, 서울: 일조각, 1996.

김상홍 외,『茶山의 政治經濟思想』, 서울: 창작과 비평, 1990.

_____ 外,『丁茶山 研究의 現況』, 서울: 民音社, 1985.

金相洪,『茶山學研究』, 서울: 啓明文化史, 1990.

김상홍,『다산 정약용 문학연구』, 서울: 단국대학교 출판부, 1985.

金榮國 外,『韓國政治思想研究』, 서울: 박영사, 1991.

김영호, "해제 정약용과 경세유표",『한국의 실학사상』, 서울: 삼성출판 사, 1985.

_____, "실학의 재평가",『한국사의 재조명』, 서울: 독서신문사, 1977.

김용욱,『朝鮮時代의 政治體系』, 익산: 圓光大學校出版社, 1988.

金漢植, 『實學의 政治思想』, 서울: 一志社, 1979.

다이안 맥도넬, 임상훈 옮김, 『담론이란 무엇인가』, 서울: 한울, 1992.

劉明鐘, 『韓國思想史』, 서울: 以文出版社, 1982.

劉元東, 『韓國實學槪論』, 서울: 正音文化社, 1984.

柳馨遠 外 著, 姜万吉 外 譯, 『韓國의 實學思想』, 서울: 三省出版社, 1994.

李基白, 『韓國史新論』, 서울: 일조각, 1994.

李乙浩, 『茶山経學思想研究』, 서울: 乙酉文化社, 1981.

李翼成, 『茶山論叢』, 서울: 乙酉文化社, 1972.

文淳太, 『流配地』語文叢書 3, 서울: 語文閣, 1983.

朴忠錫 外, 『朝鮮朝의 政治思想』, 서울: 平和出版社, 1980.

_____, 『韓國政治思想史』, 서울: 三英社, 1982.

_____, "近世實學思想", 『韓國의 伝統思想』, 서울: 螢雪出版社, 1983.

박충석·유근호, 『조선조의 정치사상』, 서울: 평화출판사, 1987.

신용하, 『朝鮮後期 實學派의 社會思想研究』, 서울: 지식산업사, 1998.

愼鏞厦, 『韓國社會研究, ─ 丁若鏞, 그의 時代와 思想 ─』, 서울: 한길사, 1984.

안갑준, 『공인과 목민심서』, 서울: 아세아문화사. 1990.

유원형 외, 『韓國의 實學思想』, 서울: 삼성출판사, 1998.

유홍렬, 『한국사회사상사 논고』, 서울: 일조각, 1980.

윤재풍, "다산의 행정사상", 『한국정치행정의 체계』, 서울: 박영사, 1990.

_____, "茶山의 行政思想", 『韓國政治行政의 体系』, 서울: 博英社, 1982.

이기백, 『한국사신론』, 서울: 일조각, 1984.

이봉철, 『포스트모던 변화와 정치사상』, 서울: 도서출판 인간사랑, 1994.

이은순, 『조선후기 당쟁사연구』, 서울: 일조각, 1988.

이을호, 『茶山學의 理解』, 서울: 玄岩社, 1975.

_____, 『다산학의 이해』, 서울: 현암사, 1977.

_____, 『茶山學入門』, 서울: 乙酉文化社, 1981.

이을호, 『丁茶山의 生涯와 思想』, 서울: 博英文庫, 1982.

_____, 『韓國改新儒學史試論』, 서울: 博英社, 1982.

이이화, 『조선후기의 정치사상과 사회변동』, 서울: 한길사, 1994.

이태진, 『조선후기의 정치와 군영제 변천』, 서울: 한국연구원, 1985.

연명모, 『국가설계의 정치사상』, 대전: 대경출판사, 2005.

張東熙, 『丁若鏞의 行政思想』, 서울: 一志社, 1986.

全樂熙, 增補版 『東洋政治思想硏究』, 서울: 단국대학교 출판부, 1995.

정만조, "영조대 초반의 정국과 탕평책의 추진", 『조선시대 정치사의 재조명』, 서울: 범조사, 1985.

정석종, "정약용(1762–1836)과 정조 순조년간의 정국", 『역사와 인간의 대응 — 한국사편』, 서울: 한울, 1985.

丁若鏞 朴錫武 역주, 「自撰墓誌銘」, 『茶山散文選』, 서울: 創作과 批評社, 1989.

丁若鏞, 盧台俊 譯解, 『牧民心書』, 서울: 홍신문화사, 1998.

丁若鏞, 朴錫武외 편역, 『茶山論說選集』, 서울: 現代實學社, 2001.

정약용, 朴一峰 譯著, 『牧民心書』, 1992.

鄭仁在 역, 勞思光, 『中國哲學史』, (古代편), 探求堂, 1990.

韓 劤, 『韓國通史』, 乙酉文化社, 1970.

_____, 『李朝後期의 社會와 思想』, 서울: 乙酉文化社, 1961.

한국역사연구회, 『조선정치사(상·하)』, 청년사, 1990.

한영우, 『우리 역사와의 대화』, 서울: 을유문화사, 1992.

_____, 『丁若鏞의 "与猶堂全書"』, 서울: 一潮閣, 1976.

_____, 『朝鮮前期史學史硏究』, 서울: 일지사, 1989.

_____, 『朝鮮前期社會經濟硏究』, 서울: 을유문화사, 1991.

_____, 『朝鮮前期社會思想硏究』, 서울: 지식산업사, 1989.

_____, 『朝鮮後期史學史硏究』, 서울: 일지사, 1989.

한우흠 외, 『정다산 연구의 현황』, 서울: 민음사, 1985.

玄相允, 『朝鮮儒學史』, 서울: 玄音社, 1982.
洪以燮, 『정약용의 政治經濟思想 研究』, 서울: 韓國研究圖書館, 1959.
_____, 『정약용의 정치경제사상연구』, 서울: 한국연구도서관, 1959.
_____, 『鄭若鏞의 政治經濟思想研究』, 서울: 한국연구도서관, 1959.

2. 英文本

Barry, Wm, Theodore de, and Jahyun Kim Haboush, (eds.), *The Rise of Neo-Confucianism in Korea*, New York: Colombia University Press, 1985.

Bercky, R, N., *The History of Political Thought: A Short Introduction*, 권용립 · 신연재 역, 『정치사상사』, 서울: 녹두, 1985.

Bernstein Richard, *Beyond Objectivism and Relativism: Science, Hermeneutics, and Praxis,* Philadelphia: University of Pennsylvania Press, 1988.

Fung Yu-Lan, *A History of Chinese Philosophy(I)(II)*, (trans.) Derk Bodde, Princeton, New Jersey: Princeton University Press, 1952-53.

Gabriel A. Almond and Sidney Verba, *The Civic Culture*, Boston: Little Brown, 1965.

Howarth David, "Discourse Theory", David Marsh and Gerry Stoker, *Theory and Methods in Political Science,* London: Macmilian Press, 1995.

Hsiao Kung-chuan, *A History of Chinese Political Thought: From the Beginnngs to the Sixth Century A.D.* Vol. I , (trans.) F. W. Mote, Princeton, New Jersey: Princeton University Press, 1979.

James Tully, ed., *Meaning and Context: Quentin Skinner and his Critics*, Princeton, N.J.: Princeton University Press, 1988.

Masao Maruyama, *Studies in the Intellectual History of Tokukawa*

Japan, Princeton, New Jersey: Princeton University Press, 1974.

Palais J. B., *Politics & Policy in Traditional Korea*, Havard University Press, 1975.

Pocok J. G A., "The Origins of Study of the Past: A Comparative Approach", *Comparative Studies in Society and History,* Vol.Ⅳ, No.2, 1962.

Skinner Quentin, "Hermaneutics and the Role of History", *New Literary History*, Vol.7, p.209.

Ⅲ. 論 文

1. 學位論文

裵炳三, "茶山 丁若鏞의 정치사상에 관한 연구―經學解釋을 중심으로", 경희대학교 대학원 박사학위논문, 1993.

柳初夏, "丁若鏞의 宇宙觀", 고려대학교 대학원 박사학위논문, 1990.

李乙浩, "茶山 經學思想 硏究", 서울대학교 대학원 박사학위논문, 1966.

손문호, "고려말 신흥사대부들의 정치사상: 불교적 국가주의를 중심으로", 서울대학교 정치학과 박사학위논문, 1989.

張東熙, "茶山 丁若鏞의 行政思想 硏究", 중앙대학교 대학원 박사학위논문, 1982.

鄭炳蓮, "茶山 中庸註의 經學的 硏究", 성균관대학교 대학원 박사학위논문, 1988.

趙誠乙, "丁若鏞의 政治·經濟 改革思想 硏究", 연세대학교 대학원 박사학위논문, 1992.

延明摸, "朝鮮朝 初期 臣權論의 性理學的 談論에 관한 硏究", 檀國大學校 大學院 博士學位論文, 2000.

2. 一般論文

강광식, "율곡 사상의 정치적 담론구조 분석 ― 한국정치사상사 연구
　　　방법 시론 ―", 『한국정치연구의 논리와 방법시론』, (서울: 한
　　　국정신문화연구원, 1997).

_____, "조선조 유교정치문화의 구조와 기능", 『조선조 유교사상과 유
　　　교정치문화』, (서울: 한국정신문화연구원, 1992).

_____, "조선조 유교정치체제의 지배연합에 관한 연구", 『한국의 정치
　　　와 경제』, 제5집, (서울: 한국정신문화연구원, 1994).

강석화, "조선후기 지방제도 운영과 정약용의 개혁안", 「한국학보」,
　　　65집, 1991.

姜在彦, "丁茶山의 西學觀", 『茶山學의 探究』, (서울: 민음사, 1990).

權純哲, "茶山의 思想体系에 대한 一考", 「茶山學報」, 1985, 7.

琴章太, "丁若鏞의 思想에 있어서 西學의 影響과 그 意義", 「國際大
　　　論文集」, 1975.

김문식, "정체전중변 해제", 「정체전중변: 조선 후기 예송에 대한 다
　　　산의 인식」, 1995.

김성윤, "다산 정약용의 홍범설 연구", 「역사학보」, 170호, 2001.

김영호, "茶山의 신분제 개혁론", 「한국사론」10, 한국정신문화연구원.
　　　1998.

金王淵, "茶山哲學에서의 仁義 問題", 「茶山學報」, 1980.

김지용, "정다산의 실사구시적 시고", 「다산학보」, 1987. 9.

_____, "정다산의 실사구시적 시고", 「다산학보」, 1987. 9.

茶山學術文化財団, 「茶山의 経世學」, 2002.

茶山學術文化財団, 「茶山學」, 創刊號, 2000.

_____, 「茶山學」, 第1号, 2000.

_____, 「茶山學」, 第2号, 2001.

_____, 「茶山學」, 第3号, 2002.

朴錫武, "정약용, 그의 시대와 사상", 「한국사회연구2」, 한길사, 1984.

박성래, "정약용의 과학사상", 「다산학보」, 1978. 1.

박천우, "조선후기 토지개혁사상연구 ― 정다산의 토지개혁론을 중심으로 ―", 「장안 논총」, 11, 1991.

朴忠錫, "茶山學에 있어서의 政治的 사유의 특질", 「茶山學報」, 1987. 9.

배병삼, "정다산의 '정치'에 관한 인식", 「한국정치학회보」 31집 3호, 1993.

社會科學院 哲學硏究所 編, 「정다산 연구」, (한마당, 1989).

宋錫球, "茶山의 人性論 硏究", 「茶山學報 第2輯」, 茶山學報 刊行委員會 刊, 1979.

申一徹, "茶山思想의 現代的 意義", 姜萬吉 外, 「丁茶山 硏究의 現況」, 民音社, 1985.

안외순, "정약용의 사상에 나타난 서학과 유학의 만남과 갈등", 「정치사상 연구」, 2집, 2000.

양승태·안외순, "한국 보수주의 연구1: 송시열과 한국보수주의 기원", 「한 국정치 학회보」, 33집 1호, 1999.

오종일, "다산 경세사상의 구조", 「유교사상연구」, 1987. 2.

유종선, "다산 정치사상 연구를 위한 시론", 「한국정치학회 연례학술발표 회 논문집」, 1995.

_____, "조선후기 天논쟁의 정치사상", 「한국정치학회보」. 31집 3호, 1997.

柳初夏, "정약용 철학의 과학지향과 그 한계", 「과학과 철학」, 제2집, 1991.

尹糸淳, "朴世堂의 實學思想에 관한 硏究", 「實學思想의 探究」, 玄岩社, 1975.

尹在豊, "茶山의 政治·行政思想 ― 民主·平等思想을 中心으로 ―", 「茶山學 報」, 第5輯, 茶山學硏究會 刊, 1983.

_____, "다산의 정치 행정사상 ― 민주 평등사상을 중심으로", 「다산학 보」, 1983. 5.

이동환, "다산사상에서의 '上帝' 도입경로에 대한 서설적 고찰", 「다산의 정치경제사상」, 창작과 비평, 1990.

李明姫, "茶山 정치윤리사상의 이론구조", 「東洋哲學」, 1991. 2.

李相益, "丁若鏞 사회사상의 새로운 지평", 「哲學」. 48집, 봄호, 1996.

이을호, "개신유학과 다산경학", 「한국학」, 1981.

_____, "다산 철학의 현대적 의의", 「哲學」, 1986.

_____, "茶山學의 內實과 外廷", 「한 思想의 苗脈」, 사상사회연구소, 1986.

이주형, "中庸주석을 통해 본 다산의 경학사상", 「대동문화연구」, 19집, 1985.

임영택, "茶山의 '民' 主體 정치사상의 이론적/현실적 근저: '湯論' '原牧'의 이해를 위하여", 「다산의 정치경제사상」, 창작과 비평, 1990.

林熒澤, "다산의 '민'주체 정치사상의 이론적, 현실적 근저」, 박사 이우성 교수 임형택, "민족사의 전개와 그 문화」, 정년기념논문집, 1990.

손문호, "조선조 정치사상연구 ― 4. 조선조 성리학 정치사상의 역사적 성격", 『한국정치외교사논총』, 4권. 1987.

_____, "한국정치학에 있어서의 역사적 접근의 현황과 방향 ― 제4장 한국정치사상사 연구의 자료와 현황", 『한국정치외교사논총』, 8권. 1992.

_____, "한국정치사상사 연구의 현황과 논점", 1999년도 한국정치학회 추계학술회의: 한국정치학 50년의 현황과 과제, 1999.

_____, "한국정치사상사연구 서설", 한국정치연구, 3권, 서울대학교 한국정치연구소, 1991.

全樂熙, "朝鮮朝의 改革思想 ― 栗谷을 中心으로 ―", 「韓國政治學會報」, 第18輯, 韓國政治學會, 1984.

鄭炳蓮, "茶山思想研究", 成均館大學校 大學院 博士學位論文,

1980.

_____, "맹자요의의 실학적 해석방법론", 「다산학보」, 1984.

정윤재, "정약용의 자작적 인간관과 왕정개혁론", 「한국정치학회보」, 33집 4호, 2000.

丁鍾俅, "茶山의 牧民精神", 「茶山學報」, 第2輯, 茶山學報 刊行委員會, 1979.

정종구, "다산의 목민정신", 「다산학보」, 1979. 2.

조 광, "정약용의 민권의식연구", 「한국민중론」, 한국신학연구소, 1984.

_____, "다산 사상의 정치학적 해석", 「다산의 사상과 그 현대적 의미」, 한국정신문화연구원, 1998.

_____, "정약용의 국민주권론", 「외대」, 15집, 1980.

_____, "정약용의 민권의식 연구", 「아세아연구」 19집, 1976.

_____, "정약용의 민권의식 연구", 「아세아연구」 1976년 7월호.

趙誠乙, "정약용 저작의 체계와 '与猶堂集' 잡문의 재구성", 「규장각」, 1984년 8월.

中央學術硏究院 編, 「韓國文化史新論」, (中央大出版局, 1981) p.190.

韓國·東洋政治思想史學會, 「東洋政治思想史", 제1호, 2002.

韓亨祚, "약용의 경학 (1)", 「장본 김지견 박사 화갑기념 사우록」, 민족사, 1991.

홍이섭, "목민심서 정문에 취하여", 「조명기화갑기념논총」, 1965.

3. 日本論文

金鐘鳴, "茶山 丁若鏞の 實學思想", 「다산학보」, 1991. 12.

高橋亨, "丁茶山の 大學經說", 「다산학보」, 1991. 12.

山內弘一, "丁若鏞の 事天の 學과 修己治人의 學에 대하여」, 「조선학보」, 1987. 12.

_____, "丁若鏞の 學文觀", 「다산학보」, 1991. 12.

今村與志雄, "丁若鏞と 日本の 儒者", 「다산학보」, 1991. 12.

金洸鎭, "土地問題に關する丁茶山の思想", 「다산학보」, 1991. 12.

山內正博, "李朝의 課稅單位", "'結負'制 についての 丁若鏞の理解", 「다산학보」, 1991. 12.

· 저자 ·

최한규

•학 력•
 1958년 生 (고향에서 한학수학)
 광주대학교 졸업 (경제학전공 경제학사)
 연세대학교 경영대학원 수료 (경영학전공)
 단국대학교 행정대학원 졸업 (행정학전공 행정학석사)
 단국대학교 대학원 수료 (정치사상전공 정치학박사)

•주요경력•
 단국대학교 정책과학연구소 연구원(1995)
 (재)중앙노동경제연원 연구위원(1992-2005)
 일성직업전문학교 원장(1993-1999)
 천안소년교도소 교화위원(1994-1999)
 한국행정사학회 섭외분과 위원장(2004)
 민주평화통일포럼 연구위원(2005)
 한국공공행정학회 국제협력위원장(2007)

•주요활동•
 한국공공행정학회 부회장(2008)
 충남 상생협력 갈등관리 정책포럼 갈등조정분과 위원장(2008)
 푸른 천안 21 운영위원(2006-2008)
 천안·아산 환경운동연합 운영위원(2007-2008)
 천안 시민포럼 고문(2006-2008)
 한국기계산업진흥회 직업전문학교 컨소시엄 운영위원(2007-2008)
 사회복귀시설 선제원 운영위원장(2006-2008)
 충남경찰서 집회·시위 자문위원(2007-2008)
 충남 북부권역 상생협력 갈등관리 정책포럼 운영위원장(2008)
 단국대학교 선문대학교 초빙교수(2004-2008)

•수상경력•
 - 노동부장관 표창(1993. 3.)   - 법무부장관 표창 (1997. 2.)
 - 단국대학교 총장 표창(1998. 2.) - 대전지방교정청장 표창 (1998. 3.)

•학위논문•
 1. 社會 間接資本 擴充 政策에 관한 硏究, 檀國大學校 行政大學院
    碩士學位論文. 1997.
 2. 茶山 丁若鏞 牧民思想의 實學的 談論에 관한 硏究, 檀國大學院
    博士學位論文. 2003.

•연구실적•
 1. 조직인의 직업윤리에 관한 연구, 1996.
 2. 충청남도 개도100년사(실무검토위원), 1996.
 3. 인간관계의 본질에 관한 연구, 1997.
 4. 사회간접자본 확충 방안, 1998.
 5. 茶山의 政治的 關心과 主要槪念(한국행정사학회), 2004.
 6. 統一運動의 展望과 課題(615공동선언 실천 준비위원회), 2006.
 7. 천안시 삶의 지표조사(연구용역), 2007.
 8. 현대사회에 요구되는 바람직한 리더쉽(한국폴리텍II대학), 2007.
 9. 朝鮮初期의 "宰相中心政治"에 관한 硏究(한국공공행정학회), 2007.
 10. 朝鮮朝 初期 權力構造로서 '臣權論'의 政治思想的 背景과 論據
    (한국공공관리학회), 2008.

국가혁신을 위한 실학적 목민사상

• 초판 인쇄	2008년 3월 24일
• 초판 발행	2008년 3월 24일
• 지 은 이	최한규
• 펴 낸 이	채종준
• 펴 낸 곳	한국학술정보㈜
	경기도 파주시 교하읍 문발리 513-5
	파주출판문화정보산업단지
	전화 031) 908-3181(대표) · 팩스 031) 908-3189
	홈페이지 http://www.kstudy.com
	e-mail(출판사업부) publish@kstudy.com
• 등 록	제일산-115호(2000. 6. 19)
• 가 격	20,000원

ISBN 978-89-534-8428-3 93340 (Paper Book)
   978-89-534-8429-0 98340 (e-Book)